李笑来，终生成长者。

李笑来——著

把时间当作朋友

沈璜　　校注
胖兔子粥粥　插画

电子工业出版社
Publishing House of Electronics Industry
北京·BEIJING

内 容 简 介

这不是一本关于时间管理的书籍，相反，它道出一个简单的事实：时间不可管理。都是平凡的人，为什么若干年后已有天壤之别？答案在于"一切都靠积累"。

绝大多数的成功与智商没有任何关系，而所有的失败都与且只与时间有关。作者用自己的亲身经历告诉我们：如何打开心智，并运用心智来和时间做朋友，开启长期践行、终生成长的旅程。

本书逻辑严密、图文并茂、行文生动有趣，适合每一位有志于终生学习的读者阅读。

未经许可，不得以任何方式复制或抄袭本书之部分或全部内容。
版权所有，侵权必究。

图书在版编目（CIP）数据

把时间当作朋友 / 李笑来著. - 修订版. - 北京：电子工业出版社，2023.7
ISBN 978-7-121-45773-9
Ⅰ.①把… Ⅱ.①李… Ⅲ.①时间-管理-通俗读物 Ⅳ.①C935-49

中国国家版本馆CIP数据核字（2023）第107763号

责任编辑：刘 皎　　　　文字编辑：潘 昕
印　　刷：天津千鹤文化传播有限公司
装　　订：天津千鹤文化传播有限公司
出版发行：电子工业出版社
　　　　　北京市海淀区万寿路173信箱　邮编：100036
开　　本：720×1000　1/16　　印张：22.25　　字数：415千字
版　　次：2009年5月第1版
　　　　　2023年7月修订本（第4版）
印　　次：2025年7月第7次印刷
定　　价：89.00元

凡所购买电子工业出版社图书有缺损问题，请向购买书店调换。若书店售缺，请与本社发行部联系，联系及邮购电话：（010）88254888，88258888。
质量投诉请发邮件至zlts@phei.com.cn，盗版侵权举报请发邮件至dbqq@phei.com.cn。
本书咨询联系方式：faq@phei.com.cn。

阅读说明

本书定位
——这不是一本什么样的书？

有些时候，有些事物，从反面描述比从正面描述更为容易。如若先仔细说清楚这本书不是什么，之后对"它究竟是什么"这个问题，可能就不言自明了。

这本书不是时间管理书籍

尽管本书包括任务管理等与常见"时间管理技巧"有关的内容，但是，本书主张时间不可管理、一切都靠积累。

更进一步，本书主张一个人必须在开启心智、提高思考能力之后，才能够用正确的方法做正确的事情。也只有这样，时间才是朋友，否则，它就是敌人。很多"时间管理技巧"并非无用，但往往由于使用者心智能力低下甚至尚未开启心智，致使那些技巧只能治标，不能治本，甚至既不治标，也不治本。

这本书不是成功学书籍

我不赞同大多数所谓成功学书籍里的观点及其论证方式。在本书的第 1 版中有个专门的章节，叫"小心成功学"，在修订过程中，因结构调整，已将其内容打散分布到相应的章节。所以，这本书里没有出现"小心成功学"这个标题。

虽然如此，但我的观点从未改变：成功从来都不是人人可以做到的事情，过去不是，现在不是，将来依然不是。基于比较的成功观，是伤人的、害人的。事实上，对年轻人来说，成长比成功更重要，而且，成长才是人人都可以做到的事情，才是人人都值得追求的事情。而成长其实只有一条路——积累。

这本书不是心灵鸡汤式的书籍

这本书里没有安慰，因为这本书不是写给脆弱的人的——只有脆弱的人才不断需要安慰。现实是残酷的，生活是艰难的，无论在什么样的时代，无论对哪个层次的人，都是如此，对大多数年轻人来说，更是如此。

人的理性建立在接受现实的基础上，不能接受现实，一切成长都是虚妄。只有坚强的人才能接受现实，只有接受现实，才有可能开始运用心智作出理性的决定，进而才有可能做时间的朋友（请重点参照"现实"一章）。

这不是一本讲大道理的书

我只不过是一名从业经验丰富的教师而已，并非所谓的"成功人士"。尽管字里行间可能透露出说教的神态，但，相信我，讲大而空的道理是我从很小就憎恨的行为。我只想把一些普遍困境的最佳解决方案用朴素的论述、详尽的说明、直接的方式传递出去。很多道理非常简单，却至关重要。现实就是这样，有用的道理往往是简单的，甚至简单到令大多数人不由自主忽视的地步。

从另一个角度，这本书所传递的信息，原本只不过属于常识，可由于种种原因，并没有被真正普及、理解，实在可惜。

这不是一本随便翻翻就可以的书

随便翻翻就可以的书，不值得读。如果您拿到本书，只是想随便翻翻，那我还是劝您算了吧，因为那么做没什么意义。

这本书里的很多文字，需要读者耐心读到最后再作判断，而非看到只言片语就进入抗拒状态，然后不由自主地断章取义——因为书中有很多观点和结论会与读者的现有看法不同，甚至相对。尽管本书的第 1 版得到了很多好评，豆瓣评分长期为 8.7[1]，甚至被列为中国书刊发行协会 2010 年度全行业优秀畅销品种[2]，可从读者的实际反馈来看（负面的虽然很少，但往往更重要）：读不进，进一步因为读不进而产生误解的人很多。如有兴趣，读者可先阅读"交流"一章。读过之后您就会明白，有效沟通在一些特定的情况下究竟有多难。

本书的链接列表，请读者扫描封底二维码，根据提示获取。

1　参见链接 F-1。
2　参见链接 F-2。

相信我，
你并不孤独

两辈子之后

英国东部有个郡,叫作诺福克(Norfolk),郡里有个小镇,叫作肯汉姆(Congham)。小镇人口不多,却很有趣,因为那里每年都会举办一个国际赛跑锦标赛。特别的是,参赛运动员不是人类,而是被人类认为行动最慢的动物之一——蜗牛。比赛从1960年开始举办,直到现在。

黏糊糊的蜗牛怎么赛跑呢?赛事举办者把蜗牛放在一个直径33厘米的圆圈的圆心,让蜗牛的头指向任意方向,只要蜗牛爬到圈外就算"跑完全程",第一只"出圈"的蜗牛就是冠军。1995年,一只名叫阿奇(Archie)的蜗牛创造了2分钟"出圈"的纪录——相当于时速9.9米,至今未被打破!

我1972年出生,到2023年7月,我满51周岁。按照孔老夫子说的:"吾十有五而志于学,三十而立,四十而不惑,五十而知天命,六十而耳顺,七十而从心所欲,不逾矩。"按照现代的理解,孔子的意思大概是:人到了五十多岁,就应该明白家庭和社会责任的诉求(所谓"天命"),也可以开始反思和总结人生了。

回头看,我觉得自己像一只蜗牛——真的很慢。只不过,和蜗牛稍微不同的是,我好像有一个确定的方向,并且,竟然一直在朝着这个方向爬,从未停歇。时速虽然只有9.9米,但是,即便从《把时间当作朋友》出版(2009年)算起,到现在也过去了14年,也就是说,我总计前行了1214136米,即1214公里还要多一点。想象一下:有一只蜗牛,在14年里，从北京一直爬啊爬，现在已经爬到了上海，而且还在继续爬——

真的很慢，很慢。

最初，我只是觉得"时间"很重要（2007年），也作了个判断：时间不会受任何人的影响，也不可能服从任何人的管理。过了8年（2015年），在写专栏《通往财富自由之路》的时候，我才反应过来：竟然有比"时间"更重要的东西——"注意力"，一个凭借自己的主观能动性就可以控制的东西。那时我才明白，掌控自己比掌控其他更容易的原因究竟在哪里。

在写《把时间当作朋友》的时候（2007年—2009年），我使用了"心智"这个当时我并没有向读者阐述清楚的词汇。当时，我用的副书名是"运用心智获得解放"——也要再过至少7年，我才会意识到这个词汇被我用的含混不清，还不如用科学术语"元认知"来代替。虽然读者可能在读那本书之前听过"心智"但没听过"元认知"，但是，"元认知"相对来看才是定义清晰、准确的术语，事实上也更容易解释清楚。

虽然在1997年我就意识到自己缺少思考方面的训练，于是跑到图书馆，找到《超越感觉》这本书反复研读，但是，要到2003年，我开始在新东方讲授各种英语考试的写作课程时（前后讲了6年多），才算在自己的脑子里把所谓"逻辑"的内涵和外延彻底搞清楚……又过了10多年，也就是到了2018年前后，我才"发现"因果逻辑的"革命"早就爆发了：在与英语教学全无关联的人工智能领域，贝叶斯定理已成为探索未知的因果推理工具，在这个领域里，这个工具已经被使用几十年了。

我误打误撞进入的另外一个认知领域是"复杂性科学"（Science of Complexity）。这个源自20世纪80年代在美国成立的圣塔菲研究所的学科，我在新东方教写作时（2003年）才注意到……然后，就是多次看到，但并未重视……等到我可以真正理解并用它来思考生活中的一切，又是很多年过去——大约在2018年，我才开始批量研读脑科学领域的论文。

回头看14年前写的《把时间当作朋友》，我有一个目的是"日常逻辑科普"，但在那个时候，我手里没有足够的工具，脑子里的"地图"不大可能像现在这么清晰，也没有足够多的"巨人"提供他们的肩膀（即便有，我也不知道他们在哪里）……当我开始使用"因果网络"这个我自己编撰的词汇时，已经是2022年年底了。要再过几个月，我才会反应过来，时间是因果逻辑的核心。也就是说，如果不考虑时间，那么很多重要的因果推理连"盲人摸象"都算不上，哪怕"盲人摸象皮屑"都算是极度夸大……

2007年的时候，我会说"一切都靠积累"；现在，我会说"一切都靠发展"。2007

年的时候，我会说"时间不可管理"；现在，我会说"时间是一种生产资料"。2007年的时候，我会说"独立思考最重要"；现在，我会说"最重要的是判断力"。2007年的时候，我也会提到"流程管理"；现在，我会强调"做事就是管理流程"，甚至"习惯就是流程""好习惯就是反复优化后的流程"。2007年的时候，我只能使用陈述句"同样的理由竟然得出了截然相反的结论"；现在，我可以使用一个我自己编撰的词汇"镜像效应"……例子太多，仅列举这些。其中各个层面的细节变化，大多是若干年后才逐步形成或者清晰起来的……真的很慢，我甚至感觉——比蜗牛还慢。

如果我的确是一只蜗牛，尽管我的确爬得很远，也的确更可能相对见多识广，但是，我确定，自己其实是一只残疾蜗牛，身残心也残。身体方面就不说了，说说心理方面。虽然我可以和大多数人一样维持"底线"，例如"不能做违法的事情""不能做害人的事情""不能做损人利己的事情"等，但是，瑕疵可多了去了，当然包括各种隐蔽的道德瑕疵——多到不敢告诉别人的地步，而不仅仅是"不好意思说"……

许多年后，我开始庆幸自己是一只"有方向的蜗牛"。如果不能保持方向，里程数就不一定是前行的距离——在一个地方爬来爬去和朝着一个确定的方向不停地爬，区别非常大。虽然连时速10米都达不到，但在爬了1000多公里后，时间和距离都有了确切的"治愈"功能：回头看，一些瑕疵不见了，一些瑕疵就算还在，也压根儿不重要甚至干脆无所谓了。这真是难得的体验。

展望未来，99%是不确定性，1%是我们仰仗的推理依据。然而，回顾过去，99%是事实，1%（或者更多？）是我们不小心才有的记忆扭曲……反正，过去总是比未来清晰百倍。让我展望未来的14年，我会直接放弃；可是，当我回顾过去的14年，在"两辈子"里（七年就是一辈子），我不仅能做到，还不由自主地做了很多遍——很多时候，我会因此汗毛直立。

2007年1月9日，苹果发布了第一代iPhone。我从2007年2月开始写《把时间当作朋友》，到2009年6月出版的时候，我用的也还不是智能手机——究竟是什么牌子的手机，现在我竟然完全想不起来了（在那个年代，丢手机是我这种粗心人的家常便饭）。事实上，要再过上几个月，没有WiFi模块的中国联通版iPhone 3G才开始在中国发售……那时还没有现在我们习以为常的移动互联网——真的好像是"上古时代"。而我自己，要到2011年才开始使用iPhone。

转眼14年过去，不说这世界发生了多大的变化，仅仅在我的生活中，就发生了太多的事情。朋友里，有人结婚了，有人生孩子了，有人结婚之后离婚了，有人离婚之后再次结婚了，也有人不幸离世……同事里，有人创业了，有人的公司上市后又退市了，当然，大部分人创业失败了……其间我不小心闯进了投资圈，见识了"跌宕起伏""波澜壮阔"，"眼见他起高楼，眼见他宴宾客，眼见他楼塌了"这种故事里才有的情节，我竟然几乎年年见到……我自己呢？变化也很多。例如，理直气壮"丁克"多年的我们夫妻俩，竟然转变了观念和态度，欣然"老年得子"……

回头看，我觉得自己是一只运气极好的蜗牛。

我的运气大多属于"意外的好运"（Serendipities）——这一点本身就很意外。不过，我这只蜗牛知道自己和其他蜗牛的不同之处。在爬行过程中，我竟然学会了"如何创造意外的好运"……说实话，这也不是什么秘密，只不过大多数人在心理上无法笃定、在行动上无法坚定而已：

相信积累的力量。

多年前写《把时间当作朋友》，主旨其实只有一句话："一切都靠积累"。这不是我在那时才建立的原则——在很久以前，我就已经笃信积累的力量，并且一直就是那么做的。我曾经给自己定下一个原则：不仅要保证只写、只讲自己认为正确的东西，还要保证只写、只讲自己已经做到的事情。

2005 年我开始写博客的时候，一次只能写出一个"豆腐块"，有时甚至好几天才能写出一个"豆腐块"。那时，我的创作能力非常有限，甚至可以说几近于零。然而，到 2007 年，我就可以连载《管理我的时间》了。又过了两年，2009 年，那些连载的内容已经被印刷成册，更名为《把时间当作朋友》出版，且数次再版，销售至今……

2015 年，我写了《斯坦福大学创业成长课笔记》并于次年出版；2016 年，我在"得到"开设专栏《通往财富自由之路》，每周更新一次，答疑四次；2018 年，出版了《韭菜的自我修养》；2019 年，出版了《自学是门手艺》《让时间陪你慢慢变富》……2020 年之后，我虽然很少写书，但开始在社群里讲课，除了每周讲几次课，还重构了以前私下讲过的《李笑来的写作课》。与此同时，作为示范，在讲写作课的过程中直播了创作《微信互联网平民创业》的过程。2021 年，我讲了《人生最重要一课》；2022 年下半年，我讲了《好的家庭教育》《学习的真相》；2023 年年初，我讲了《教练的真相》，写了《人工智能时代的家庭教育变革》……速度变化肉眼可见。

我越写越多，越写越快，也越写越好。创作质量不断提高是肯定的，我最明显的感觉是，每次回头看哪怕是几年前的作品，都会发现很多遗憾——**积累效应终于展现出来。**现在回头看，多年前我想的、说的、写的（包括《把时间当作朋友》），我都做到了，并且，做到的程度远比当年自己想象得好，好到不像是真的。

　　积累什么呢？什么都可以**积累**。怎么积累呢？不断**改良**——什么都可以改良，什么都可以不断改良。就这么简单，无它。我笃信改良没有尽头，于是，我也只能笃信积累没有尽头。想想看，最初我还用过"**终生学习**"这个词汇呢……我要再次慨叹，积累真的很慢，甚至太慢——过了很多年我才反应过来，另外一个词汇更准确、更恰当——**终生成长**。

李笑来

2023 年 4 月于北京

什么是朋友？
——写在本书问世七年之际

文字真的能改变人。这些年我不知道改变了多少人——我自己也在改变。

很多人误以为我是不社交的人。而《把时间当作朋友》是一本好书——哈！这本书里的一部分内容，不知道被谁截取，加了个自以为是、断章取义的标题，叫"放下你的无效社交"。这些年来，这篇文章不知道被多少人转载，隔一段时间，就好像一个新热点一样重新出现——周鸿祎转载过，《人民日报》的微信公众号也转载过……那部分文字的阅读量累计不少于 5000 万次，实际上却是误读。我说的是，所有的社交其实都是平等的，在不平等的状态下，没有有效的社交。可是，我没有说不要社交啊，我也没有说社交是无效的啊……我想，被误读基本上不是我自己的问题，而是绝大多数人阅读能力有限造成的。

经过这么多年的观察，**我发现每个人的大脑里其实都有一个属于自己的操作系统**——真的像电脑一样，每个人都有一套属于自己的输入/输出体系，有一套自己的运行处理机制。

人和人很不一样，有些人的处理器更强大一些，有些人的内存更大一些，有些人的硬盘更大一些，有些人的显示器更漂亮一点，有些人的打印机比较高效，有些人配置了网卡所以可以连网，有些人不连网，有些人的带宽充足，有些人的带宽不够，有些人在互联网上，有些人在局域网里……

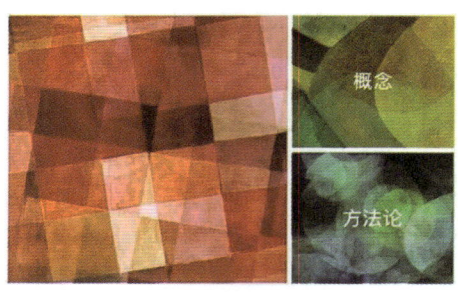

你升级过自己的操作系统吗？

这世上没有完美的操作系统，每个操作系统都或多或少有它的局限，就算它有优势，也不能彻底消灭 Bug。在计算机的世界里，操作系统是一点一点演进的，Bug 是要不断被消灭的。即使旧的 Bug 被消灭了，新的 Bug 也总会出现，所以，遇到一个就要想办法处理一个。当然，有些方法论是先不管某些 Bug，找个机会一并消灭。还有，就是一些 Bug 在升级操作系统的时候，因为整个机制变了，所以自动消失了。这是特别诡异的事情。人类一向认为自己比机器聪明，整个社会也在宣扬"机器是不可能超越人类的"。**可事实上，绝大多数人真的比机器落后太多——令人无法置信地落后。**

今天，我们使用的每台电脑都是完整的，每时每刻拿在手上的手机也是完整的。它们都有完整的组件，处理器、输入/输出设备、内存、硬盘、连网设备……再看看人，很多人的处理器是残破的，输入/输出设备是不完善的，内存小到没用的地步，硬盘甚至根本就没有——不会记笔记、不会使用图书馆的人，在我眼里就相当于没有硬盘的电脑——至于连网设备，真的很差，甚至不如没有……

最关键的，也比较搞笑的是：**绝大多数人的操作系统竟然是从不更新的！从不！**

大多数人所使用的操作系统其实是 2000 年以前的，他们会自然而然地坚信"眼见为实"这个古老的原则，不懂"间接证据"的使用方法和判定方法。例如，几年前韩寒的"代笔门"事件，就充分展现了这个事实。再如，直到今天，也有很多博士、硕士认为生男生女是女人的问题。还有，很多"操作系统"完全没办法识别"中西医结合"根本就是一个无法"格式化"的概念。

粗糙、原始的操作系统的主要特征是：越差就越自洽，漏洞百出却能持续运转——最关键的是，它没有任何自动升级机制。

给大家讲讲我的操作系统是如何主动进化、自主升级的吧——我把它称作"重生"，我的生活经历了很多次重生。我最近正在写一本书——《七年就是一辈子》[1]，换种说法，就是"七年一次大升级"。想想看，比起 Windows 不断打补丁，比起 Mac OS 每年进行一次重大升级，比起 Ubuntu 每半年进行一次稳定升级，人七年才搞一次大升级，是不是很落后呢？

在我看来，人脑的操作系统最核心的元件是一个叫作"**概念**"的东西。我们的思考离开概念，几乎寸步难行。很多概念看起来很简单，却可能需要人们花上几千年的时间才能够真正把握。历史上最惊人的例子是利息的概念。犹太人因为最先搞清楚这个概念，想明白了这个概念所带来的意义，而后恪守它的应用原则，结果——他们被迫害了几千年，他们因此颠沛流离，他们因此差点被赶尽杀绝。

我们从一个特别简单、特别基础的，我们一生都在使用的概念——"朋友"说起。

什么是朋友呢？从我自己说起，以下提到的"我们"其实都是指我自己，如果你有共鸣，那就是"我们"。

最初的时候，我们虽然懵懂，但实际上是有所定义的：**朋友就是那些与我们共度时光，让我们感觉温暖的人。**

这里有个词——感觉。对，友情就是一种感觉，它让我们温暖，我想很多人跟我是一样的。然后，我们慢慢长大。在这个过程中，我们的操作系统有一些基于历史、文化习惯的细微渐进升级。慢慢地，我们对朋友多了一个标准：**朋友就是那些与我们共度时光，让我们感觉温暖，让我们心甘情愿地付出的人。**

这里我使用了一个中性的描述——让我们心甘情愿地付出。你也知道，很多时候这其实是不可能的。在我们东北老家，这叫"够意思"。小朋友们在成长过程中会慢慢学会另一个概念——"义气"，然后不由自主地把这个概念和"朋友"这个概念揉在一起。在那个时候，我们还不擅长思考，也不明白"够义气""够意思"这样的概念其实是一种毒药，因为它看起来是那么美好。

我现在说那是毒药，当时却真的不知道。为什么说那是毒药呢？因为我们不由自主地在一个纯净的概念里加入了公平交换的机制，而问题在于，对什么是公平，我们根本就没有想过。人就是这样，即便不知道什么是公平，当不公平发生的时候，也可以瞬间体会。于是，开始有了背叛，开始有了欺骗，开始有了伤害，开始有了失望和愤世嫉俗。于是，我们就进入了一个相对混乱的时期。

过了一段时间，我发现人和人是特别不一样的。实际上，大多数人的生活空间是相当有限的，从出生、成长、结婚、生子直至死亡都在一个地方。即使在大城市，也有这样的人——北大幼儿园、北大附小、北大附中、北大本科、北大研究生、北大博士、北大工作……我真见过这样的人，还不止一个。

我呢？我出生在黑龙江省海林县，8岁的时候跟随父母搬到延吉市，小学转学一次，初中转学一次，高中复读一次，然后离开老家，去长春读书，毕业后没有回老家，而是去了沈阳，再后来回老家待了一段时间，又辗转广州而后定居北京。对我来说，被动且长期好像是不存在的。回望过去，虽然从小交下的朋友不多，但几乎每一个都是我自己主动保持联系所以才一直有联系的。维系交往是要耗费时间和精力的，在两个人的交往过程中，一定至少有一个人是主动的，而我就是那个主动的人，因为我觉得这些"成本"是必然存在，也是必须承担的。

所以，"朋友"的定义在我这里开始发生变化。在我这里，所谓的**朋友是那些与我们共度时光，让我们感觉温暖，让我们心甘情愿地付出的人**。而这里所说的"付出"，**常常是我愿意花时间、花精力主动联络，主动维系友情的那些人**。

与此同时，随着自己的人生轨迹发生变化，朋友的定义也开始分化，因其稀缺性，"老朋友"成了一个特殊的分类——这实际上是时间的稀缺性造成的。人就一辈子，小时候的时光就那么几年，一路走过来，再也没有可能重新来过了。因为老朋友的稀缺性，我为这个类别增加了一个原则：轻易不跟他们产生合作关系，生怕伤到这个稀缺的存在。不是"不"，而是"轻易不"，这其实是一种尊重。

成熟的特征就是独立。独立的意思是：在生活上、经济上越来越不依赖朋友，对朋友更多的是精神上的需求。于是，我对在这个阶段能够交到的朋友有了新的定义：**朋友就是那些愿意与我交往，并且我也钦佩的人**。

那篇被断章取义的文章，主旨就是这个。**我们钦佩和仰慕的人其实很多，但前提是人家愿意跟我们交往**。因为我很了解一个事实——交往是要耗费时间的。又因为我是个长期主动维护友情的人，所以我很自然地知道，有些时候自己一不小心就会成为别人的负担——这是很不好的，不是吗？一方面，在我的朋友眼里，我是个擅长社交的人，我懂得如何维系已有的关系，我懂得主动去与一些我欣赏的人建立新的联系。但，另一方面，说实话，在相当长的时间里，我特别不擅长处理层级关系，而我的经历使我在这方面缺少历练。我没上过班——一天班都没有上过，大学毕业就做销售。后来，我确实在新东方工作过，但在那里，老师不是行政人员，不需要坐班，完全"放养"。于是，一旦我处理层级关系，就肯定会出差错——在这方面，我做过各种被别人笑到肚子疼的"非常不得体"的事情。所以，我在做事的时候尽量去选择那种只要我一个人就能干好的——讲课啊，写书啊，做网站啊，都是——不会的我就去学，多难都必须自己学会，时间多不够用都要挤出来去学必要技能。许多年来我就是这样的。于是，在那个阶段，我与我的绝大多数朋友之间的联系更多的是一种精神上的联系。

这种情况持续到我 35 岁左右。在随后的几年里，我逐渐意识到我有能力去帮助一些人了——其实，在那之前，更多的时候我是自顾不暇的。后来，我干脆成了一些人进步的动力——我想，《把时间当作朋友》陪着很多人度过了"上一辈子"吧。于是，我对朋友的定义再一次更新：**朋友就是那些我愿意花时间与精力与之共同做成至少一件事的人。**

我与我的好多朋友都是这样的。

2012 年年末，我认识了李路。我觉得他是个很牛的人，于是只要有机会我就跟他聊，前后聊了五六个想法——终于有一次，他说："嗯，这个不错，这个我愿意跟你干。"然后，我叫来了我在推特上认识了两三年的朋友沙昕哲。于是，我们折腾出一个公司，叫 KnewOne。

同一时期，在一次 Ruby 交流会上，我认识了冯晓东，一个 1989 年出生的"小朋友"。我觉得他很厉害，就跟他讨论很多事情，差不多每一两个月就找他吃个饭、聊个天，其间得到很多做软件产品的思路，有些时候，我的一些看法会被他批得"狗血淋头"。2014 年春天，他给我打了个电话，说："我搞出一个东西，你来看看呗……"我去了一看，喜欢坏了，当场就要求一起玩。然后，他把团队拉出来，我请大伙吃了一顿饭。那顿饭相当于全体团队成员对我进行"面试"，我回答了很多问题，最终"面试"通过，我们正式合作了。

我还有一个好朋友叫龚鸣，现在是国内知名的区块链技术专家。我认识他时，就觉得他与众不同，于是我就一直在找机会、创造机会，看能不能一起做点事情，前后也提过很多方案，可都不太合适，索性就放在那里。我会不时联络他，和他聊新的想法……这样过了两年多，有一天，我跟他说了一个想法，这次他一听完就说："嗯，这个可以做，而且必须做……"于是，我们俩就弄了一家公司，叫"彼此保险"。

我曾在一篇文章里提到，我理解的情商是这样的：**所谓的情商，就是擅长创造共赢的局面。**创造共赢的局面，需要思考，需要研究，需要花费时间和精力，需要试错，需要耐心。我们这种人是不可能让自己沦落为索取者的，我们知道收获需要投入——多么简单的道理啊。

所以，回头看看我对朋友、友情的定义，其实背后是一个很简单、很清晰的过程：

依附 → 独立 → 共生

在这个过程中，一个朋友给了我巨大的提醒。他叫霍炬，在网上也很有名。他是个万人迷，真正的万人迷——个头不高，长得也不怎么帅，但女生就是很迷他。你知道为什么吗？因为他是那种能帮助对方成长的人。这说起来简单，其实并不容易做到。到底有多难呢？这么说吧：你这辈子见过几个感激前男友的女人？

认识霍炬之后，我对友情的定义多了一个层面，我开始觉得每个人的友情的质量是不一样的。对朋友来说，真正有用的，不是那种肤浅含混的"够意思""讲义气"，而是帮助对方成长——这才是最有价值的。

友情中最有价值的部分来自各自的成长或者共同成长。

所以，我想有一类人跟我是一样的，我们有属于我们的特殊的交友方式。例如，对我来说，写博客、写公众号文章，其实都是交友方式。互联网使人与人之间的思维沟通跨越了地理空间的限制，以前我们在身边找到同类的可能性很低，现在却被互联网放大了——放大到必然可以找到同类的地步。有些时候，我们的想法在身边的人看来是疯狂的，但互联网会把我们的思考带到我们完全想象不到的角落。在那些我们都不知道是哪儿的地方，也许有一些人能够理解我们，能够认同我们，能够与我们共同成长，这是很神奇的事情。

我写博客是十年前的事情了，开微信公众号则是最近的事情。甚至，对"朋友"这个概念的长期主动更新，使我有了另外一些属于自己的相对特殊的方法论。我最近搞了个收费群，群的名字叫"共同成长"，就是这种方法论的应用。在群的介绍里，我是这么写的："不要以为交了钱进来就会自动得到什么好处。事实上，你交了钱进来，你还要分享，分享你的成长，分享你的经验，分享你的知识。不分享，无成长。"

你看，对于成长的定义，对于分享的定义，这些概念在我脑子里跟别人是不一样的，这是我长期主动更新的结果。我的操作系统也就因此不同，我有我的输入方式，我有我的输出方式，我有我的处理机制。最关键的是，我发展出了一种方式，可以让我的操作系统主动升级，并且我会努力想办法提升升级的速度与频率，同时保证这个操作系统的稳定性。

然后就是方法论。计算网络，最初是中心化的，后来是去中心化的，现在正在向<u>分布式网络发展</u>。[2] 第三种网络显然比第一种网络更强大。为什么呢？通俗地讲，就是连接更多、更活跃，这样的结果不仅效率更高，而且会出现更多的<u>意外惊喜</u>[3]。

所以，当我们把一群具备一定特质的人放到一起的时候，我们不知道将来究竟会发生什么，但我们确实知道一定会发生什么。也正因如此，当一件好事发生的时候，它是惊喜，甚至是"意外的好运"。而在我眼里，这是意料之中的惊喜，因为我们从一开始就知道会发生这样的事情，只是不知道这件事情究竟是什么而已。虽然有点绕，但这不就是一个方法论吗？所以，我们会按照这种方法论行事；所以，好运总是会发生在我们身上。这并不奇怪，因为我们有能够自动更新的操作系统。就是这样。

《把时间当作朋友》从 2009 年问世至今，已经过去了七年。作为一本被我称为"被动销量巨大"的书，它的影响力是我始料未及的——从某个角度看，也是本书核心主旨"一切都靠积累"在某种程度上得到认可的表现。

期待本书成为大家的朋友，在不断的升级中伴随我们共同走过下一个七年。

李笑来

2015 年 12 月于北京

1　这本书将围绕"如何自主升级自己大脑的操作系统"展开。
2　中心化的，Centralized；去中心化的，Decentralized；分布式网络，Distributed Network。
3　意外惊喜，Serendipity。

第 3 版前言

2009 年 6 月《把时间当作朋友》正式出版发行。于我来说，这多少有点意外。最初写这些文字的时候，我并没有出版的计划，只是基于分享的心态把这些文字发表在了我的网志上——当然，即便印刷成册，本书的内容依旧全部在网上公开[1]。

《把时间当作朋友》第 1 版第 1 次印刷共 8000 册，可这 8000 册竟然在上架第一周售罄。这令我再次意外。更意外的还在后面——在接下来一年半左右的时间里，这本书竟然重印了 12 次！

这些文字最初是写给我的学生的，2007 年年初开始陆续地写，大约用了 3 个月完成。2007 年年底，因为网站数据库损坏，所以只好重新写过，文章系列的标题也从"管理我的时间"变成了"把时间当作朋友"[2]。最初，我是想帮学生解决问题，到 2009 年 6 月本书正式出版之后才发现，这本书的主要读者大多是职场新兵，很多在校学生对本书内容并无兴趣。我只能猜测这是大多数在校学生经历不足、吃亏不够造成的——也许只有吃过大亏，才会有洗心革面的动力。

最令我意外的是，这是一本被动销量巨大的书。出版之后，我接到很多读者来信，他们说自己读过这本书以后，又买了若干本送给同学、同事、朋友，甚至亲戚。有的高中教师向学校申请订购几百本发给每一位学生，也有大学辅导员自费购买几十本送给班上的每一个人；盛大网络创新院的副院长郭忠祥先生干脆成批买来堆在办公室门口，不管是谁,都可以拿走一本;2011 年 1 月,华为赛门铁克成都公司订购了 4000 本,发给每一个职员……

好评如潮当然是我求之不得的结果,但更是一种压力。又因为这好评出乎我的意料,它带来的压力就让我多少有些不安。我会为此不时认真阅读读者的每一则留言——重点看批评。有些批评缺乏道理,可有些批评确实令我汗颜。例如,有读者指出此书第 1 版结构松散,并且善解人意地说:"网志文章集结成册的结果如此,很容易理解……"

事实上,2009 年年底,就是本书第 1 版正式出版半年之后,我就有了改版的愿望,却苦于事务繁杂、分身乏术,未能行动。2010 年年初,修订了一些文字,更新了几个重要例子,增加了插图,权算第 2 版。那之后,我陆续写了很多文字,到 2010 年年底,觉得无论多忙都必须重写,就有了现在的第 3 版。

在这一版里,主要做了两个大的改动。

第一个改动是尽量剔除说教的腔调。虽然我不是科班出身,但也一口气从事教职十年,故做到这点对我来说相当不易。但这是必需的,因为说教总是令人厌烦——无论它有没有道理,无论对于说教者还是被说教者。

第二个改动更为重要。在大量删减之前的内容后,大量增补了关于学习、思考、沟通的内容,以充实"运用心智,获得解放"的主旨。原本在网志上写"想明白"和"我也有话要说"两个系列时,我计划写两本独立的书。但最终我还是决定将这两个系列的精髓合并到这一版《把时间当作朋友》中,因为多出版一两本书不是我的目的,我的目的是把我认为应该传递出去的内容传递出去。

同时,我的另一本书《人人都能用英语》即将出版。《人人都能用英语》相当于《把时间当作朋友》的特定领域实践版。如果"把时间当作朋友"的方法就是"用正确的方法做正确的事情",那么在《人人都能用英语》中,"正确的事情"就是"习得"英语,"正确的方法"就是"用"。

经过一段时间的挣扎,我终于在 2011 年 2 月 2 日(大年三十)晚完成了这一版的组织与创作,之后又用了两年多的时间润色与完善,如今正式出版,算是了却一个心愿。写字的快乐并非来自表达,而来自这些文字所带来的改变——无论是对读者还是自己,无论是对周遭还是内心,都是如此。

XXII

  这本书里的每一个字，无论是删掉的还是增加的，都给我带来了巨大的快乐。希望它们亦能对您产生真正的帮助，进而改变我们的生活。

李笑来

2013年8月于北京

---

1 本书相关页面，参见链接 F-3。
2 这是一个非常重要的改变，相信读者在读过正文之后就会理解。

第 1 版前言

  无论是谁,都最终会在某一刻意识到时间的珍贵,并且几乎注定会因懂事太晚而多少有些后悔。病了要投医,病急了就很可能乱投医。可是书店里各种各样的关于"时间管理"的书籍多半于事无补——至少这是我自己的经验。一方面是束手无策,另一方面是时间无情地流逝,恶性循环早已经形成——要做的事情越来越多,可用的时间越来越少;因此,时间越来越珍贵,时间越来越紧迫;时间越珍贵就越紧迫,时间越紧迫就越珍贵……压力越来越大,生活成了一团乱麻。

  时间是个问题,可是"管理"它却不是正确有效的方法,因为那是几乎做不到的事情。之所以后来换成这个名字[1],在于"把时间当作朋友"更能体现本书的实质。我自己也是在写作的过程中才清楚地意识到"管理时间"的说法有多么荒谬。人是没办法管理时间的,时间也不听从任何人的管理,它只会自顾自一如既往地流逝。"管理时间"只不过是人们的一厢情愿而已。换言之,人类能做的事情只不过是发明改进测量时间的工具而已,根本没有办法去左右时间。

  终于有一天,我对自己说:"承认了吧,你对时间的流逝无能为力。"那一刻的醒悟,感觉就像凤凰涅槃一样浴火重生——这个说法多少有些矫情,但确实过于准确而无可替代。那一瞬间,我已经 30 多岁——不过还好,不算太晚。

  要管理的不是时间,而是自己。人们生活在同一个世界,却各自生活在自己的那个版本中。改变自己，就意味着属于自己的那个版本的世界将随之而变，其中也包括时间的属性。开启自己的心智，让自己能够用最可能准确的方式思考、观察、记录、总结、分享和行动，那么自己的时间就会拥有不同的质量，进而整个生活都必然因此焕然一新。

人生的幸运在于能够"用正确的方式做正确的事情"。然而，什么是正确的或者更好的方式，什么事情真的值得去做，需要运用良好的心智才能作出尽可能准确的判断。若真的做到"用正确的方式做正确的事情"，那一瞬间，时间无须管理（当然，就算想管其实也没人能做到），它是你的朋友，陪你亦步亦趋走到最后的朋友。

我终于明白为什么过去读过的那么多"感觉上有道理"的文字却最终"感觉上并无帮助"了。也许是自己被误导了，也许是过去太愚钝，我竟然没有意识到"管理"的焦点根本就不应该是时间，而应该是我自己！过去我读过的许多时间管理书籍里的方法肯定是（至少应该是）有用的——就好像巧匠手中的工具，不可能没用。武侠小说里的那些江湖高手，手拿一根树枝一样可以横扫天下，可是对一个手无缚鸡之力的人来说，给他干将也罢，莫邪也罢[2]，又有什么用处呢？

找到问题的根源，就真的有了希望。

李笑来

2009年春于北京

1　本书内容最初在网上公布时使用的标题是"管理我的时间"。

2　干将、莫邪均为古宝剑名。相传春秋时期吴人干将与妻莫邪善铸剑，二人耗费三年时间为吴王阖闾铸得阴阳二剑，锋利无比，阳剑名为"干将"，阴剑名为"莫邪"，后因此以"干将"和"莫邪"指代利剑。

目　录

第 0 章　困境 / 001

1. 问题 / 002
2. 慌乱 / 005
3. 解决 / 008

第 1 章　醒悟 / 013

1. 孰主孰仆 / 014
2. 何谓心智 / 017
3. 我的案例 / 019

第 2 章　现实 / 027

1. 速成绝无可能 / 028
2. 交换才是硬道理 / 031
3. 完美永不存在 / 033
4. 未知永远存在 / 036
5. 现状无法马上摆脱 / 040
6. 与时间做朋友 / 043

第 3 章 管理 / 049

1. 估算时间 / 050
2. 及时行动 / 053
3. 直面困难 / 056
4. 关注步骤 / 059
5. 并行串行 / 062
6. 感知时间 / 066
7. 记录开销 / 072
8. 制订预算 / 074
9. 计划 / 077
10. 列表 / 084
11. 流程 / 089
12. 预演 / 093
13. 验收 / 096

第 4 章 学习 / 099

1. 效率本质 / 100
2. 基本途径 / 103
3. 主要手段 / 108
4. 经验局限 / 112
5. 自学能力 / 119

第 5 章 思考 / 127

1. 勤于思考 / 128
2. 思维陷阱 / 132
3. 因果关系 / 136
4. 相关命题 / 144
5. 举证责任 / 147
6. 案例局限 / 151
7. 对立论证 / 154
8. 张冠李戴 / 157
9. 辨析感悟 / 160
10. 克服恐惧 / 165
11. 辅助工具 / 167

第 6 章 交流 / 173

1. 学会倾听 / 174
2. 说与不说 / 181
3. 交流守则 / 183
4. 正确复述 / 190
5. 勤于反思 / 193

第 7 章 应用 / 199

1. 兴趣 / 200
2. 方法 / 202
3. 痛苦 / 206
4. 比较 / 212
5. 运气 / 215
6. 人脉 / 219
7. 自卑 / 226
8. 灵感 / 232
9. 鼓励 / 238
10. 效率 / 240
11. 节奏 / 245
12. 物极必反 / 248
13. 自我证明 / 252

第 8 章 积累 / 257

1. 坚信积累 / 258
2. 越早越好 / 264
3. 如何开始 / 270
4. 躺着赚钱 / 274
5. 自由意志 / 277
6. 生活目标 / 283
7. 注重学识 / 287
8. 节省与否 / 292
9. 人丑就要多读书 / 296
10. 被动支出 / 298
11. 认识周期 / 304
12. 性格养成 / 310
13. 别做"险盲" / 313

附录 / 317

第 1 版推荐序 / 318
第 3 版致谢 / 323
主要参考文献 / 324

时间的脚步，
你能挡住吗？

第0章
困境

你能想象一张只有一个面的纸吗?
——亚瑟·克拉克

1. 问题

　　或许因为考试临近，或许因为工作需要，你现在必须把一本书读完。这本书的内容不是轻松的文字，所以不能一目十行——它需要你认真阅读并理解，甚至可能要求你根据它所陈述的原理或者规则进一步创造些什么，才算真正"有所收获"。

　　经过一番挣扎，你终于决定"正式开始"！

　　你坐到喜欢的沙发上，伴着常听的音乐，翻开书的某一页开始看。

　　过了一会儿，你突然觉得自己非常渴，想要找水喝。

　　你打开冰箱顺手拿出一瓶饮料，倒进杯子。刚喝了一口，你一下子想起来：不对，不应该喝这种含糖的饮料！真是的，无论说多少次，妈妈都不会记得把含糖的饮料和不含糖的饮料分开放！于是，你跑到妈妈的卧室，与她"理论"了一番，最终发现于事无补，只好一个人悻悻地回来整理冰箱。

　　你重新回到沙发上，接着看你的书。看了一会儿，你换了个姿势。不巧压到了电视遥控器，电视一下子亮了。这位节目主持人恰好是你最喜欢的。哇，今天她这身打扮真漂亮！不过今天的话题怎么这么无聊？！你还是不由自主地看了一会儿，又顺手用遥控器翻了翻其他频道……幸亏这时一连几个频道都没有好看的节目，你才停下来，有点失望地想：现在的节目真的很无聊，还不如看书呢！

　　嗯？怎么这么渴？你这才想起，在整理冰箱前，你把那杯含糖的饮料放在了妈妈的桌子上，却忘了重新给自己倒一杯不含糖的饮料，就直接回到了沙发上。于是你再次起身去弄喝的。喝了两口，你突然想起你现在喝的饮料是你最喜欢的——第一次约会的时候，你喝的就是这种饮料……

手机响了，是一条短信。一个朋友问："你在干嘛？"你没好意思说在学习，只是含混地说，你病了，在家休息，不想出去……结果朋友竟然打电话过来慰问，你只好支支吾吾应付了一阵子。

挂了电话，你又回到沙发上。想了想，还是换一下背景音乐吧，现在这首听上去太伤感。于是你扭身摆弄了一会儿音乐播放器，然后重新坐好，开始看书。

过了好一阵子，你突然意识到自己刚刚在发呆，不禁打了个寒颤。你下意识看了看表——天哪！已经过去两个小时了，可是你连一页书都没看完！

以上的描述，说的肯定不是你，但那场景你一定很熟悉。

终于，在某一刻，你失声惊呼："没时间了！"

这尴尬，无论是谁，要么已然经历，要么将会经历，没有例外。这尴尬一旦出现，必然压力巨大，而且来自四面八方。这种巨大的压力造成的恐慌，往往可以使当事人作出荒诞不经、让其他人匪夷所思的决定：自相矛盾、自我欺骗、孤注一掷、痴心妄想……诸如此类，不一而足。

完成任何任务都需要一定的时间。同时，任何任务都最好或必须在某个特定的时间点之前完成，即，**任务都有一个最后期限**[1]。而且，只要是必须完成的任务，不管是否已经开始执行，最后期限都在不断迫近，因为时间永不停歇。

问题好像很简单，看起来无非有以下几种情况。

▷ 没有按时开始执行任务。
▷ 错误估算完成任务所需时间。
▷ 在任务的执行过程中出现了差错。

果真如此的话，解决方案好像也很简单。

▷ 按时开始执行任务。
▷ 正确估算完成任务所需时间。
▷ 在执行任务的过程中不要出差错。

可事实上问题并非如此简单，否则也不会让那么多人一生都束手无策。

---

1 "最后期限"在英文中对应的是"deadline"，一个特别生动形象的词——届时未完成者死！

2. 慌乱

我教过很多学生。[1] 他们中的绝大多数都一样，压力刻在额头，匆忙写在脸上。他们身上充满矛盾——他们"**既勤奋又懒惰**"。

他们很勤奋，每到周末都要起个大早，在上午 8:30 之前挤公共汽车赶来上课[2]，中午匆忙吃些东西，下午在一个充满各种味道的教室里继续上课。他们也许会玩电子游戏，但显然比那些只玩电子游戏的人更勤奋；他们也许会喝酒打牌，但显然比那些只喝酒打牌的人更努力。

可与此同时，他们也随时展露懒惰的倾向。

我教得最好的课程是作文。作文可讲的内容很多，但我很少在课堂上讲语法、词汇、修辞之类的东西，因为这些内容学生可以自学或者很容易自学。我更喜欢讲思维方法，我认为这才是教学的关键所在。只有想清楚了，才有可能写清楚；想不清楚，连写出来的必要都没有。讲作文课也是我最开心的事情之一，因为作文课实际上是思考课。自己思考原本就是件很快乐的事情，而教别人思考是学习思考、锻炼思维的最好方法。我的学生也很开心，因为他们听懂了我对他们说的话："只有学会正确地思考，才意味着真正进化成人。"

没有人愿意做猴子。

终于，有一天，我还是被一名学生"打败"了。

那天下课之后，一个男孩捧着我写的那本非常畅销的《TOEFL iBT 高分作文》让我给他签名。我签了。然后他说："老师，可不可以问你一个问题？"我笑着说："你现在可以直接问第二个了。"他说："老师，你说，如果我把你这本书里的作文全都背下来，在考场上默写一篇，会不会被判雷同呢？"当时我一下子失去了耐心，尽管没有发火，但语气里肯定有一些东西："那你说呢？！"那个男孩脸红了一下，迅速走了。

我快被他弄疯了。难道我的课讲得这么没有效果吗？我上课时那么卖力地对他们讲道理："作文，当然要自己写；就算有范文，也是用来参考的。"而且，我很确定的是，我在《TOEFL iBT 高分作文》的前言里花了很多笔墨去讲如何参考范文而不是照抄范文。抄袭别人的文章当然会被判为雷同——这还用问吗？！结果怎么会这样？可是，竟然决心背下这本书里全部185篇文章的学生，又怎么可能是懒惰的呢？

更要命的是，不止一个学生曾经这样问，所以这肯定不是个案。

经过反复询问，认真观察，我终于明白了——很多学生"既勤奋又懒惰"的怪异现象来自他们对"时间压力"的感受。"没时间了"或者"时间不够了"的恐慌，使他们超乎寻常地勤奋。哪怕只是虚假的"勤奋"，一样能让他们恨不得废寝忘食。而同样的感受，也使他们终日不忘寻找捷径，美其名曰"提高效率"，实际上却想着"最好不费吹灰之力"。无论哪种行为，肯定都是不现实的，因为已经"没时间了"——这才是冷冰冰的事实。

"没时间了"，是"时间恐慌症"患者脑子里唯一反复闪现的一句话。巨大的压力，极度的恐慌，使"患者"身上综合了一切矛盾：他们既勤奋又懒惰，既聪明又愚蠢，既勇敢又懦弱，既满怀希望又分分秒秒面临绝望，既充满自信又随时随地体会自卑……

"没时间了"，其可怕程度几乎无异于死亡。死亡是所有人都要面临的终极困境——没有解决方案的困境。对其恐惧之甚，以至人类不分种群，不约而同地集体创造出一个"天堂"留给自己和自己喜爱的同类，同时创造出一个"地狱"送给自己憎恨的同类。但这毕竟不是切实有效的解决方案。死亡本身其实不可怕，面临死亡的过程才真的可怕。如此，就能很容易地体会那些"既勤奋又懒惰"的学生面临的是怎样的悲惨境遇了。

但是，生活中明显有另外一些人——尽管数量上并不占优——在用另外一种状态生活。他们从容，他们优雅，他们善于化解各种压力，安静地去做他们认为应该做的事情，并总能有所成就。他们甚至可以达到常人无法想象的境界——不以物喜，不以己悲。面对同样的困境，他们究竟是如何保持从容的呢？

1　除了讲课,我还经常要到全国各大高校做讲座,因此,每年在我面前流动的学生人数保守估计超过2万。
2　我当时教的是留学考试准备课程,例如托福、美国研究生入学考试等。

3. 解决

你想打开一扇门，可那门上有把锁，把门锁住了。"如果能找到钥匙就好了"，你想。可是钥匙在哪里呢？反正不在那把锁上。既然门被锁上了，钥匙就一定不会插在锁孔里。

"没时间了"这种尴尬就像是一把我们想要打开却没有钥匙的锁。同样，要想摆脱这种尴尬，死盯着这把锁是没有用的。

很少有人会注意，所谓的"管理时间"亦或"时间管理"是虚假的概念，是不可能完成的任务。时间不会服从任何人的管理，它只会自顾自地流逝。你不可能冲它大喊："时间，你给我慢一点！"它只是自顾自地流逝。你也不可能向它大叫："时间，你给我快一点！"它还是自顾自地流逝。时间不理任何人，它用自己特有的速度流逝，<u>不受任何外界因素影响</u>[1]——毫无疑问，**我们无法管理时间**。

无论钥匙在什么地方，都不会在锁孔里。尝试从"管理时间"的角度解决问题，注定徒劳。尽管我们面临的尴尬是"没时间了"，可本质上这尴尬与时间的关系不是很大。

没错，**问题出在我们自己身上**。

你可能听说过<u>这个原则</u>[2]：

> 先把任务分为"重要的"和"不重要的"，再把任务分为"紧急的"和"不紧急的"，然后挑选"重要的"而又"紧急的"的任务优先执行……

看起来似乎很有道理，而实际的操作效果怎么样呢？并不好。为什么？因为你发现

（或最终证明）自己没有足够的能力去区分一项任务是否重要、是否紧急。所以，到头来，尽管别人告诉你的方法是对的，你操作起来却得不到期望的结果。

没错，问题出在我们自己身上。

我们无法管理时间。我们真正能够管理的，是我们自己。只有接受这个简单的事实，才有解决问题的希望。"时间不可管理"，尽管看起来很简单，但是理解它，进而接受它，可不见得容易，原因在于，它未必是（甚至几乎肯定不是）你以往已经认同的观念。

人们很难接受与已有知识和经验相左的信息或观念，这是因为一个人已有的知识和观念都是经过反复筛选的。尽管很多知识和观念是被灌输的，但知识的持有者对"被灌输"这一事实往往毫无察觉，就算察觉，也可能拒绝承认。人们更愿意相信自己拥有一定的判断能力，不会被轻易糊弄。即使是一些"想当然"的观念，人们也倾向于认为那是"思考过后的结论"。在历史上，这种情况反复出现。例如，在葡萄牙航海家麦哲伦证明"地球是圆的"之前，大多数人相信"大地是平的"[3]，并且把这种想当然得到的结论当作自己认真思考之后获得的知识，以至在其被证明有误的那一瞬间，他们的第一个念头不是："啊？原来是这样！"而是："扯淡！没那回事儿！"

被灌输的观念，越是错的，越有惊人的繁殖能力。随着时间的推移，它愈加顽固，直到最后，它能在不知不觉间蒙蔽一个人，使其失去心智成长能力。

有一个普遍存在而又令人惊讶的例子：很多人相信没有生出儿子是女人的错——即使在今天。中学《生物》课本里讲得很清楚：女性卵子里的性染色体是 XX，男性精子里的性染色体是 XY，精子与卵子结合时会出现可能性相当的两种情况，即 XX 和 XY。所以，生出来的孩子是男是女，是概率相同的随机事件，与女性没有关系[4]。科学事实简单明了，但结果显而易见：不是每一个读过书的人都能理解并接受这个简单易懂的科学事实[5]。

本书此后的不少内容，很可能与读者最初的期望不符，甚至相左。其实，本书的主旨非常简单：**时间是不可能被管理的**。必须开启心智，看清楚，想明白：**问题出在我们自己身上**。而我们所面临的问题，与时间、管理或时间管理都没有多大的关系。解决问题的核心思想只有一个——**一切都靠积累**。深信积累的力量，时间就是你的朋友，否则，时间就是你的敌人。

1 在爱因斯坦提出相对论之后,"绝对时空观"就已被打破,所以,纯粹从理论上看,"时间不受任何外界因素影响"的说法不完全准确。但是,对每个生活在现实中的人来说,我们的时间依然是绝对的。爱因斯坦的理论并不适用于我们正在讨论的话题。
2 该原则出自史蒂芬·柯维(Stephen Covey)所著的《要事第一》(First Thing First, 1994)。中国读者可能更熟悉他的另一本畅销书——《高效能人士的七个习惯》(Seven Habits of Highly Effective People, 1989)。
3 公元前5世纪左右,古希腊哲学家毕达哥拉斯提出地球的形状是球形,但他没有科学依据;之后,古希腊哲学家亚里士多德根据月食时地影是圆形的,提出地球是球形的,这算是第一个科学证据;直到1622年,葡萄牙航海家麦哲伦完成环球航行,人们才开始普遍接受地球是球形的这一事实。在"大地是平的"被证伪之前,没有"地球"这个概念。
4 生男生女这个问题,要非得说跟谁有关系,也只能与男性有关系——Y染色体来自男性。可即使如此,也不会改变此事件的概率。
5 坊间有一种所谓的"酸性体质"理论,声称母体的酸碱度会影响染色体的结合,进而宣扬使用某些方法可以控制胚胎的性别。虽然这种说法毫无科学根据,但信之者众。

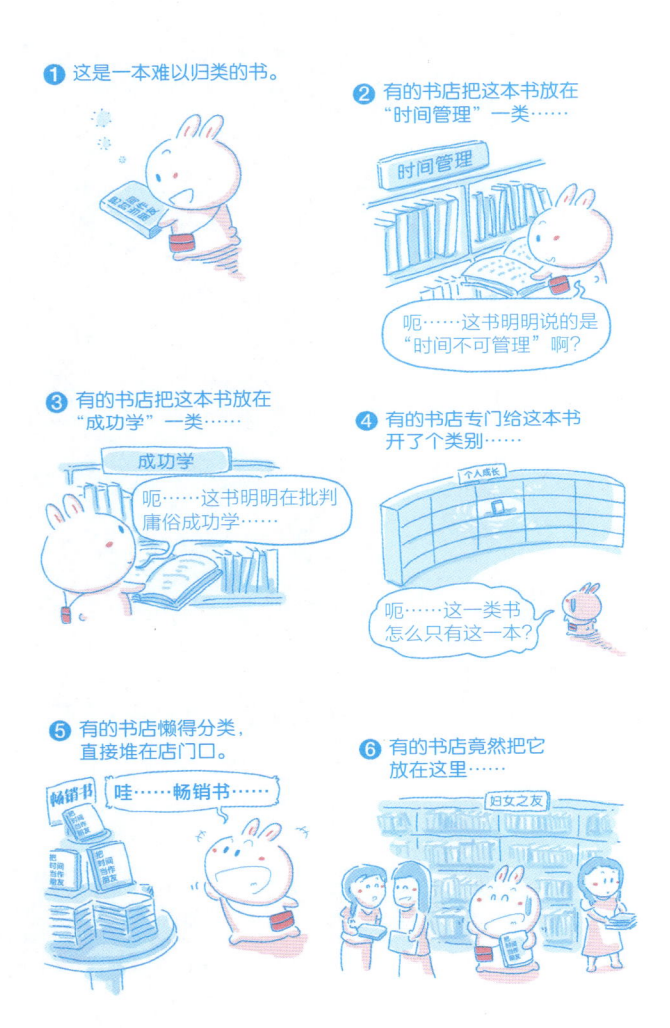

花絮：本书主张"时间不可管理"，这使书店在销售它的时候颇为尴尬。想想看，放在哪个类别里好呢？放在"时间管理"类别里，显然不合适——因为本书的主旨明明是"时间不可管理"。放在"成功励志"类别里呢？也不合适，因为本书中用了不少文字来批评庸俗成功学。有的网上书店为这本书专门开辟了一个类别——个人成长，这个类别里只有一本书——《把时间当作朋友》。有的书店懒得操心，随便把这本书放在一个地方——有读者来信告诉我，他在"妇女之友"类别里看到了这本书。当然，更多的书店想出了一个好方法——不分类了——反正畅销，就直接堆在店门口……

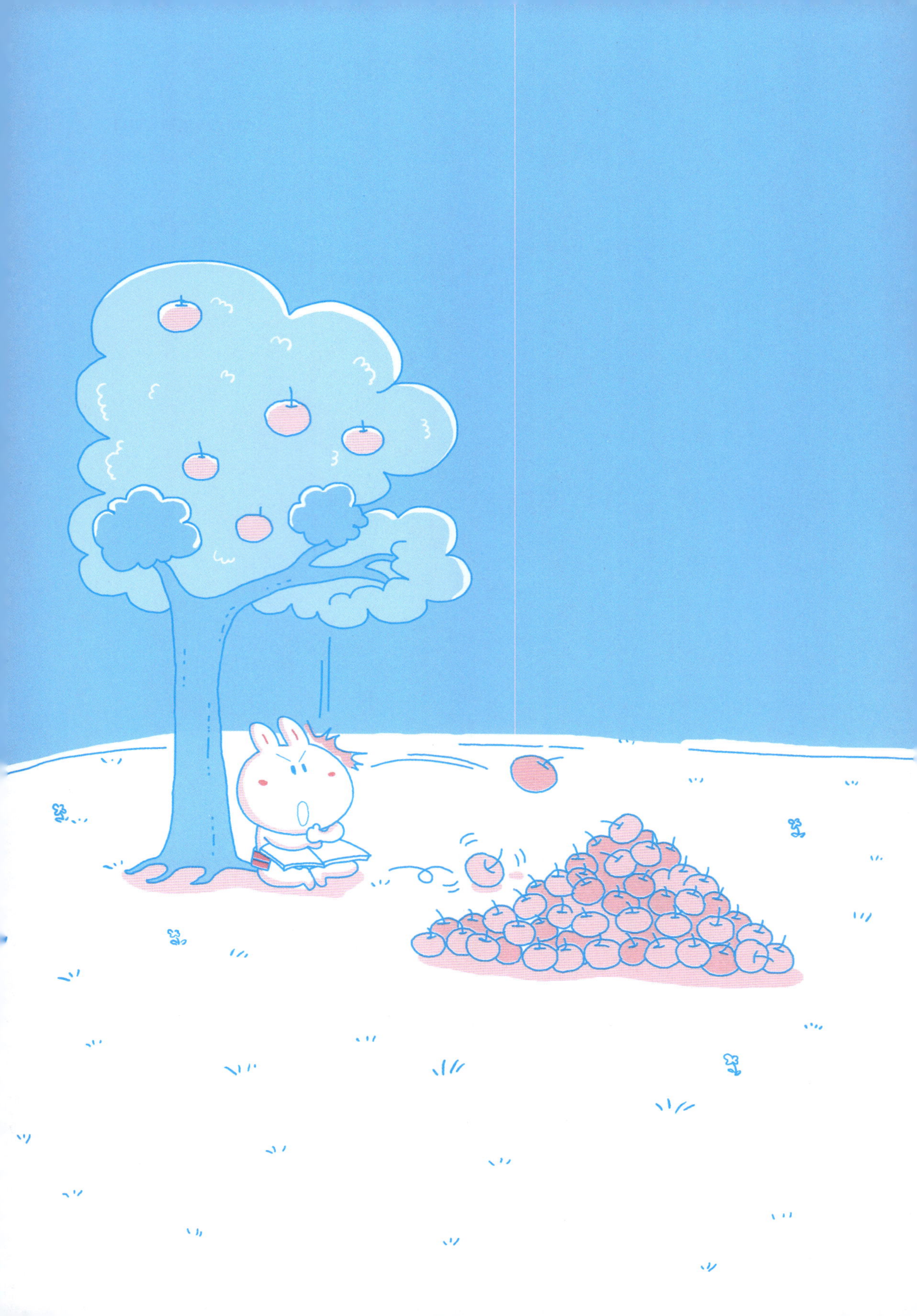

第1章
醒悟

真理往往是简洁的。

——艾萨克·牛顿

1. 孰主孰仆

作为一个人，在一生中可能遇到的最震撼的事情莫过于发现这样一个神奇的现象：**我们竟然可以用自己的大脑控制自己的大脑。**

我们可以用锤子去砸钉子，我们却不可能用某一把锤子去砸同一把锤子，也不可能用某一枚钉子去砸同一枚钉子。大脑和思考之间的关系比锤子和钉子之间的关系复杂得多。我们用自己的大脑进行思考，然而，我们思考的方式和结果往往受上一步思考的方式和结果影响，同时也会影响下一步思考的方式和结果。

这里用一个句子来说明我们的思考可以复杂到什么程度，以及语言和文字有时会被局限到什么程度——"我们甚至可以思考我们的思考方式和思考结果是否确实是合理的思考方式和思考结果。"[1]

审视一下自己，就可以理解，每个人都能把自己划分成两部分——自己知道的和自己不知道的。有的时候，我们对自身并不了解。

很多人有这样的经历——突然有一天，你很关心的某个人对你说："你怎么这么自私呢！"当这种事情发生的时候，大多数人都会觉得"很受伤"——即便人天性自私，你对他可一直是无私的，因为你知道自己确实是非常关心他的。然而，他现在对你的评价很可能说明你身上有自己不知道的部分。

这个例子或许也能说明另一个问题：每个人都可以用另外的方式把自己划分成两部

分——别人知道的和别人不知道的。通过这种方式，我们可以把一个人划分成四个区域。

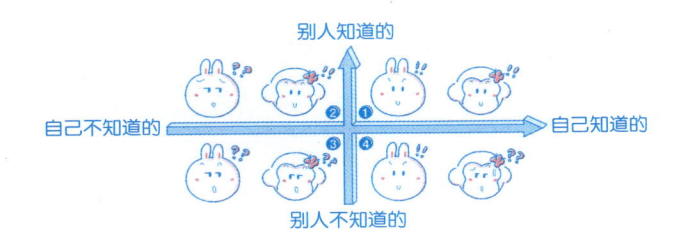

也许对每个人来说，自己身上最为隐秘的部分就是上图中的 3 号区域——自己不知道的、别人也不知道的自己。

弄清楚"自己不知道的、别人也不知道的自己"究竟是什么，暂时并不重要，真正重要的是：

你现在竟然仅凭自己的心智就意识到了"自己不知道的"和"自己不知道、别人也不知道的"你的存在！

如果我们能用自己的大脑控制自己的大脑，那么我们就应该用自己的大脑控制自己的大脑——事实上这恰恰是人类与猩猩的区别，尽管人类和猩猩拥有共同的祖先。

有心理学家认为，人之为人的关键在于人具有特殊的"大脑额叶"。正因如此，人类才具备了其他动物很难具备的一种能力——反思能力。得到了反思能力的人类，最终创造了语言，发明了文字，形成了逻辑思考能力，进而成为地球上最强大的物种。

在第 0 章"问题"一节描述的那个场景里，"你"就处于被自己的大脑控制的状态。若非醒悟，很多人可能一生都无从注意这个重要的事实：

你的大脑并不是你，你的大脑是（属于）"你的"大脑。

尽管你用你的大脑思考，好像它也在指导你的行为，但是你要明白，你的大脑不应成为你的主宰，你"可以控制你的大脑"——分清主仆很重要。我们用下图来描述"无意识地受大脑控制"与"有意识地控制大脑"的区别。

……无意识的大脑……遇到刺激……立即作出反应！

……有意识的大脑……遇到刺激……进行分析……然后作出反应！

美国数学家约翰·纳什[2]就是一个很好的例子：他是历史上第一个广为人知的"用自己的精神战胜了自己的精神病"的人。换言之，纳什通过挣扎学会了控制自己的大脑，而不再被自己大脑中的幻觉控制。

另一个经典的例子是著名的奥地利神经学家、精神病学家维克多·弗兰克[3]。他的父母、妻子、兄弟都死于纳粹的魔掌，他本人则在纳粹集中营里被残酷对待。在经历无数的波折与思考之后，他明白了："人所拥有的任何东西，都可以被剥夺，唯独人性最后的自由——也就是在任何境遇中选择一己态度和生活方式的自由——不能被剥夺。[4]"

换一种方法表述，那就是：经过长期思考，弗兰克终于意识到自己其实可以控制自己的大脑，而不是被自己的大脑左右！于是，在最为艰苦的岁月里，他选择了积极向上的态度。他没有悲观、绝望，相反，他在脑海中设想，自己重获自由之后该如何站在讲台上，把"关于集中营的心理学"讲给来宾们听。凭着这种积极、乐观的思维方式，尽管身处集中营，弗兰克却可以让自己的心灵越过牢笼的禁锢，在自由的天地里任意翱翔。

这就是所谓的"**运用心智获得解放**"。不再让自己"跟着感觉走"，成为大脑的奴隶，而是翻身做大脑的主人。

---

1 人类能将自己的思考作为思考对象的能力称作"元认知能力"，参见链接 1-1。

2 约翰·纳什：John Forbes Nash, Jr., 1928 年 6 月 13 日—2015 年 5 月 23 日，美国数学家，诺贝尔经济学奖得主，参见链接 1-2。他的人生经历曾经被改编为传记电影《美丽心灵》(*A Beautiful Mind*, 2001)，参见链接 1-3、链接 1-4。

3 维克多·弗兰克（Viktor Emil Frankl），1905 年 3 月 26 日—1997 年 9 月 2 日，参见链接 1-5。

4 ... everything can be taken from a man but one thing: the last of the human freedoms — to choose one's attitude in any given set of circumstances, to choose one's own way. —Viktor Emil Frankl, *Man's Search For Meaning*. 参见链接 1-6。

2. 何谓心智

心智[1]究竟是什么？简单地说，**一个人的心智就是其过往获得的一切知识及经验的总和（包括基于这些知识和经验造就的思考方法、思考模式）**。

心智与智商不同。大多数人拥有正常的智商，但并非每个拥有正常智商的人都拥有正常的心智。许多人的心智仍处于未开启的状态。我们常看到所谓的"聪明人办傻事"，其原因基本上是他们的心智尚未开启。他们即使作出了错误的判断，也会振振有词——绝非强词夺理，而是义正词严、双目炯炯、真诚满怀。

关于"心智的开启"有多种说法。例如，俗语中的"开窍"，佛教禅宗中的"顿悟"，现代心理学术语中的"打破旧的格式塔[2]，重建新的格式塔"。在心智开启之前，一个人可以用他作为人类理所应当拥有的智商正常地生活——当然有好有坏。然而，当一个人的心智开启之后，他将面临一个崭新的世界——尽管依然有好有坏。在这个崭新的世界里，一切都可能与从前不一样，因为他要用开启了的心智重新去理解、去判断。

当一个人认知一系列正确的道理后，可能会将心智开启，但有的时候（甚至是更多的时候），结果可能完全相反。

日常生活中常常可以看到这样的例子：一个道理明明非常正确，却因为讲述道理的人由于某件事情被戳穿，露出伪君子的嘴脸，而使很多人不再相信那个原本应该被笃信的道理。例如，"做事只要踏实、认真，事业就会做大"，这原本是非常朴素而又正确的道理，可偏偏整天把这句话挂在嘴边³的唐骏⁴被人揭了老底——他的学历是假的，他可一点都不踏实！于是，很多人"开窍"了，"顿悟"了，得出结论："再也不相信这种鬼话了！"

无论是正向还是反向，心智一旦开启，就会不断自我积累、自我过滤，直至根深蒂固。人与人之间心智力量的差异，就是这样一点点积累，最终天差地别的。需要强调的是，一个人的心智是他的知识和经验的总和，也包括他的思考方法和思考模式。因为无论是吸收知识还是总结经验，都需要经过思考才能得出结论。在此过程中，他的思考方法和思考模式都会多少产生变化，根据新的知识和经验，或巩固、或调整、或否定、或重建……

所以，心智这东西"上不封顶、下无保底"。心智一旦开启，就可能因为学习而像病毒一样疯狂发展，与此同时，"学习能力"会相应地大幅增长。于是，心智可以发展，可以培养，可以重建，甚至可以反复重建——怎么可能封顶？然而，反过来，若在这个过程中出现了一些差错，心智的发展就有可能停滞，甚至倒退，弄不好还会"痴心不得反癫狂"——怎么可能保底？这就好比有些人一辈子都是"原始人"；有些人"开窍"了，演化成了"现代人"，甚至尼采⁵口中的"超人"⁶；还有些人也"开窍"了——他们退化成了"猴子"。

1　此处的"心智"指英文中的"mind"。
2　格式塔，Gestalt，参见链接 1-7。
3　骗子要想成功行骗，就必须把想让别人相信的谎言掺到大量的真理之中。鬼话连篇是骗不了人的。
4　唐骏：1962 年 6 月 27 日—，中国江苏省常州市人，美籍中国职业经理人。他曾留学日本，后去美国，自称曾获美国加州理工学院博士学位，经常出席社会活动，因薪酬较高，曾被称为"打工皇帝"。2010 年 7 月，他因被发现学历造假和涉嫌工作经历造假而广受质疑。参见链接 1-8。
5　尼采：德语 Friedrich Wilhelm Nietzsche，1844 年 10 月 15 日—1900 年 8 月 25 日，德国哲学家。他对后代哲学的发展影响极大，尤其是在存在主义与后现代主义上。参见链接 1-9。
6　此处的"超人"指"over-man"，而非"superman"。参见链接 1-10。

3. 我的案例

10 元钱的收益

这个故事发生在 1984 年。那年暑假，母亲竟然给了我 10 元钱，让我参加我们那里的第一个计算机学习班。要知道，那时候 10 元钱的价值，可能超过现在的 1000 元——当时我父母每月的收入全加起来也不过 100 元多一点。

那时我还在读初中二年级，在快到暑假的一天，班主任拿来一张纸贴在黑板上，说是少年宫要办个学习班，谁有兴趣就去看看。第二天，我们一群同学顶着太阳打打闹闹地去了，其实当时连是什么学习班都不知道。许多年后的今天，我依然觉得记忆中的那个日子亮得耀眼。

到场的时候，我们才发现自己来得太晚了，教室里早已挤满了人。我们挪到教室后面，站在桌子上，才勉强看到黑板。又等了好久，终于看到一位瘦瘦的男老师把一个键盘接到一台单色显示器上（R1[1] 机型如右图所示，直到 1986 年我才见到 Apple II），做了一些让我们眼花缭乱的演示。今天，应该很少有人会对屏幕上能够显示一个用字母拼出来的几何图形感到兴奋了吧？但当时，我们就是很兴奋——教室里的孩子们不断发出惊叹和欢呼。

我清楚地记得，当那位男老师说"今天就到这儿吧"的时候大家发出的失望的叹息。那位老师接着说："明天下午开始正式上课，报名参加的学员，要交 10 元钱学费。"我几乎是一路跑着回家的，跟妈妈一讲，她一点都没犹豫，只是说："等你爸爸回来。"第二天，我拿着爸爸早上给我的 10 元钱，兴冲冲地跑去找前一天与我同行的一个同学（我们班主任的儿子）。结果，他说他不去了，因为他妈妈说学那个没什么用。

我颇为扫兴地一个人走到少年宫，手在兜里紧紧攥着那 10 元钱。要知道，10 元已经是当时面值最大的人民币了。走进少年宫三楼的教室，我发现它其实特别大，昨天是因为塞满了人所以才没感觉到。而今天，算我在内一共只有五个学生，后来才知道，其中一个还是少年宫的工作人员。

那期计算机班的总收入为 35 元——有个学生中途退班了，她爸爸要回了 5 元学费。

许多年后，我跟母亲提起这件事，她说她只是想让我过一个不无聊的暑假而已。不过她倒是清楚地记得，当父亲听说报班需要 10 元钱学费的时候，只说了一句话："多学点东西总是好事儿。"再后来，有一次我回老家，见到初中的班主任，闲聊间提起这件事，她居然一点都不记得了。

在学习班之后的岁月里，摆弄计算机给我带来了无数心灵愉悦。这些暂且不论，只说一件事——在编写《TOEFL 核心词汇 21 天突破》[2] 的过程中，倘若我没有稍多于常人的那点计算机知识，能自己编写一些批处理脚本[3]，就不可能在那么短的时间里完成那样海量的工作。而且，如果我没有这些技能，就算再花几倍的时间，也很难拿出与《TOEFL 核心词汇 21 天突破》质量相当的作品。而最终，质量保证了销量。

《TOEFL 核心词汇 21 天突破》这本书，定价 29 元，自 2003 年上市至今，每年至少销售 4 万册，最多的一年是 7.5 万册，而我的版税税率是 12%，所以，这些年来这本书为我带来的税后收入超过 100 万元——这可是当年我参加计算机学习班学费的 10 万倍不止。我常常跟母亲开玩笑，说她比巴菲特[4]牛多了，在不到 30 年的时间里，投资回报率超过百分之一千万……

可问题在于，当年我在少年宫学习计算机程序语言的时候，怎么可能预料到，20 多年后的一天，我需要先用软件调取语料库中的数据，用统计方法为每个单词标注词频[5]，再写一个批处理程序从相应的字典里复制出多达 20MB 的文本内容，重新整理……

顺便说一下，统计学是我上大学时唯一凭兴趣去学的课程，之后却被事实证明，这是我在那个阶段学到的最有用的知识——现代科学所有领域所必需的数学知识。当年我翻阅统计学书籍的时候，是万万不会想到有一天我会把那些理论应用到英语教学上的。

事实上，在大学毕业的时候，我都完全无法想象自己有一天会去教英语！而长时间以来学生们给我的"讲课最精彩的老师"的评价，应该与我练就的超强说服能力有关——因为我大学毕业之后从事的第一份工作是销售。可是，我练就说服能力的目的根本不是为了有一天去当一个优秀的老师，只不过是为了赚钱糊口。

盲打是否值得学

另一个故事始于我接触计算机之前。由于有一位精通英语和俄语的父亲，当我的同学们连打字机都没见过的时候，我家里就已经有好几台打字机了，我也在年幼的时候就已经知道应该如何操作键盘了。然而，我到了将近25岁，也就是接触了计算机10年左右的时候，依然不会盲打——尽管学校有专门的打字课（那个时候很多学校的所谓计算机课，实际上就是练习王码五笔字型中文输入而已）。

在很长一段时间里，我常言之凿凿地对同学们说："练习打字完全是浪费时间。"

我当时的逻辑是这样的。第一，我认为王码五笔字型输入法是给打字员用的[6]。为什么要学它？难道你将来想当个打字员？我总觉得五笔字型只是一种抄写输入法，因为用它输入时只能边看边打。而对真正创造内容的人来说，先用纸和笔写出来再录入电脑，还有比这更荒谬的事情吗？学习拆字方法已经很累人了，还要练指法——见鬼。更不用说这种所谓的输入法对思考的干扰——不仅要把字拆开再输入，还要按照莫名其妙的方法拆字。第二，盲打。我现在不是盲打，只用两根手指输入速度就已经挺快的了（至少比手写快）。

这样看来，我还有必要学习什么五笔字型和盲打吗？

在我有了这些定见很久之后，发生了一件事情。

1997年，我25岁。当时，互联网上除了聊天室和论坛，几乎没有其他实际的应用。时逢Windows捆绑了哈尔滨工业大学开发的"微软拼音输入法1.0"，某天下午，当我在网上和一位永远都不会知道是谁的女生放肆地聊了两个小时之后，突然发现自己竟无师自通，学会所谓的"盲打"了！在之后的一段时间里，我身边甚至有很多人羡慕我打字速度快。为了让自己的打字速度再快一点，我索性花了差不多20分钟，把默认的"全拼输入"改成了"双拼输入"——而这远远不够。后来，我增设了"南方模糊音"（不区分z/zh、c/ch、s/sh），又把打字速度提高了一些。

这是我第一次意识到"有些认识，哪怕是简单的常识，也需要亲身经历后才能真正体会[7]"。只有拥有无与伦比的打字速度,才能体会打字速度快带来的好处。

打字速度提升后,我发现自己不再讨厌在读书的时候做笔记了,因为在键盘上敲字相对于用笔写字来说轻松太多。我开始大段地记录感想,有时甚至干脆整篇摘抄原文!

真正体会到读书时做笔记、甚至大量做笔记究竟有多大好处后,我突然明白自己过去拒绝学习盲打的想法是多么荒谬。而当时,就算没有异性的刺激,盲打也是顶多一个星期就可以搞定的事情,我竟然仅由于懒惰便拒绝了。如果,哪怕5年前,我花上一个星期学会盲打,那么,我可以多写多少读书笔记、多积累多少文字呢?更何况,10多年前,我就有机会并且完全可能学会盲打。天哪,我浪费了多少时间!

我盯着电脑里存着文字资料的文件夹发呆,身虽无所动,心却早就懊悔不已。我永远都不会忘记那一瞬间的战栗,就像是在噩梦中掉下悬崖后突然惊醒。只说过去的荒谬是出于懒惰和幼稚,未免过于简单了。事实上,这应该归因于我的心智能力不够强大。心智不强,才导致我根本没有意识到自己只不过是懒惰,甚至振振有词、洋洋自得。最要命的是,我与原本可能的巨大收获一再错过,却毫不自知。可怕!

许多年后,我开始写网志,大约从2005年年底开始,每天必写[8],迄今为止不知道写了多少字,能明确的是,发布的文章总数已经超过3000篇。这本书的初稿,也是先发布在网志上的。因为更新得勤,也因为喜欢的读者口口相传,我的网志每天的访问量很惊人,Alexa全球排名[9]一度冲进1万。常有朋友问我,天天写那么多东西不累吗?说实话,真的不累。因为对我来说,打字已经是内建的能力,敲击键盘已经是自然的动作,思考才累——但这是没有办法的事情。我常想,如果当年我没有"顿悟",现在还处于两根手指敲键盘的阶段,后面很多事情就不会发生了——起码我的网志就可能不存在了,当然,现在这本书更不可能存在了。

小结

去少年宫学程序语言是我运气好——学了就学了,全当玩了;会了就会了,需要用就用上了,而且多年来一直在用。这里面最重要的不是聪明,而是运气——有一对认为"多学点东西总是好事儿"的父母。曾经拒绝学习盲打是我愚钝,可我还是运气足够好,在多年之后醒悟。但因为当初的愚钝,我肯定错过了很多现在已经无法知道究竟是什么的东西。

然而,这两段经历能够说明的道理却是非常惊人的:人们可能会基于一模一样的原因作出截然相反的决定。

当有机会学习一项技能的时候，人们常常会问："学这东西有什么用呢？"其实，在学习之前，对提问者来说，答案只能是"不知道"——尽管很多书籍中都已经花费大量的篇幅去论述"为什么要学习（某项技能）"。而"不知道那东西（对自己）有什么用"，恰恰是一部分人（更多一些）决定不去学的原因，同时，它也是另一部分人（更少一些）决定去学的原因。

为了表述方便，让我们把"因为不知道那东西有什么用而决定学习的人"称为"甲"，把"因为不知道那东西有什么用而拒绝学习的人"称为"乙"。

在更多的时候，甲很可能想都没有想过"学这东西有什么用"。他从来不问用途，只是自顾自学去了。许多年后，他自然而然地找到了这项技能的用处，享受了其已有技能带来的种种好处。于是，这个既有经验成为他心智的一部分。当遇到新的学习机会时，他会自然而然地采取同样的策略——管它有什么用呢，学呗，学了总有用处。他也会自然而然地理解并相信"技不压身"的道理。

说完甲，我们来说乙。乙当然永远不会知道这东西对他究竟有什么用，因为他从未拥有这项技能，更不可能有机会亲身体会。随着时间的推移，他凭自己的经验能够得到的结论只能是："我没学也没什么。"也许有一天，当他因为没有学习这项技能而有一点尴尬的时候，可能会慨叹："当初不懂事，要是学过就好了……"然而，对他来说，仅限于慨叹。再次遇到学习机会的时候，他依然会选择放弃，只不过除了"不知道学它有什么用"，还多了一个理由："现在学也来不及了。"这种拒绝学习的判断，渐渐融入他的心智，难以更易，最终，当他再次面临同样的机会时，他还是会作出相同的选择。

认真审视一下自己，再观察一下身边的人，你就会发现：<u>像乙一样的人比较多，而且比像甲一样的人多得多</u>[10]。

问题的关键在于，甲和乙作出截然相反决定的理由竟然是一模一样的！人们通常认为，恰当的逻辑训练能够提高一个人作出正确选择的几率，可在上述情况下，大多数逻辑都无能为力。

这种情况在生活中并不罕见，相反，比比皆是。父母在教育孩子的时候被孩子驳得哑口无言就是这类情况——并不是孩子不讲逻辑，也不是孩子的观点正确，而是孩子就是无法理解父母要传递的经验或者道理。孩子不相信的理由和父母相信的理由很可能是一模一样的！历史上也常常出现这种情况——其实目的都是"让人类的明天更美好"，可偏偏出现了对立的两派人，他们为了原本一模一样的理想争执不休，甚至牺牲几代人的福祉。

看穿这一切，摆脱自己的局限，需要心智的力量。

1　R1（Basic 2000），参见链接 1-11。
2　《TOEFL 核心词汇 21 天突破》2003 年第 1 版第 1 次印刷，到 2008 年年底已经是第 3 版第 12 次印刷，若干年来的销量已达数十万册。参见链接 1-12。
3　对编写批处理脚本感兴趣的读者，可以到我的网志上看一下《AutoIt 教程》。参见链接 1-13。
4　巴菲特：Warren Edward Buffett, 1930 年 8 月 30 日—，美国投资家、企业家、慈善家，曾于 2008 年成为《福布斯》杂志"全球富豪榜"首富。参见链接 1-14。
5　词频是指一个字或词在一定范围的语言材料中出现的频率。在中文里，最常见的汉字是"的"，然后是"了"，像"昶""鼋"这样的字很多人根本就没见过。在英文里，最常见的单词是"the"，然后是"of"，像"exorbitant"这样的单词，词频排序在 3 万开外。
6　我对五笔字型的看法一直不好，也因此招致很多争议。有兴趣的读者不妨阅读我一篇网志下的留言，参见链接 1-15。这篇网志及其留言倒是可以让局外人了解人们在争论问题的时候表现出的种种心态。
7　心智真正成熟的人，在一些情况下能够做到"无须亲自经历，仅凭思考就得到深刻的体会"。
8　当然，有些时候写完了却不满意，所以，只能存为草稿，或待将来修改之后再发，或几经修改依然不满意，只好删掉。但我在相当长的时间里依然可以做到每周至少更新 3 篇，多的时候甚至达到一天 3 篇。
9　Alexa 是一家专门发布网站世界排名的网站。参见链接 1-16。
10　当然，还有很多人，他们有时候是甲，有时候是乙——正如之前的我那样。

现在就干！！
把这一刻立即变成伟大梦想的一部分！

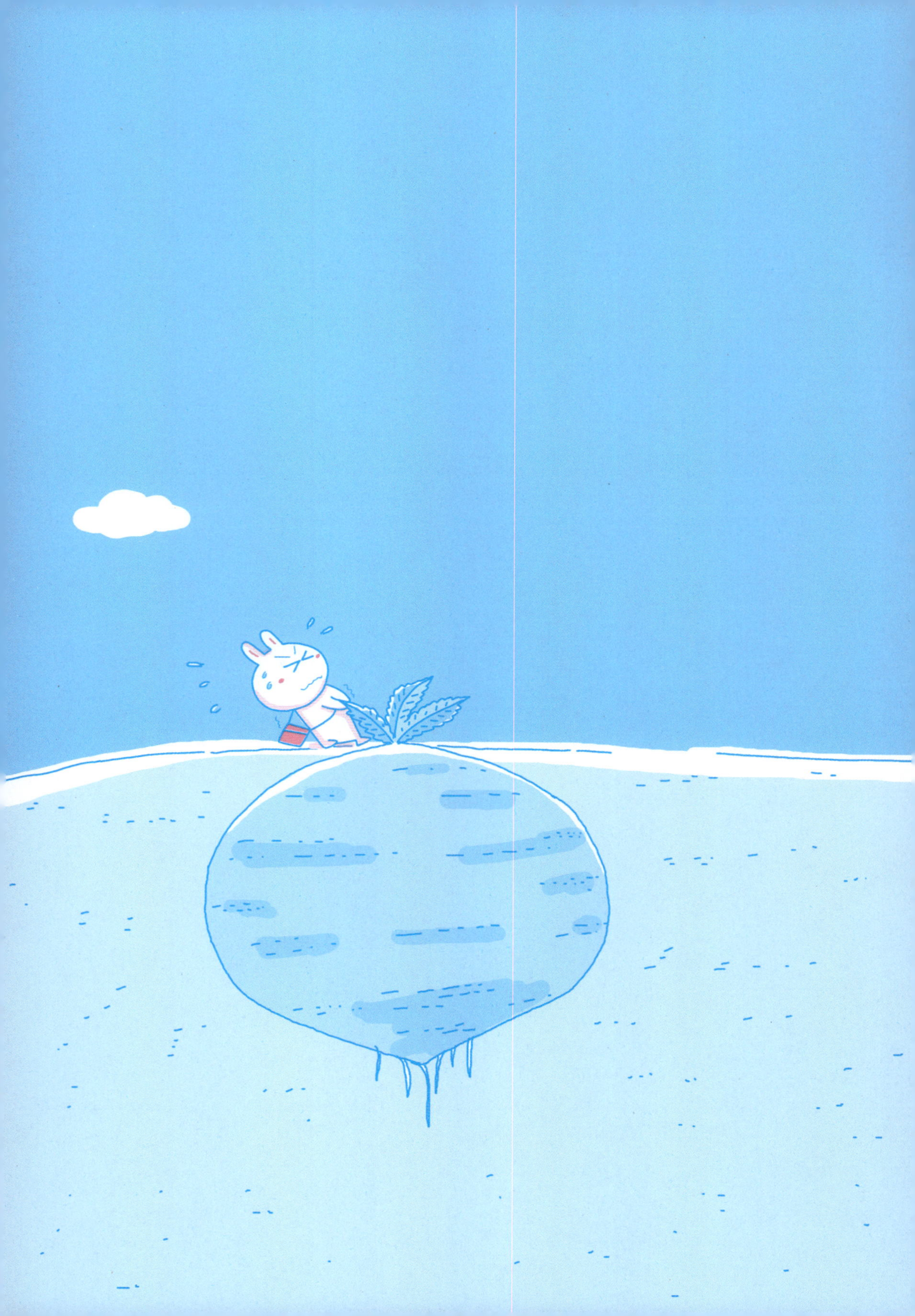

第2章
现实

> 巨大的建筑,总是一木一石叠起来的,我们何妨做做这一木一石呢?我时常做些另碎事,就是为此。
> ——鲁迅

1. 速成绝无可能

不管在哪个领域，学习也好，工作也罢，长辈们的建议总是"**戒骄戒躁**"。虽然把"戒骄"放在前面，但"戒骄"其实是有了一定成绩之后的事情。对大多数人来说，首先要"戒躁"，才有机会"戒骄"。

"戒躁"说了千百年，可我们还是很浮躁。我们总在不由自主地想，如果有速成的办法就好了——可惜，没有，确实没有。几乎人人都想速成，连上帝也不例外。《圣经》[1] 里说上帝仅用六天时间就创造了这个世界，而后就迫不及待地休息去了。而我认为，应该是人类创造了上帝才对，这样才能解释为什么这个上帝拥有人的基本特征——浮躁，做什么事都想速成。

期望速成，从微观层面看，有两个主要原因。

第一个原因是人希望自己的欲望马上得到满足的天性。一个确定的事实是，几乎每个人都有无穷无尽的欲望。虽然每个人都知道，不是所有欲望都能被满足，但人们仍然不会放弃追逐尽可能多的欲望。

于是，不劳而获成了每个人心中的诸多愿望之一，甚至可能是其中最大的愿望。就算达不到不劳而获，少劳多获也可以接受，而且最好是"劳"尽量少，"获"尽量多，多多益善。从这个角度更进一步，大多数人抱着类似这样的想法：如果收获的可能性很大，最好马上看到成果；如果收获的可能性很小，最好马上知道结果。每个人都有这种欲望，差别仅在程度或者表现上。

这种差别也可以解释为什么一些人比另外一些人更容易迷恋赌博——因为这些人比另外那些人更想要甚至需要马上知道结果。

在各种赌博形式中,老虎机可说是赌鬼们的最爱了——这里说的仅仅是赌鬼。赌王是不玩老虎机的,因为赌王在这种纯粹的赌博中得不到乐趣,收益也没有保证。而赌鬼不同,尽管和赌王一样有着强烈的赢利欲望,但是,赌鬼潜意识里有一个更需要满足的欲望——马上看到结果。老虎机可以满足这个欲望,而且操作极为简单——拉一下手柄,5秒之内就能得到结果。是输是赢其实并不重要,重要的是"5秒之内就能得到结果"!

同样,酗酒疯狂无度的、嫖娼乐此不疲的、吸毒罔顾死活的,都是这种"希望自己的欲望马上得到满足的天性"使然。更要命的是,几乎整个社会都在用各种各样的方式刺激人们发挥这种天性,并愈演愈烈:有些减肥广告告诉你,减肥药都功能神奇,当天见效;有些保健品广告告诉你,无论得了什么病都不要怕,找他一准儿让你重回健康;有些培训广告告诉你,不管学什么都要速成,因为人生苦短……有一个防身术学习班期期火爆,看看它的名字就能够明白原因——一招制敌!

最善于利用人类这一天性的商业机构也许就是银行了。想住大房子?好!我给你办贷款,慢慢还,不着急,30年之内还清就好。想买新轿车?行!我给你办贷款,慢慢还,不着急,5年之内还清就行。房子有了,车子有了,还想要什么?说出来,没关系。没有钱可以办信用卡,先透支嘛,给你10万元信用额度,想买什么就买什么吧!这是一个"享受在先"的时代,并且人人如此。至于最终如何对付那些欠债不还的人,银行可从来不会在广告上提及,也尽量不对外公开。

第二个原因,也是浮躁的根源,那就是很多人不明白"有些阶段就是无法跨越"这个道理。因此,他们才那么不现实地希望找到一个方法,靠其迅速达成目标,完成任务,获得解脱。

可是,无论做什么事都需要时间,而且可能需要很长时间。举例来说,谁都没有办法今天怀孕、明天生产。从卵子受精到胎儿出生,大约需要40周,这个阶段无法跨越。聪明也好,力大也罢,一位母亲从怀上孩子到生出孩子,就是需要这么长时间。

除了以上两个微观上的原因,还有一个宏观上的原因也使人们常常不由自主地奢望速成——哪怕之前已经"醒悟"。这个宏观上的原因就是所谓的"现状使然"。

根据达特茅斯学院经济学教授布兰奇弗劳尔[2]的调查结论,通常一个人一生各个阶段的满意程度和其年龄分布可以连成一条U形曲线。

一个人一生各年龄段的满意程度[3]

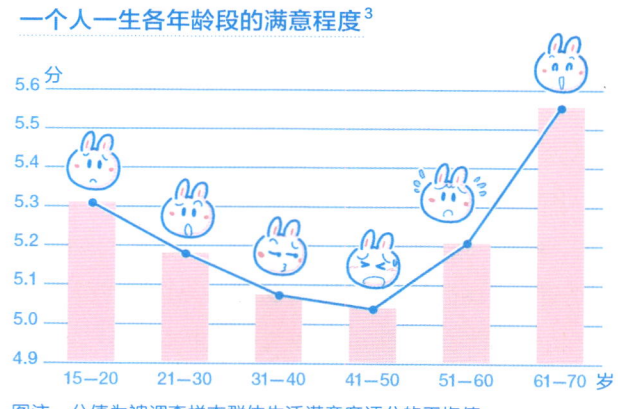

图注：分值为被调查样本群体生活满意度评分的平均值。

从这张图中可以看出，大多数人对其自身的满意程度从 15 岁左右开始持续下降，这大抵是不再"无知无畏"造成的。从那时起，一个人慢慢意识到自己在这个世界上其实是微不足道的，进而开始在所谓的理想和扭曲的现实中拼斗、挣扎，直到 45 岁左右才渐出苦海，曲线开始上扬。这就是以一个普通人的心智，观察、感受、思索、理解、实践、回顾，直至恍然大悟或者误入歧途的时间——大约 30 年。在这漫长的岁月里，由自我满意度持续下降造成的浮躁形成了巨大的心理压力。越是浮躁，就越是对自己的现状不满；越是对自己的现状不满，就越是浮躁。更大的问题在于，大多数人并不知道几乎所有的人都是这样的。相反，现实好像总是提醒我们：有些人过得比我们好多了。

这就是统计学的优势。它可以排除感情因素，用冷冰冰的数字展示现实。如果它所展示的现实与我们原本以为的并不相同甚至相反，这一优势就会更明显。掌握统计学常识的人，心智力量显然要比那些对此毫无了解的人强大。他们可以理解统计学结论的意义，即便那结论并非来自亲身经历，而他们也因此离现实更近一些。

总的来说，一方面是自己的欲望无限，一方面是要完成的事情太多，一方面是自我满意度不断下降——这就是人们总是不由自主地期望速成的根源。出路肯定存在，但这出路只有一个起点——接受现实。告诉自己：我有不足，我需要时间，我没办法一蹴而就。

---

1 《圣经》：希伯来文 ביבליה，拉丁文 Biblia，英文 Bible，原文意为"书"，是犹太教与基督教（包括天主教、东正教和新教）的宗教经典。参见链接 2-1。
2 布兰奇弗劳尔：David Graham Blanchflower，1952 年 3 月 2 日——。参见链接 2-2。
3 数据来源：《幸福》（Happiness，英国沃里克大学安德鲁·奥斯瓦德教授 2006 年的演讲）。参见链接 2-3。

2. 交换才是硬道理

速成不可能，那该怎么办？答案只有一个字——换。俗话说"一分耕耘，一分收获"，从本质上看也是这个字——换。

不成熟的人有什么特征？虽然他们的特征很多，但一个通病是整天都在想"我要"，却全然不顾自己其实一无所有。每个人的起点不同，一些人的地板是另一些人的天花板。但起点就是起点，尽管不同，可每个人都要从起点出发。

从某种角度看，在起点上就是在起点上，都相当于从零开始。起初，每个人都一无所有，然后，通过各种手段，或努力、或投机、或勤奋、或取巧，换取能够拥有的东西——无论手段如何。当然，很多人连投机取巧都不会，更谈不上努力和勤奋，致使长期以来得到的东西少之又少，积累聊胜于无。

然而"我要"的欲望从来不会消减，只会不断增加。大多数人之所以会浮躁，是因为他们一无积累（或者积累太少，几乎无法换取任何东西），二无方法和经验（所以求而不得）。与此同时，"我要"的欲望恰恰因为无法获得而熊熊燃烧。当情况更恶劣的时候，那欲望之火甚至可以烧掉他们所有的时间和精力，以至占用原本可以用于努力（或者投机）的时间，陷入死循环，无法挣脱。

积累多的人之所以稳健，是因为对他来说，"我要"的欲望可以用"我有"的东西来满足。即便"我有"的暂时不够，他也能借助已经拥有的足够的努力和勤奋（抑或投机取巧的方法和经验），假以时日定能如愿。一旦如愿，对他来说，不仅"我有"的更多，"我要"的也更容易获得，如此形成良性循环。

生活的本质就是这样，你想要什么，它偏不给你什么。摆脱这个死循环的方法只有一个——给我什么我就用好什么，积累到一定程度再去换能换的东西。要不断想办法运用心智的力量去识别那些死循环和恶性循环，然后在好像不可能的情况下跳出去。出者存，困者亡。

要想跳出去倒也简单。拿出一张纸，将其划分为左右两边，然后做两个列表，左边是"我有的"，右边是"我要的"，逐一罗列。完成后要尽量客观地判断：先划掉"我要的"当中那些无法用"我有的"换取的；再仔细判断在剩下的能用"我有的"换取的那些"我要的"之中，哪些是必需的、必要的、重要的、不可或缺的，并在其上做重点标记。偶尔会有一些"我要的"无法用现在"我有的"换取，却是必须、必要甚至不可或缺，就需要我们认真考虑用什么样的手段再积累一些"我有的"，从而有足够的资本换取那些"暂时换不到但极其想要的"——或努力勤奋，或投机取巧。

投机的方式并非不能用，尽管它的成功概率实际上并没有看起来那么高，而它的失败概率甚至和它看起来的成功概率一样高。

还有一个辅助手段，就是在想到"我要什么"的时候马上提醒自己，接下来要花一些时间去思考"我有什么"。后者会在瞬间让你"脚踏实地"。

最坏的情况是，拿出纸和笔，认真面对自己，结果发现"我什么都没有"。这也许令人气馁，但其实对任何一个正常人来说，还有时间、还有精力、还有正常的智商就够了。只要努力，只要勤奋，机会总是存在的——我们必须相信这一点，最好相信到毫不怀疑。

---

1 生活中类似的死循环非常多。例如，在找工作的时候，招聘方要求应聘者有 3 年以上工作经验，应聘者因为没有工作经验而无法获得这份工作，进而没有工作经验……好像永远无法找到工作。再如，你到银行贷款，银行说贷款得有抵押，有东西可供抵押的意思是"你是有资产的人"，而你很可能恰恰因为没有资产才急需贷款……好像永远无法获得贷款。

3. 完美永不存在

人人都希冀完美，只可惜，完美并不存在。大不列颠语料库[1]的统计数据表明，最常与"完美主义者"（perfectionist）这个词一并出现的词是"脆弱的"（vulnerable）。这不是偶然的，这是人们在记录现实时自然使用的搭配。为什么完美主义者总是脆弱？因为他们总会被现实打击，而且不明就里，常常怨天尤人："为什么受伤的总是我？"

越是能力差的人，越有那种非常不现实又极其脆弱的完美主义倾向。他们不现实，是因为他们不懂。

做咨询工作的人都有深刻的体会：客户的常识越少，要求越高——因为不懂，所以会随便提要求。同样，常把事情搞砸的人，对所谓的"做好"全凭想象，没有任何事实依据——因为从未"做好"过。于是，各式各样的症状出现了：好高骛远、异想天开、白日做梦、纸上谈兵⋯⋯因为他们不懂，所以他们不现实；因为他们不现实，所以他们脆弱。他们很容易受伤，因为他们的要求太高，也因此总是做不到。有的时候，有些人会故意这样做，尽管他们自己不愿意承认。把自己标榜成完美主义者，是他们抬高自己的手段，是他们不去做一些事情的借口。他们把这个借口说出来的时候真个掷地有声："做不好的事情我不做！[2]"然而，这可能是装出来的。人就是这样，装得久了，就装得像了；装得太像、太久，不管事实怎样，自己倒是先信了——当然会影响之后的决定和行为。

这些人所说的"做不好"，其实是"不能一下子做好"，但问题在于，没有什么事情是一下子就能做好的。所以，他们这个也不做，那个也不做，到最后，已经不是"不做一些事情"了，而是"什么都没做""什么都不做"，结果"一事无成"。好笑的是，即便到了这样的境地，也有不少人打肿脸充胖子，声称"我没什么可后悔的"。

一些真正优秀的人，也会被别人称作"完美主义者"。事实上，这种描述并不准确。比较准确的说法应该是"他们是有能力做到更接近完美的人，并且，他们一直在努力"。

例如，好莱坞导演詹姆斯·卡梅隆[3]就总被称作"完美主义者"。他不断追求完美是事实，但前提是他不仅有能力，而且坚持不懈。为了拍出《阿凡达》[4]，他在拍完《泰坦尼克号》[5]后准备了10多年，其间经历非常坎坷。《终结者》[6]系列的巨大成功使他成为好莱坞的当红导演，但当他执导《泰坦尼克号》时，严重超支的费用磨光了投资方的耐心，以至他只能采取放弃片酬、只拿版税的方式完成拍摄。《泰坦尼克号》的成功使他拥有了拍摄《阿凡达》的资本，但是他并没有仓促上马，而是做足准备：为了创造完美的3D效果，他耗资1400万美元与日本索尼公司的研发总部合作开发出了他理想中的拍摄设备；为了能完整地把握3D电影，他参与了另外一部3D电影《地心历险记》[7]的制作……这一切，最终成就了震撼人心的《阿凡达》。

好莱坞的另一位导演克里斯托弗·诺兰[8]也总被称作"完美主义者"。为了追求《盗梦空间》[9]的完美效果，他准备了10年。为了使自己真正拥有驾驭宏大场面的能力，他在《盗梦空间》之前连续接拍了蝙蝠侠[10]系列的《开战时刻》[11]和《黑暗骑士》[12]。然而，即便是诺兰这样的大导演，也无法保证自己的影片没有遗憾。

没有人能够做到完美。我们至多能做到接近完美，或者更接近完美。所以，不管做什么事情，都需要时刻忍耐各种各样的不完美，否则事情根本无法完成。最终完成的事情，结果也常常是不完美的。缺憾必然存在。

再往大一点说，生活本身就不完美。谁的生活不是磕磕绊绊？谁在死去的时候没有一丝遗憾？现实如此，只能接受。

1 大不列颠语料库：British National Corpus，简称 BNC。极具代表性的当代英语语料库，语料库词数超过 1 亿。参见链接 2-4。
2 注意，很多实干家也是这么说并且这么做的。正如本书前面提到的，"做出截然相反决定的理由竟然是一模一样的。"另见本书第 1 章"何谓心智"一节。
3 詹姆斯·卡梅隆：James Francis Cameron，1954 年 8 月 16 日—。参见链接 2-5。
4 《阿凡达》：*Avatar*，2009。美国科幻史诗电影。参见链接 2-6、链接 2-7、链接 2-8。
5 《泰坦尼克号》：*Titanic*，1997。美国灾难爱情史诗电影。参见链接 2-9、链接 2-10、链接 2-11。
6 《终结者》：*The Terminator*，1984。美国科幻动作电影。参见链接 2-12、链接 2-13。
7 《地心历险记》：*Journey to the Center of the Earth*，2008。美国科幻动作电影。参见链接 2-14。
8 克里斯托弗·诺兰：Christopher Nolan，1970 年 7 月 30 日—。参见链接 2-15。
9 《盗梦空间》：*Inception*，2010。美国科幻动作电影。参见链接 2-16、链接 2-17。
10 蝙蝠侠：Batman，美国漫画形象，与超人合称"美式英雄漫画中最广为人知也最受欢迎的两个角色"。其故事曾被改编为电视剧及多部电影。参见链接 2-18。
11 《开战时刻》：*Batman Begins*，2005。美国超级英雄电影。参见链接 2-19、链接 2-20。
12 《黑暗骑士》：*The Dark Knight*，2008。美国超级英雄电影。参见链接 2-21、链接 2-22。

4. 未知永远存在

我们害怕未知，害怕不确定的东西。我们希望一切都在自己的掌握之中，只是我们永远做不到。

一起回想一下。在我们上学的时候，每个班里都有爱钻牛角尖的人。他们认为，在任何时候、对任何事情都应该"刨根问底"，要把一切都搞清楚才能罢休，并将这种态度当作不可放弃的真理一般对待。正因如此，他们全然无法忍受任何"未知"的存在，要"冥思苦想""问个不休"，用上全部精力，以至没有意识到另外一个显而易见的事实：他们和其他人一样，从来没有在任何一个问题上全知全晓。

大部分人多少有钻牛角尖的习惯，只是程度不同，原因在于对未知的恐惧早已根植在人类的基因中。人们害怕未知，一切未知的、不可知的因素都会严重威胁人们的安全感。

未知因素给人们带来的心理压力远远超出一般人的想象。假设有一个未知因素 X，它可能导致 A、B 两种情况，这时"可能这样、可能那样"的犹豫或许已经造成了巨大的心理压力。如果有第二个未知因素 Y，也可能导致两种情况，即 C、D，那么，X 和 Y 共同作用的结果可能有 AC、AD、BC、BD 这 4 种情况。如果有第三个未知因素 Z，又可能导致 E、F 两种情况，这时就有 2^3——也就是 8 种结果……也就是说，随着未知因素数量的增加，这些因素所引发的结果的数量将以几何级数飞速增加——这就是未知如此可怕的根源。

在进入任何一个新领域时，这种压力都能使新手窒息。而已经在那个领域里"浸泡"过一段时间的人，往往早已忘记了曾经面对的恐惧和压力，懒得（抑或不屑）开导或者帮助新手。其实，在更多时候，一些老手实际上不是"懒得"或者"不屑"，而是"没想到竟然连这个也需要解释"。这就像我们每个人小时候要挣扎很久才能学会系鞋带，可成年之后却早已忘记它竟然是一件需要挣扎才能学会的事情一样。而另外一些老手是因为"很快就学会了"所以没想到"竟然有人连这个都不会"。

例如，自学编程的人可能会在教程编纂者全然没想到的地方卡壳。当 Google API 的文档编纂者穷尽力气去写一个"想让任何人都看得懂"的文档时，他们不知道有些新手看到以下代码，就会先被"foo""bar"[1] 这两个词卡住。这些新手会不由自主地问：它们是什么意思？为什么要取这样的名字？

```
foo('bar', {
...
}
, 200, null)
```

事实上，许多"入门读物"中充斥着这两个"怪词"，却几乎从来没有人针对这样的疑问提供充分的解释。

再如，很多人不明白为什么循环[2] 代码块里的起始变量名是"i"。事实上，谁都不是很确定。据猜测，"i"可能是"index"这个单词的首字母。在循环嵌套的时候，第二层循环的起始变量名通常是"j"，但它不是某个单词的首字母，只是因为它在英文字母表中排在"i"之后。在其他领域也是如此。在学英语时，很多初学者有过这个疑惑："为什么'John'这个名字会被翻译成'约翰'？[3] 就算是音译，也差得太远了吧？"

这只是几个常见的例子。自学过任何一项技能的人，都能理解这种"牛角尖陷阱"几乎无处不在的事实。

然而，为了进步，我们必须忍受一定的未知。

首先，我们要承认自己不可能全知全晓。有些时候，有些问题没有答案，就好像"先有鸡还是先有蛋"一样。而有些时候，即便有了答案，其原因也不见得是我们能搞懂的。例如，学编程学到流程控制[4] 的时候，会知道这样一个知识：除了"顺序[5]"，只用"分支[6]"和"循环"就能完成任何流程——初学者大多会好奇，这是如何证明的呢？这个结论当然是经过严谨的证明才被广泛接受的，但是，究竟有多少初学者可以看懂证明过程呢？[7] 这时，并不是"反对问为什么"，而是"暂时不去问为什么"可能更划算。

其次，我们要了解未知分为两种：一种是永远不能解决的，另一种是在可预见的未来也许能够解决的。对一个人来说，超过100年就可以算"永远"了，所以，第一种未知对个人来说意义不大，而第二种未知是我们必须面对的，学习的难度也在于此。"第一章的内容需要在掌握后面某一章的知识之后才能深入了解"，这几乎是所有高难知识体系的普遍特征。也就是说，在"第一章"，我们会有无数疑问，可这些疑问以当时的知识是无法全部解答的，需要我们继续学习，用接下来获得的知识来解答。这就是那些爱钻牛角尖的人最终常常吃亏的重要原因——他们总是想"马上解决当时不可能解决的问题"。

事实上，"做人难"的道理也是一样的。我们从小时候开始就要做一些事情，而为什么要做，只有长大之后才会明白。记得在小学三年级的时候，父亲"威逼利诱"，让我手抄《新华字典》——开始抵触，后来习惯，再后来因为认识很多别人不认识的字而洋洋自得，甚至多年后在课堂上讲"词频"这个概念时，我还常用"嘦[8]"这个字举例，而它就是那时候我学会的"怪"字之一。手抄字典这项任务我断断续续花了差不多一年半的时间才完成。现在想来，当年"学"过的那些怪字异词大部分早就还给《新华字典》了，其间获得的好处却享用至今——不怕枯燥，那么枯燥的事情都做过了，还有什么枯燥的事情承受不了？

再强调一次，我们必须接受这个现实——未知永远存在。而后，我们只能不断尝试，适应"在未知中不断前行"。

如果不能接受这个现实，就无法忍受未知的存在，也会平添无数的焦虑。焦虑是导致时间浪费、效率低下的根源之一。当人处于焦虑状态的时候，甚至可能出现一切理智都被清空的情况。另外，焦虑的情绪会让人觉得"必须要做点什么"，但是，在缺乏理智的状态下，任何决定和行为都可能带来灾难性的后果。

一个相对有效的策略是：当有问题解决不了的时候，可以先把它记下来，然后继续前行。注意，一定要把问题记下来。很多人没有记录的习惯，以至出现因为思考（问题就是思考的起点）后"忘了"而失去获得答案的机会的情况。继续前行，并不意味着忽略问题——它们已被记录在案，也由此获得了被重新审视的机会。不一定在什么时候、在什么地方、因什么由头，你对它们之中的一部分就突然有了明确的解决方案。当然，可能性最大的原因只有一个——你一直在前行，一直在积累，一直在成长。所以，等到答案水落石出的那一刻，你不再是当初无能为力的你，你已经重生。

1 代码中的"foo""bar"类似于中文里的"张三""李四",是一个无特别含义的名字。参见链接 2-23。
2 循环:Loop。
3 尝试到 Google 上搜索一下"为什么 John 约翰"(参见链接 2-24),通过返回结果的数量就能知道究竟有多少人曾为此疑惑了。
4 流程控制:Control Flow。
5 顺序:Sequence。
6 分支:Branch。
7 可参考 Böhm 和 Jacopini 于 1966 年发表的相关论文:*Flow Diagrams, Turing Machines And Languages With Only Two Formation Rules*。参见链接 2-25。
8 鬯:chàng。①始见之于商代的一种香酒。是用鬯(一种香草)与秬(黑黍)酿制而成的高级酒。用于祭祀、宴饮。②同"畅"。

5. 现状无法马上摆脱

人们往往会低估环境所具有的巨大能量。在我们的文化环境里，从小教育孩子的"外因通过内因起作用[1]"完全是"顾头不顾腚"的"屁话"一句，其原因可能是人们往往会忽视环境，而把来自环境的影响当作"由衷"的想法。例如，很多学生说自己对"商科"感兴趣——相信我，他们真的"由衷"地如此认为。可这确实完全出于他们自己的想法吗？很可能不是。在我们的生活中，随手打开一份报纸，头版里出现的人物大都是政要，这些孩子仅凭直觉就知道自己的前途跟这些完全扯不上关系；接着看，出现的人物大多是娱乐明星，这些孩子同样仅凭直觉就知道自己的前途跟这些基本扯不上关系；再往后看，大多是商界名流，这些孩子终于看到一些对自己来说也许可行的前途……于是，一个想法冒了出来："我要从商……"

与外界的无谓比较，让每个人凭空多出了一个根本不属于自己的目标，动辄被自己的理想绑架。很多人（应该是绝大多数人）的工作态度本质上是"骑驴找马"。基于种种原因（主要是概率问题），人们往往对自己正在从事的职业并不满意。很多人心怀梦想，有一个"无论如何早晚都要从事的梦想职业"，而不幸的是，很多人因此最终沦为平庸之辈（有例外，但这例外太少，几乎可以忽略）。

尽管天分确实很重要，但一个人的能力主要靠积累获得。从一个人开始从事一个职业的那一瞬间起，只要足够认真、努力，他的能力就会不停地积累。如果这个人实际上向往的是另一个职业，那么他所谓的"梦想"几乎必然使他在当前这份职业上心不在焉、无甚积累。其实，世界上80%以上的职业并不过分依赖天分，更可能甚至几乎只依赖积累。天长日久，这个人在当前的职业中将逐渐落后于那些认真做事的人，但此时他不会因为自己的落后而奋起直追，反过来，他更可能把"反正我的梦想不是这个"当作借口。

无论是谁，进入自己梦想职业的成本都很高昂——极少数运气好的人除外——有些相对依赖天分和运气的行业更是如此（顾长卫[2]导演、蒋雯丽[3]主演的电影《立春》[4]讲的就是这样一个故事）。当初未能从事一个职业就已经能说明问题了——除了运气不好，更可能的原因是积累不够。几年过去，这个人在他所谓的"梦想职业"中的经验积累依然是零，只是空有梦想。还有一个他更可能宁愿视而不见的事实是，那些在他所谓的"梦想职业"中拼搏努力的人，已经在这段时间里积累了无数经验，磨炼出了他在"圈外"无法想象的各种能力。就算有一天，他有足够的运气进入那个他梦寐以求的领域，结果可能还是发现自己一无所有、毫无竞争力，最后不过是一切清零、从头再来。

心怀"梦想"的时间越长，沉没成本就越高。很多人会在无意间被自己的"梦想"绑架，所以，很多时候，对很多人来说，所谓的"梦想"也许只是陷阱。多年来，我见过身边不少的人一点一点被他们珍爱的"梦想"毁掉。

越是不满现状，摆脱现状的欲望就越强烈，而这种欲望会让一个人最终迷失方向，因为无论是谁，从本质上看都无法摆脱现状——每一时刻的现状都是过去某一或者某些时刻的结果，而每一时刻的现状都是未来某一或者某些时刻的原因。没有人能够逃脱现实的束缚。

从某种意义上，"逆境造就成功""磨难令人成熟"之类的话纯属胡说八道。显然，在顺境中更容易成功，而且很多磨难根本没有必要——这更可能是失败者对自己一生未曾有机会体验的成功及成功者"意淫"式的猜想而已。失败者永远没有机会了解成功的真相，原因在于人最容易受自身经验的限制，而不曾有哪怕一点点成功经验的人更无从摆脱自身的局限。

对现状不满、急于摆脱现状是人们常常不知不觉落入的陷阱（尽管偶尔这也是少数人真正的动力）。接受现状才是最优策略——有什么就做什么，有什么就用什么；做什么都做好，用什么都用好。

不要常常觉得苦（这会让人忍不住顾影自怜，浪费精力与时间），而要想办法在任何情况下找到情趣——快乐是一种本事。这些年我遇到的优秀的年轻人几乎都有这样的特征：他们很少对现状不满（可能是他们的优秀使他们很难觉得不满吧），他们热爱自己的生活，他们相对更不在意外界的影响，他们更专注于做事且心无旁骛，他们身处良性循环之中，当然，他们也因此每时每刻都在进步。

> 如果行李都是必需的，
> 那么背动行李的唯一方法
> 不是减负，而是让自己变强！

---

1 其实，更多时候，这句话被孤立地提出来就已经是断章取义了。
2 顾长卫：1957 年 12 月 12 日—，中国陕西省西安市人，电影摄影师、电影导演。参见链接 2-26。
3 蒋雯丽：1966 年 6 月 20 日—，中国安徽省蚌埠市人，演员、电影导演，曾获得众多专业奖项。参见链接 2-27。
4 《立春》：*And the Spring Comes*，2007。中国文艺电影。参见链接 2-28、链接 2-29。

6. 与时间做朋友

与时间做朋友的方法很简单：**用正确的方法做正确的事情。**

正确的方法究竟是什么稍后再说，这里先说说什么是正确的事情。最可怕的不是效率不高，而是干脆做错了事情。如果做的事情是错误的，那么效率越高，结果就越糟。如果做的事情是正确的，那么效率低一点也没关系，因为做一点是一点，多收获一点，多进步一点，动力就会更强一点，进而更容易持续做下去。怎样判断所做的事情是否正确？核心只有一个：看看它是否现实。

几乎一切愚蠢的行为都来自否定现实、逃避现实。只有接受现实，才有可能脚踏实地，避免心浮气躁、好高骛远。如果我们把成功朴素地定义为"用正确的方法做正确的事情，并在最后期限之前漂亮地完成"，那么，大多数所谓的"时间管理技巧"实际上发挥不了多大作用，只不过是"花拳绣腿"。真正有用的往往是简单而又朴素的道理，例如"现实只能接受"。

接受现实并不容易。有一个例子可供参考。我们可以很容易地观察到，这个世界上的资源并非平均分布在每个人的身上，有一种数学[1]曲线能够比较好地呈现这种分布情况，它就是<u>正态分布曲线</u>[2]。正态分布是概率论中最重要的分布。大量的实践结果与理论分析表明，大多数随机变量是服从或近似服从正态分布的，例如测量的误差、学生的成绩、人类的身高和体重、产品质量数据、投资收益率等。

用一个相对简单的例子解释一下正态分布：建立一个平面直角坐标系，把世界上所有的人放在这个坐标系里，横轴表示一个人拥有的各种资源的总量，纵轴表示与横轴对应的人数（可以想象为占有资源量相当的人在横轴的一个点上"叠罗汉"），据此画出的曲线应该非常接近正态分布曲线。这就是我们所处的真实世界：只有极少数人在资源上极端贫困，也只有极少数人在资源上极端富有，绝大多数人处于中等水平。

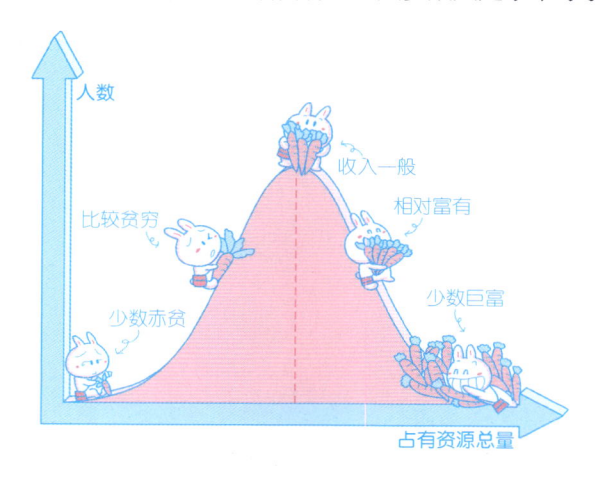

这种资源分布上自然的"不均匀"，看上去简单易懂，但古今中外有很多人拒绝理解和接受它。他们甚至拒绝使用"不均匀"这个词，而用"不公平"取而代之。历史上有无数次战争、无数次掠夺，但从本质上看，不过是因为把"均匀"理解成"公平"造成的——把"不均匀"理解成"不公平"，就可以理直气壮打着"公平正义"的旗号为所欲为。

资源原本是有限的，经济学里将这种现象描述为"资源稀缺[3]"。在整体上资源稀缺的前提下，"资源并非均匀分布"体现在每个人人身上，直接的结果就是"绝大多数人都觉得自己拥有的不够多"。在我们生存的这个世界里，资源稀缺是客观现实，恰因如此，人们的主观愿望肯定不可能全部得到满足。

虽然理解这种现象貌似不难，但在理解之后还能平静地接受就不那么容易了。无法接受这种现象的人直到今天还随处可见。对那些无法接受现实的人来说，其实只剩下一个选择——逃避。和苏格拉底[4]生活在同一时代的第欧根尼[5]，在意识到资源稀缺的时候选择了逃避，他采取的逃避方式是限制自己的主观愿望。第欧根尼对这个世界说："你不是资源稀缺吗？那我不消费了。我没有欲望总可以了吧？"所以，他主张清心寡欲，累了随便找个木桶住下，饿了到垃圾堆里找点剩饭。他也喜欢享受，但他可以控制自己

的欲望，进而只享受真正零成本的所谓"消费"——例如晒太阳。在这种情况下，他曾对专程来拜访他的马其顿国王亚历山大大帝[6]非常不耐烦："我希望你闪到一边去，不要遮住我的阳光。"——亚历山大大帝曾允诺，会满足他的一个愿望。

2000多年后，卡尔·马克思[7]选择了另外一种形式的逃避——使用幻想。他虽然注意到了资源"分配不公"（准确地讲应该是"分配不均"），但无法接受"资源分配与人性并无关系"这个事实。他认为，"资源的配置应该在最无愧于和最适合于人类本性的条件下进行"。在用劳动价值论和剩余价值论解释自己对世界的观察之后，他开始幻想，对这个世界说："你不是资源稀缺吗？没关系。别看现在是这样的，但是，早晚有一天，物质会极端丰富。到那个时候，人们就可以各取所需了！"事实上，在马克思去世100多年后的今天，物质和他做出以上论述时比已经极端丰富，但我们看到的事实是：物质依然稀缺且依然分配不均。

现代西方经济学缘起亚当·斯密[8]的学说，经过大卫·李嘉图[9]的补充，直至约翰·梅纳德·凯恩斯[10]，才算彻底正视了资源的稀缺性，明确了经济学的根本目的——研究"如何运用有限的资源发挥最大的效用"。换言之，要在承认资源稀缺的前提下研究如何提高"效用"。

平静且理性地接受"资源稀缺"这个现实，其困难程度超乎想象，以至从人类整体的角度看，理解并接受这个现实花费了将近2500年——从第欧根尼到凯恩斯。

尽管现实总是让人难以接受，坚强的你却应该坦然。以上种种现实，包括"速成绝无可能""只有付出才有收获""完美永不存在""未知永远存在""现状无法马上摆脱"，都既清楚又简单，你必须要接受——不仅要接受，还要牢记；不仅要牢记，还要坚信，不容半点动摇。

最好时常把自己的一些念头记下来，然后与这几条现实对照，看看它们是否与这些现实相符。之后，你会和所有这样做过的人一样，发现自己常常在不知不觉间被一些实际上完全不现实的念头左右。这是正常的。但是，通过不时记录、思考与反省，你会越来越善于甄别那些不现实的念头，进而摆脱它们的影响。这就是差别。很多人一生都不知道自己究竟有多么不现实。之前提到的"既勤奋又懒惰"的人群，基本上会把这些现实当作老生常谈的道理——视而不见、听而不闻、从不记录、从不反省，才常常作出荒唐的决定，最终堕落到那分田地。

百分之百地接受现实，也许痛苦，但要醒悟——没有其他办法，就像凤凰涅槃，只有浴火才能重生一样。

时间是现实的人的朋友，是不现实的人的敌人。时间并非故意要这样做，只因事实就是如此。

---

1 数学一直是心智相对发达的人类所特有的、不断进步发展的、描述这个世界最为精确的工具——甚至不应该在后面加上"之一"。
2 正态分布曲线：Normal Distribution Curve。参见链接 2-30。
3 资源稀缺：Scarcity。
4 苏格拉底：希腊文 Σωκράτης，拉丁文 Socrates，约前 470 年—前 399 年，古希腊哲学家，被广泛认为是西方哲学的奠基者。参见链接 2-31。
5 第欧根尼：希腊文 Διογένης ὁ Σινωπεύς，英文 Diogenes of Sinope，前 412 年或前 404 年—前 323 年，古希腊哲学家，犬儒学派的代表人物。参见链接 2-32。
6 亚历山大大帝：希腊文 Μέγας Ἀλέξανδρος，英文 Alexander the Great，前 356 年 7 月 20 日或 21 日—前 323 年 6 月 10 日或 11 日，即马其顿国王亚历山大三世。他被认为是历史上重要的军事家之一。参见链接 2-33。
7 卡尔·马克思：德文 Karl Heinrich Marx，1818 年 5 月 5 日—1883 年 3 月 14 日，马克思主义创始人。犹太裔德国人，政治学家、哲学家、经济学家、社会学家、革命理论家、历史学者、革命社会主义者。参见链接 2-34。
8 亚当·斯密：Adam Smith，1723 年 6 月 16 日（受洗）—1790 年 7 月 17 日，英国苏格兰哲学家、经济学家。参见链接 2-35。
9 大卫·李嘉图：David Ricardo，1772 年 4 月 18 日—1823 年 9 月 11 日，英国政治经济学家，对经济学作出了系统的贡献。参见链接 2-36。
10 约翰·梅纳德·凯恩斯：John Maynard Keynes，1883 年 6 月 5 日—1946 年 4 月 21 日，英国经济学家。他在宏观经济学上有卓越的贡献。参见链接 2-37。

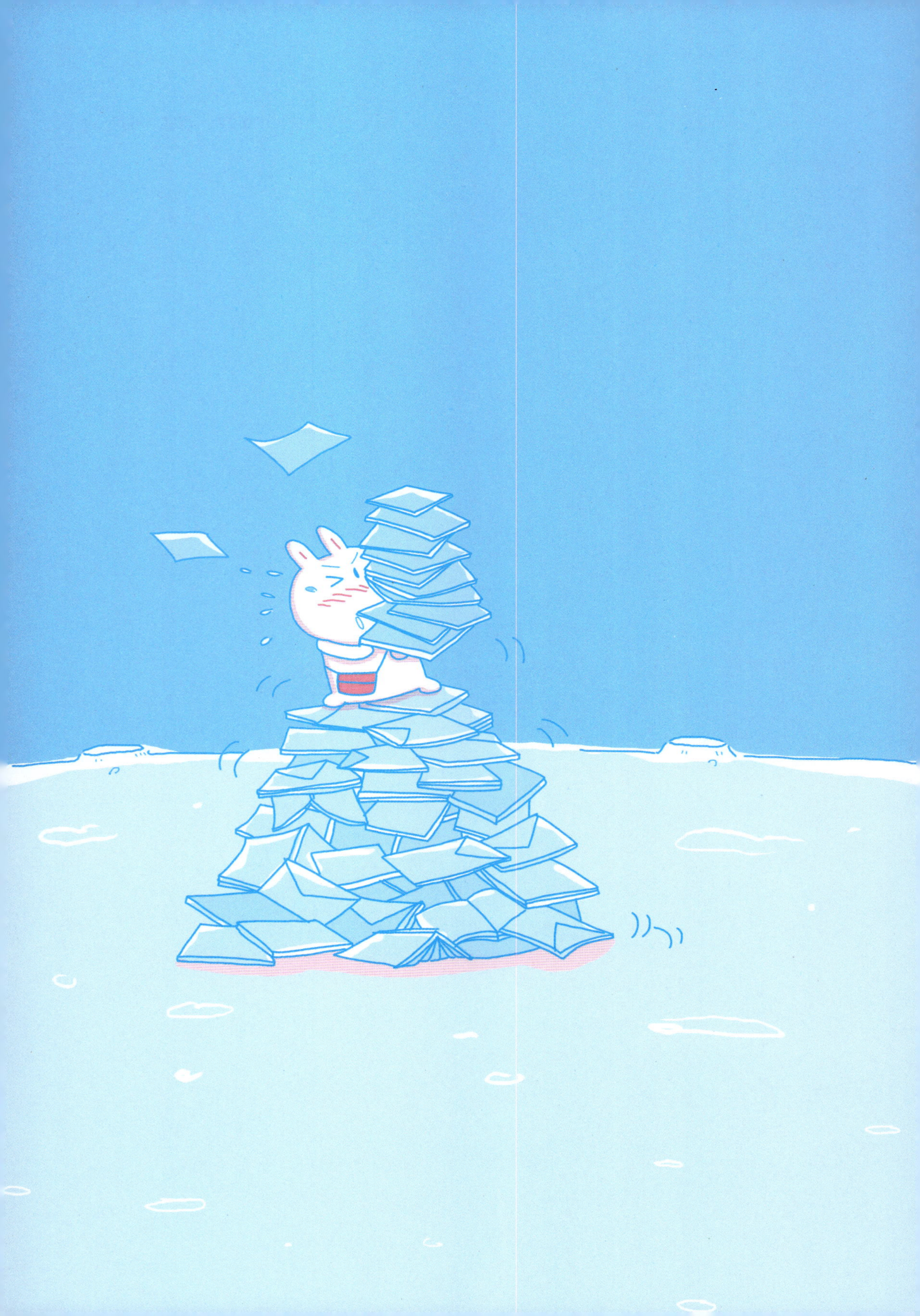

第3章
管理

两点之间的最短距离是恶性循环。

——墨菲拓扑定律

1. 估算时间

错误估算任务所需时间，是最常见，也是最致命的错误。在时间领域有一个与墨菲定律[1]同源、貌似悖论的侯世达法则[2]值得牢记：

完成一个任务实际花费的时间总会超过计划花费的时间，就算制定计划的时候考虑到本法则，也不能避免这种情况的发生。

为什么完成任务实际花费的时间总会超过预期呢？我们先看看生活中执行任务的真实情况。

每个学英语的人都遇到过几乎一模一样的尴尬——什么时候是个头啊？！

一开始，学习者往往会以为自己的问题只是词汇量不够，便买来各种词汇书[3]啃啊啃，可很多人啃着啃着就放弃了……

少数坚持下来的人痛苦地发现，即便每个单词（好像）都认识，放到一起组成句子之后还是看不懂。他们这才明白，原来"不学语法也能学好英语"纯属扯淡，只好买来语法书狂啃，又有很多人啃着啃着就放弃了……

少数坚持下来的人再次痛苦地发现，补过词汇，补过语法，依然看不懂文章。他们深入思考才明白，原来是因为自己的逻辑训练不足，文字是搞懂了，可内容却理解反了，只好一边练逻辑一边啃阅读，又有很多人啃着啃着就放弃了……

少数人又坚持下来了。再过一段时间，他们发现自己单词没问题、语法没问题、逻辑没问题，可还是看不懂文章。最终才明白，这是各种知识积累不够造成的，这些知识包括学科背景、文化背景、历史背景等。于是，他们又要开始"新的"征程……

这就是人们做事情时的真实境遇：一旦开始，就会发现"意外"接踵而至。原本做的准备根本不能解决问题，因为"经过准备的就不再是问题"，而真正遇到的问题都是之前不曾想象抑或无法想象的，在解决一个问题的同时往往会产生新的问题……因此，所谓的"渐入佳境"最终只能是少数人的感受，大多数人在此之前早已溃败。

为什么人们总是错误估计完成任务需要的时间呢？因为大多数人在执行任务之前忽略了一个重要的步骤，那就是分辨任务的属性——它是熟悉的还是陌生的？

有些任务是你熟悉的，即以前做过的。由于已经做过（一次或多次），所以，你清楚这个任务的每个环节，知道应该如何拆解任务、应该怎样分配拆解出来的子任务、每个子任务有多少个步骤、每个步骤需要耗费多长时间、哪些步骤需要格外小心……在这种情况下，正确估算完成任务需要的时间是很容易的。

然而，有些任务是你不熟悉的，在执行过程中就必然遭遇各种所谓的"意外"。其实它们根本不是意外，只不过是因为你对任务不熟悉，它们才成了"意外"。实际上，这些"意外"是任何完成这个任务的人必然会经历的。只有完整地执行一次任务，任务的属性由"陌生"变为"熟悉"之后，才有可能顺利解决这些"意外"。

对学习来说，任务"陌生"的可能性更大，因为学习本身是一个探索未知的过程。完成学习任务常常需要花费比我们想象中多得多的时间。对工作来说，任务"熟悉"的可能性更大。因为工作本身是一个应用已知的过程。当然，不同的工作，情况有所不同。例如，有些工作需要更多创新，有些工作可能前所未有……所以，在现实生活中，我们需要完成的任务的真实属性往往是"一部分熟悉，一部分陌生"。这就从根本上解释了为什么前文描述的那个貌似悖论的法则总是应验——我们必须处理未知，而从陌生到熟悉，就需要花费时间去学习，这个过程无法逾越。

多年前，我在网上读到彼得·诺维格[4]的一篇文章：《10年学会程序设计》[5]。在这篇文章中，诺维格表示，人们购买那种名字类似"7天自学Java语言"的书是无知的表现，他认为，用10年时间学习程序设计才真正现实，也非常值当。他写道——

> 约翰·海斯[6]和本杰明·布鲁姆[7]的研究[8]表明，在几乎所有领域，培养专业技能大约需要10年。他们研究的领域包括国际象棋、作曲、绘画、钢琴、游泳、网球，以及神经心理学、数学拓扑学。似乎没有真正的捷径——即使是在4岁时就展露音乐天赋的莫扎特[9]，也仍然用了超过13年的时间才谱写出世界级的乐曲。
>
> 再看看另一个领域的例子。披头士乐队[10]似乎是1964年在爱德·沙利文秀[11]登台后突然火爆起来并成为第一乐队的，但他们其实从1957年就开始在利物浦、汉堡

等地的小型俱乐部表演了。虽然他们很早就显现出了强大的吸引力，但对他们的成功具有决定性意义的作品《佩珀中士》[12]也是1967年才发行的。

塞缪尔·约翰逊[13]甚至认为10年还不够，他说："任何领域的卓越成就都必须用一生的努力才能取得；代价稍微低一点都无法换来。"杰弗里·乔叟[14]则感叹："生命如此短暂，学习技艺需要的时间却如此绵长。"

在彼得·诺维格发表这篇文章的数年后，2008年11月，马尔科姆·格莱德威尔[15]出版了《异类》[16]一书。在这本书中，格莱德威尔把"10年"换算成了更为精确的"10000小时"——要想出类拔萃，就要努力至少10000小时。

要想提高估算时间的能力，就要从现在开始养成习惯：**在做任何事情之前，先判断其熟悉程度（或陌生程度），再据此判断估算完成任务需要的时间。**在通常情况下，"反正比一般人想得长多了"倒是一个屡试不爽的假设。

---

1 墨菲定律：Murphy's law，一个经验定律，一般表述为"凡事只要可能出错，就会出错"。参见链接3-1。
2 侯世达法则：Hofstadter's Law，出自侯世达《哥德尔、艾舍尔、巴赫：集异璧之大成》。该法则有时也表述为"双倍时间法则"或"三倍时间法则"。参见链接3-2。
3 词汇书是非常反人类的事物，人类的大脑本就不适合大量记忆列表，尤其是在列表中的项目毫无逻辑联系的时候。所以，坚持不下去才正常。
4 彼得·诺维格：Peter Norvig，1956年12月14日—，美国计算机科学家。参见链接3-3。
5 《10年学会程序设计》：Teach Yourself Programming in Ten Years，2001。参见链接3-4。
6 约翰·海斯：John Richard Hayes，1940年—，美国卡耐基梅隆大学心理学系教授。参见链接3-5。
7 本杰明·布鲁姆：Benjamin Samuel Bloom，1913年2月21日—1999年9月13日，美国教育心理学家。参见链接3-6。
8 海斯的研究：The Complete Problem Solver，参见链接3-7。布鲁姆的研究：Developing Talent in Young People，参见链接3-8。
9 莫扎特：德文Wolfgang Amadeus Mozart，1756年1月27日—1791年12月5日，欧洲古典主义作曲家。参见链接3-9。
10 披头士乐队：The Beatles，英国著名流行乐队。参见链接3-10。
11 爱德·沙利文秀：The Ed Sullivan Show，美国著名电视综艺节目，由爱德华·文森特·"爱德"·沙利文主持。参见链接3-11。
12 《佩珀中士》：Sgt. Peppers。
13 塞缪尔·约翰逊：Samuel Johnson，1709年9月18日—1784年12月13日，英国著名文人。参见链接3-12。
14 杰弗里·乔叟：Geoffrey Chaucer，约1340年—1400年10月25日，英国著名作家、诗人。参见链接3-13。
15 马尔科姆·格莱德威尔：Malcolm Gladwell，1963年9月3日—，美国著名作家。参见链接3-14。
16 《异类》：Outliers，2008。参见链接3-15。

2. 及时行动

接受任务之后，什么时候开始执行才好呢？比"越早开始越好"更切实的答案是"现在就开始"。所谓做事拖延，不是拖延着做事，而是拖延着不开始做事。明知自己拖延的人很痛苦，因为他们不是不知道该做什么，而是不知道为什么"无法进入状态"——这是他们能够想出来的对自己的行为最拿得出手的描述。

明明已经焦虑到不行，拖延的人为什么迟迟不开始行动？一个常见的原因是前文所述的"错误估算任务所需时间"，总以为可以在最后期限之前完成，心里想着"时间还多的是呢"，可这并不是本质原因。本质原因在于恐惧——无论是来自内部的，还是来自外部的。

来自内部的恐惧在于：只要开始做事，一个人就要面临做错、做不好的风险。这原本是任何人都逃不掉的事情，但最终患上"拖延症"的人犯了一个简单的认知错误：认为那些能够做对、做好的人都是直接做对、做好的。从表面上看也好像确实如此，那些能够做对、做好的人，总是显得从容不迫、轻车熟路。面对这样的人，那些犯了错、做不好的人根本没办法不自卑、不怀疑自己……

所以，很多人做事拖延不过是"不求有功，但求无过"的心态在作祟。没有哪个拖延的人愿意承认自己是这样想的，但是当他们扪心自问的时候，他们都知道这描述一针见血。

只要做事，就一定会出问题。这是现实——无论何人，无论何事。如果在做事的过程中没有出现任何问题，那肯定不是在做事，而是在做梦。

认清并接受这个现实很重要。只有这样，才能心平气和地去做事。说一个人不怕困难，那是假话。谁不想一帆风顺、马到成功？可现实就是如此。在做事情的时候，肯定会遇到困难，事情越有价值，困难就越具规模。如果遇到困难，心平气和地面对就好，因为这只不过是生活常态。有时，我们花费很多时间和精力依然没能解决问题，却眼见别人轻松过关，这确实令人气馁。不过，这也是生活常态——在任何特定领域，总是有一些人比另一些人表现更好、费力更少。然而，在大多数情况下，有四个字颇具道理并且值得相信——勤能补拙。不过，真正相信这四个字的前提是"接受现实"，否则，这四个字发挥不了任何实际作用。

来自外部的恐惧在于：过分在意外界的评价。人是一种很有趣的动物，在自己做对、做好之前，通常已经了解做对、做好是什么样子。于是，无论能否做对、做好，人都觉得自己有能力判断别人是否做对、做好。所以，尽管自己不怎么样，却可以振振有词、理直气壮地评价别人做得对不对、好不好。这样看来，一个人一旦开始认真做事，被嘲弄、被耻笑的几率将远远高于被夸奖、被鼓励的几率——这几乎是肯定的。也正是由于这个原因，很多人怀有前文提到的"不求有功，但求无过"的微妙心态。

事实上，那些真正能够做对、做好的人，绝不会随意嘲弄、打击别人，因为他们是做对过、做好过的人，他们一路走来，心里非常清楚做对、做好有多么不容易，所以，他们会不吝机会去鼓励那些尝试做事情的人。这甚至可以作为一种测试方法：如果一个人经常嘲弄他人，那只能说明他自己不怎么样；否则，他会像那些极少数已经做对、做好的人一样，给予别人真诚的鼓励而非嘲弄。尽管那些能真正做对、做好的人有时也会给出负面评价，但这些评价通常是建设性的负面评价，并不是为了获得优越感而发出的嘲弄。

所以，我们没有必要在意来自他人的、非建设性的负面评价。没有谁从一开始就能做对、做好。所有做对、做好的人都是一路磕磕绊绊走过来的，这就是生活常态。而动辄给出非建设性负面评价的人，往往不是正经做事的人，他们和那些正经做事的人身处不一样的世界，这也是生活常态。

还有一个微妙的现象需要注意。尽管在一般的环境中，时间的运动是匀速的，但实际上，就人的主观感受来说，时间的运动肯定是有加速度的。对"为什么随着年龄的增长每个人都会觉得时间过得越来越快"这个问题，心理学家有一个简单明了的解释：

对一个 5 岁的孩子来讲，未来的 1 年相当于他已经度过的人生的 $1/5$，即 20%；而对一个 50 岁的成年人来讲，未来的 1 年只相当于他已经度过的人生的 $1/50$，即 2%。所以，随着年龄的增长，人们会觉得时间运动得越来越快。

更重要的是：人在小时候没什么事情可做，就愈发感觉时间过得慢；随着年龄增长，要做的事情越来越多，当然愈发感觉时间过得飞快，稍纵即逝。由此看来，小孩子的感觉自然是"那时候天总是很蓝，日子总过得太慢"，而"人生犹如白驹过隙，瞬间而已"大都是老年人的慨叹，也是他们的切身感受。

如果能将这种认识纳入自己的心智，你就不会再对"最后期限"有那么荒谬的幻觉了。只要接受了必须完成的任务，你就会有真切的紧迫感，因为你知道，时间必然越走越快。而且，你现在就已经明白："最后期限"不是固定在将来的某一点，而是朝着你加速扑来。有的时候，也许还没开始就发现自己已经晚了。在这样的情况下，唯一的策略依然是"现在就开始"——否则更待何时？在起步晚了的情况下，问题不是"到时候能不能做好"，而是"到时候能做多好就做多好，总好过什么都不做"。明白了这个道理，以后不管遇到什么任务，永远不要再问"什么时候开始才好"，因为答案只有一个：现在！

很高很强大的松树，
也有很矮很可笑的时候

3. 直面困难

就算没有低估完成任务需要的时间，就算已经迅速开始执行任务，很多人还是没有按时完成任务。为什么有的人好像一直在忙，却总是拿不出成绩、做不出成效？其实，我们在工作中经常会遇到这样的人，在读书的时候也不例外——总有一些天天笔不离手、眼不离书、屁股不离板凳，成绩却很差的学生。这种情况的存在往往会使人们怀疑"努力"的可靠性。还好，仔细观察就会发现，他们实际上并不努力，只是做出了努力的样子，或者显得比较努力而已。

无疑，他们的效率低下。而效率低下的根本原因是什么？答案是：回避困难。

任何一个任务都可以划分成两部分，即相对简单的部分和相对困难的部分。如果世界上的任务都由简单的部分构成，全无困难之处，就没有人会遇到挫折或者遭受失败了。可现实明显并非如此。

稍微思考一下就能明白，合理的时间安排应该是这样的：迅速做完简单的部分，把节省下来的时间放在困难部分的处理上。然而，很多人会下意识地回避困难，于是乎，他们的时间安排是这样的：用几乎全部时间处理简单的部分，至于困难的部分，干脆"掩耳盗铃"，视而不见，暗地里希望困难自动消失……

这样的行为与做事的动机有关。人做事的动机往往来自两个截然相反的原因：奖励与惩罚。人都喜欢被奖励，讨厌被惩罚。从表面看，尽力做能够获得奖励的事情显然是划算的，回避做可能招致惩罚的事情显然是合理的。

然而，从另一个层面看，接受惩罚往往是积累经验的起点，甚至是唯一起点。这就是俗话所说的"吃一堑，长一智"。很多时候，为了能"长一智"，必须先"吃一堑"，西方称之为"挫折教育"。

很多事情并不是一过性的，总会阶段性地有奖有罚。获得奖励之后，原本有两个选项："再次来过"和"见好就收"。有意思的是，绝大多数人会自动忽视第二个选项（这也是庞兹骗局[1]生生不息的根本原因）。受到惩罚之后，同样有两个选项："从此碰都不碰那件事情"和"挣扎着找一个出路"。同样有意思的是，绝大多数人还是会自动忽视第二个选项。

所以，很多人实际上根本不知道自己所谓的"喜欢做某件事"很可能只是因为那件事相对简单、容易获得奖励而已。拖延的人并非不做事——他们做事，甚至做很多事。拖延的人也并非不努力——他们会花很长时间去做事，但做的是很多简单的事。他们每次回避困难的时候，都不是故意的，并且往往已经给自己找了恰当的借口。这借口太强大、太有力，以致他们真诚地相信："我喜欢做有创意的事情，而现在手上的这些事情太枯燥，我确实提不起兴趣……"

如果不能控制这种逃避的倾向，那么再多、再好的任务管理技巧都是无效的，因为任务中相当重要的一部分（通常因为重要而困难，也因为困难而重要）永远无法完成。所谓的"效率"，是在任务完成之后才能够衡量的。这样，对逃避困难的人来讲，因为没有完整地完成任务，所以无论他们花了多长时间，也都没有效率（相当于分子为零）。

现实中，这种现象无处不在：在学习上，准备托福考试时只做阅读和听力但不练习口语和写作；在工作中，做项目计划时只讨论做什么却从不提及怎么做；在生活里，总是把"我爱你"挂在嘴边却从来不花时间想想爱人真正需要的是什么……这些问题都源自同一个习惯：专做简单的，回避困难的。

所有真正踏实做事的人都知道，任何任务的绝大部分是枯燥又无趣的，而所谓"有创意"的部分，可能连 1% 都不到。对此，我有切身体会。

我的词汇书《TOEFL 核心词汇 21 天突破》这些年一直卖得很好。我花了多长时间写这本书呢？9 个月。这本书最重要、最核心、最有创意的部分是什么呢？是通过语料库分析统计词频后反复筛选出来的托福考试中出现 2 次以上 17 次以下的核心词汇[2]。完成这些工作需要多长时间呢？收集和处理语料库文本大约花费 1 个月，词频统计工作由 WordSmith 软件完成——只用了几十秒。那么剩下的 8 个月我在做什么呢？在做最无聊、最枯燥、最没有技术含量的复制、粘贴、编辑、整理、审阅、修改、回顾……

1　庞兹骗局：Ponzi Scheme，指用后来的"投资者"的钱回缴给前面的"投资者"当作回报的一种投资骗局。参见链接 3-16。
2　出现次数非常多的单词，基本上属于大部分人已经掌握的常见单词，例如 sea、stone、sky，大多不用特意去背；而出现次数很少的单词，例如那些在多年考试当中只出现过 1 次的，根据概率理论，它们在下一次考试中出现的可能性极低，所以也不用专门投入时间去记忆。

4. 关注步骤

所谓的"三思而行"，在我看来就是指做任何事情之前都要考虑相关的三个方面：内容（What）、原因（Why）、方法（How）。任何任务都起码具备三个属性：何事（What）、何因（Why）、何法（How）。清楚了解一个任务的这些属性，对最终能否完成该任务起着决定性作用，所以应该多花一点时间去"三思"。

在大多数情况下，这三个方面中最关键的实际上不是内容，也不是原因，而是方法。因为任务的内容与原因常常不言自明，而方法却并非唾手可得。例如，每个年轻人都可能有发财梦，为什么几十年后做过梦的大多数人依然不富裕？比较合理的解释可能是：大多数人都知道自己究竟想要得到什么，也知道为什么要得到，却始终没弄明白怎样做才能得到。

所以，当我们面对某项任务的时候，内容与原因都已经基本确定（至少从表面上看是如此），需要思考的就剩下方法了。当然，思考方法需要从领悟内容入手，不停地细分、拆解任务，而且越具体越好，直至每个小任务都可以由一个人独立完成。

背英语单词可以作为一个例子。

如果某位学生正在准备托福考试，而且已经意识到他的任务是扩充词汇量，那么他该去背哪些单词？书店里有很多词汇书，他应该选择哪一本？正确答案是：视情况而定。哪怕假定市面上的托福词汇书都以合理的方式收录词汇，并且确实科学、准确地涵盖了应对托福考试的必要词汇，这些书也不一定是该考生的选择。如果目前他掌握的基础词汇量相对不足，那么他应该先想办法搞定基础词汇，再去买托福词汇书中的一本。

这就是在回答"何事"的问题。这个问题往往不像看上去那么简单。

现在假设这位考生已经搞定了基础词汇，又选择了我写的那本《TOEFL 核心词汇 21 天突破》[1]，那么他所面对的任务的"内容"就比较具体了。不过，还可以再具体一点：

扩充词汇量 → 托福词汇 → 托福核心词汇 →

21 个单元 → 每个单元大约 100 个单词 →

每个单元分 2 次完成……

在这个过程中，对任务的每一次"具体化"与"细分拆解"都要反复询问"原因"。但这还不是很难。

有了这样的结果，就可以开始思考"方法"了。很多人在这个时候会觉得已经没什么可想的了，直接去做就是了，然而，很可能正因如此，他们在其后的实际操作中才会显得那么脆弱、承受力那么差，以致那么容易放弃。

继续讨论上文的例子。假设这位学生根据自己的情况，已经决定将"一个单元分两次完成"，也就是说，21 乘以 2，总计 42 个阶段。那么，在这 42 个阶段里他具体应该如何操作呢？

▷ 先尝试做一两个阶段，测量一下完成 1 个阶段需要多长时间。

▷ 按照测量的结果制作一个时间表，把其余阶段需要的时间填写完整（最终总是需要做一些调整的）。

▷ 背单词需要重复，所以，每 3 个阶段过后要留出与完成 1 个阶段相等的时间去复习。这就意味着一共需要花费完成 56（42+14）个阶段的时间。

▷ 每完成总任务的 ⅓，就增加与完成 1 个阶段相等的再复习时间。这就意味着一共需要花费完成 59（56+3）个阶段的时间。

▷ 在学习过程中可能需要多次快速重复记忆，每次可能需要花费相当于完成 3～5 个阶段的时间。由于熟悉程度不断增加，每次重复记忆需要的时间会越来越短，所以，预计进行 3 次重复记忆需要相当于完成 10 个阶段的时间。这就意味着一共需要花费完成 69（59+10）个阶段的时间。

作出以上规划后，还要认真思考完成每个阶段的具体步骤。当然，越具体越好。

▷ 每天早晨腾出一点时间。

▷ 把前一天背过的单词朗读至少 2 遍。

▷ 听录音，跟读当天要背的单词 3～5 遍，主要关注发音、拼写，顺带看看词义，能记多少就记多少,不求速成。
- ▷ 上午利用闲暇时间通读词汇列表,并反复阅读例句。
- ▷ 下午用专门的时间把当天要背的单词集中背 2～3 遍。可以一边读,一边抄,一边背,不要只是坐在那里呆呆地盯着词汇看。
- ▷ 空闲时反复听当天要背的单词,重复次数越多越好。
- ▷ 晚上睡觉前复习当天背的单词。

有了这种思考,随后的一切行动会因此变得相当容易。

做任何事情,学会思考方式最为重要。要学着像一个项目管理者[2]那样思考——他们更多地关注"方法",他们会花费比别人多(多出许多倍)的时间去落实每一个步骤,在确认无误后,他们才会有效地分配任务,团队才能够切实可靠地完成任务。一个学生在背单词的时候,他就是自己的项目管理者,只有学会像项目管理者一样思考,他才能给自己分配具体的任务、制定切实可行的计划,最终高效地完成任务。

在做任何事情之前,通过关注"方法"去反复拆分任务,最终确认每个子任务都是可完成的,这是一个人不可或缺的功课。这样的习惯,会使一个人变得现实、踏实。这既是一种习惯,也是一种后天习得的技能。这种技能无比重要,却常常被忽视,因为掌握这种技能的人总是默默地应用它,而忽视这种技能的人从未看到过它的具体实施过程和巨大好处。

---

1 2007 年我开始着手写作另外一本词汇书——《新托福 iBT 词汇分类突破》,其内容首先在网上公开发表(参见链接 3-17),在历经 3 年修订、无数学生试用之后,正式出版。参见链接 3-18。
2 每个人其实都有必要阅读项目管理方面的经典书籍。虽然大多数人并没有"项目经理"之类的头衔,但实际上,每个人都应该是自己的项目经理——自主、独立,是心智成熟的人必有的素质。

5. 并行串行

读中学的时候，我们就在物理课上得知电路有两种基本连接方式：串联和并联。我们还背过一些相关的规律，如"串联分压、并联分流"[1]。在任务管理过程中，可以运用类似的方式去思考任务与任务之间的关系：这两个任务之间究竟应该是串行关系，还是并行关系？

弄清这个问题非常重要，因为在一般情况下，"提高效率"指的就是"原本只能串行完成的两个任务现在可以并行完成"。

有些任务只能串行，例如要先洗手再吃饭。"洗手"和"吃饭"，不仅是串行关系的任务，还是顺序确定的任务。尽管确实有人真的"不洗手先吃饭而后再洗手"，但大多数人还是能够看到这样做事的明显荒谬之处，而且，我们没办法也没必要"边洗手边吃饭"。

俗话说"一心不可二用"，从某种意义上理解，这句话是正确的。不过我们也确实很难做到一心一意地长期只做一件事，事实上，我们日常同时要做的事情可能不少于两件。一些早期的计算机操作系统，例如DOS，是单任务操作系统；为了提高效率，程序员们又开发出了多任务操作系统，例如Windows。从发展的角度看，为了提高效率，我们也有必要给自己的大脑打造一个"多任务操作系统"。

最直接的办法是尽量将两个任务并行。例如，在跑步的时候听英语，在写文章的时候听音乐，在等班车的时候看书等。养成一个习惯——把要做的事情用纸和笔写下来，把任务落到纸面上，就可以比较容易地分辨出哪些任务是简单而又机械的，哪些任务是相对复杂而又灵活的（对我个人来讲，需要思考的就是"非机械"的），然后，尝试把一个非机械的任务和一个机械的任务搭配起来完成。

举一些我自己的例子。跑步是机械的，听有声读物[2]是非机械的（相对需要集中更多注意力），这两件事情就可以一起做[3]。另一个例子是我在写文章的时候往往同时听着音乐，甚至在另外一块屏幕上放着电影。我可以这么做是有前提的：我的电脑接了两台显示器，并且都是 25 英寸宽屏。在这种情况下，即使同时播放两部电影，我的屏幕上还是有足够的空间。另一个我可以这么做的原因是我看过的电影太多（这两年是每天至少一部），以至于我对电影的理解能力非常强（就好像文章读多了阅读理解能力就会很强一样），大多数电影我只需要间或扫一眼就可以，而且不会错过重要的细节。但是，对一些比较特别的电影，如《福斯特对话尼克松》[4]《朗读者》[5]《革命之路》[6]《是，大臣》[7]等，我就做不到边写文章边看，而需要停下手中的事情专心地看。

并行两个任务的一个重要前提是执行者足够了解这两个任务，且对自己有足够清楚的认识——对执行者来说，这两个任务是"主动并行"的。被动发生的并行任务往往只能使效率变得更低。我在生活中剔除的一个被动并行任务就是"接电话"。从好多年前开始，我就把自己的手机设为"静音"状态，从不主动接电话——而是每隔一两个小时查看一下电话，有必要的就打回去。当我有条件给自己安排一间不受人打搅的"工作室"后，终于再一次大幅削减了"被动并行"造成的时间和精力的浪费。

当一个任务比较庞大，需要划分成多个步骤或者多个子任务的时候，对这些子任务之间的关系需要仔细甄别。甄别后，可能会产生若干行动方案，而针对这些方案可能还需要反复衡量才能找到最佳方案。

华罗庚[8] 先生曾经用烧水泡茶[9] 为例说明过这个问题。

▷ 办法甲：洗好开水壶，灌上凉水，放在火上，在等待水开的时候，洗茶壶、洗茶杯、拿茶叶，等水开了，泡茶喝。

▷ 办法乙：先做好一些准备工作，洗开水壶，洗壶杯，拿茶叶，一切就绪，灌水烧水，坐待水开了泡茶喝。

▷ 办法丙：洗净开水壶，灌上凉水，放在火上，坐待水开，开了之后急急忙忙找茶叶，洗壶杯，泡茶喝。

哪种办法更省时间呢？

谁都能看出第一种办法好。原因很简单：有些任务被并行处理了。可以如此优化的前提是"大任务被划分成足够多又不太多的小任务"。有了这样的前提，才有能力分辨哪些任务可以并行——所谓的"优化"，其实是很简单的。

如果不进行划分（事实上大多数人真的如此），就只有一个任务——喝茶。然而，如果粗略划分一下，就能知道起码可以划分成两个子任务，也就是"烧水"和"泡茶"。但这样还不够，因为在划分之后，两个子任务是串行关系，先后顺序明了，没有可以优化的余地。如果再继续划分子任务的话，就得找出有并行关系的任务，进而提高效率。

在麦当劳之类的快餐店排队也会涉及串行和并行的问题。很多人是轮到自己的时候才抬头看柜台上面的菜单，再花很长时间作出选择，而实际上，完全可以把"排队"和"选菜"并行，这样，轮到自己的时候只需几句话就可以端着菜去吃了。有一次我为了观察，特意排了个10人长队，结果所有人都是在轮到自己的时候才开始选菜的。有过这样的经历，我就决定以后除非无须排队或者排队的人很少，我绝不在类似的餐馆吃饭，以免被迫浪费时间。

让自己拥有"多任务操作系统"的另一个方法就是切分自己的时间。在本质上，我们的大脑与计算机的中央处理器[10]（下文简称"处理器"）一样，是个一次只能处理一项任务的系统。那么，计算机究竟是如何做到同一时间处理多项任务的呢？（没有多任务处理机制，就无法实现如今人们习以为常的多视窗操作系统。）

一个处理器在一个时间段内其实只能做一件事[11]，因为它只有一个个体、一个时空。而多任务操作系统把一个长时间段划分成很多短小的时间片，每个时间片只让处理器执行一个进程[12]——尽管同时可能有多个进程需要处理。在第一个时间片里，操作系统让处理器处理A进程；时间片的时间用完之后，无论A进程处理到什么程度，都要被"挂起"（A进程这时不能再占用处理器资源——尽管它还是被允许使用计算机的其他资源，如内存、磁盘、屏幕输出等）；在第二个时间片里，处理器处理的是B进程，时间用完后，B进程将与A进程一样被中途"挂起"；然后，处理器开始处理下一个进程，例如C进程；把所有任务的一部分依次完成之后，处理器重新循环，从A进程开始顺次处理，直到最后一个进程。在循环过程中，有些任务完成了，有些任务处于未完成状态，如果有新的任务进来，加入循环队列即可。看上去好像是操作系统同时运行很多进程，而实际上，它依靠的是类似视觉暂留现象的机制。

在这个机制里，进程并非按其本质属性被划分为子进程，而是被处理器的时间片硬性划分为进程片。这是关键。

我的健身教练就是一个例子。他非常酷，收取的课时费也很高——因为他就是比其他教练教得好。他的工作方式可以很好地说明上述"关键"。例如，我约他15:00至

16:30 锻炼，结果有一天我迟到了（16:00 才到），那么他会一言不发，马上开始上课，到了 16:30（我刚刚上了半小时课），他会说："到时间了，下课。"可收取的费用还是 1.5 小时的费用。这位健身教练是有效率的。因为他的能力强，所以课排得满，所以他必须准时下课才能确保不耽误下一位客户的时间。之所以说他酷，是因为即便在接下来的时间里他没有课，他也不会延长那 1 小时。事实上，尽管有些人觉得他"不通情理"，但这确实是无可挑剔的做法。这样的做法可以非常有效地减少一种令人恼火的情况——因其他人的错误而耽误自己的时间。

把自己的时间切分成"时间片"[13]是一种很难习得的能力，我花了两三年时间才开始感觉自己可以相对自如地运用这种能力。不过这种能力在大多数时候用不上，只有在任务太多、时间太紧的情况下，我才会使用这种能力。在使用这种能力时，要先坐下来制定一个工作列表，把任务罗列出来，然后把自己的时间"切片"。我通常把"20 分钟工作 + 5 分钟休息"作为一个时间片，然后就开始像处理器一样处理任务。这样做可以保持相对长时间的高效率工作。

尽管说起来简单，但其实需要反复应用才能把这种简单的思考模式变成习惯。一旦养成精细拆分任务的习惯，效率就会在不知不觉间提高了。

---

1 无论学到什么东西，都可以接着问自己："那……这个道理还可以运用在什么地方？"反复问自己这种简单的问题，能够锻炼自己融会贯通、举一反三的能力。尽管总是有人劝诫"速成没戏"，但还是有人宣扬各种速成的方法，并且信者大有人在，宛若"野火烧不尽，春风吹又生"。为什么呢？上过中学的人都应该明白"省功不省力、省力不省功"的物理原理啊！其实，这些人缺乏的就是这种思考能力或者说思考习惯。
2 有声读物：Audiobook。
3 现在，几乎所有的健身房都在跑步机前摆放了一台电视。
4 《福斯特对话尼克松》：*Frost/Nixon*，2008。根据 1977 年大卫·福斯特对理查德·尼克松的电视采访改编的美国 / 英国 / 法国历史剧情电影。参见链接 3-19、链接 3-20。
5 《朗读者》：*The Reader*，2008。美国 / 德国剧情电影。参见链接 3-21、链接 3-22。
6 《革命之路》：*Revolutionary Road*，2008。美国 / 英国爱情电影。参见链接 3-23、链接 3-24。
7 《是，大臣》：*Yes Minister*，1980—1984。英国电视情景喜剧。参见链接 3-25、链接 3-26。
8 华罗庚：1910 年 11 月 12 日—1985 年 6 月 12 日，生于中国江苏省金坛市，卒于日本东京。著名数学家，中国科学院院士，美国国家科学院外籍院士。他是中国解析数论、典型群、矩阵几何学、自守函数论与多元复变函数等很多方面研究的创始人与奠基者，也是中国在世界上最有影响力的数学家之一。参见链接 3-27。
9 烧水泡茶：参见《统筹方法平话及补充》，华罗庚著，中国工业出版社，1966。
10 中央处理器：Central Processing Unit，简称 CPU。
11 现在已有多核 CPU，一个多核 CPU 可以看作由多个 CPU 构成的"CPU 组"。
12 进程：Process。
13 "番茄工作法"所用的思想亦与此类似。参见第 243 页。

6. 感知时间

只有与时间成为朋友，才能真正知道她的宝贵、懂得她的神奇。在这之前，我甚至不知道自己早已把她变成了敌人，挣扎了许多年，还以为自己在与这个世界争斗。突然有一天，我发现自己就像塞万提斯[1]笔下的那个骑士堂吉诃德[2]。堂吉诃德有自己的身份标签——"骑士"，于是他拥有并坚守着符合他那个身份的"骑士精神"。在一次历险中，他把风车当作抗争对象，却无论如何都不明白他的敌人实际上是那看不见的"风"，还有那原本应该隶属于他的、却竟然完全不受他控制、反倒成了他的主人的"他的大脑"。

和所有人一样，从小自命不凡的我当然也给自己贴过各种各样的标签。我崇尚公正，向往自由，渴望平等，憧憬希望。然而，在相当长的时间里，我跟大多数人一样，观察到的是偏倚，感受到的是禁锢，体会到的是差距，意识到的是失望。我现在猜想，或许所有人都必然要经历这样一个阶段，但只有少数人能够度过这个阶段。有一次，我在几百人的课堂上说："很多人都曾不由自主地产生过自杀的念头。曾有过（哪怕瞬间而已）自杀念头的同学，麻烦你们诚实地举手。"当时几乎没有人不举手。然后，我说："相信我，你并不孤独。"

在发现自己只不过是另一个堂吉诃德的瞬间，感觉真的是特别诡异：在万念俱灰的同时体会到浴火重生。直接来自感官的认识很容易与他人分享，而思想上的体验往往难以用语言表达。但，我想很多人应该有过与我相同的体验。

重生并不意味着当即脱胎换骨。有着成年人意识的"婴儿"如果能感受更多的欢乐，自然就有相对更大、更多的痛苦。那时，我还不知道自己竟然有机会与时间做朋友，只是隐约明白不能再浪费时间。当然，现在我不再认为我有能力浪费时间，正如我作为一个人没有什么能力管理时间。顶多我可以因为逃避一些责任而背叛时间，可那是多么让人有罪恶感的事情！一位朋友读完米兰·昆德拉[3]的小说《生命中不能承受之轻》[4]后概括：逃避责任就会带来轻松，可那恰恰就是"生命中不能承受之轻"啊！

没有人会不了解自己的朋友。所谓"真正的朋友"，必然是也只能是那些最终被证明真正为我们所了解的少数人。同样的道理，如果我们竟然有机会与时间做朋友，也确实有与时间做朋友的愿望，又有什么理由不去耐心地了解关于时间的方方面面呢？

每个人都有自己的运气。我也一样。我的好运之一是 2005 年的一天在网上闲逛时看到了一本书——《奇特的一生》[5]（格拉宁[6]著，1974 年首次发表）。这本被定义为"一部以真人真事为基础的文献性小说"讲述了苏联昆虫学家亚历山大·亚历山德罗维奇·柳比歇夫[7]如何通过他独创的"时间统计法"在一生中获得惊人成就的故事。

在这本书里，作者写道：

> 所有的人，连亚历山大·亚历山德罗维奇·柳比歇夫亲近的人在内，谁都没有想到他留下的遗产有多大。
>
> 他生前发表了七十来部学术著作。其中有分散分析、生物分类学、昆虫学方面的经典著作；这些著作在国外广为翻译出版。
>
> 各种各样的论文和专著，他一共写了五百多印张。五百印张，等一万二千五百张打字稿。即使以专业作家而论，这也是个庞大的数字。
>
> 科学史上，艾勒、高斯、赫姆戈尔茨、门捷列耶夫都曾留下巨大的遗产。对于这种多产，我老是迷惑不解。这一点很难解释，但也挺自然——古时候，人们写得比较多。至于今日的学者，多卷本的全集是一种罕见的甚至是奇怪的现象。连作家似乎也写得比过去少了。
>
> 柳比歇夫的遗产包括几个部分：有著作，探讨地蚤的分类、科学史、农业、遗传学、植物保护、哲学、昆虫学、动物学、进化论、无神论。此外，他还写过回忆录，追忆许多科学家，谈到他一生的各个阶段以及彼尔姆大学……
>
> 他讲课，当大学教研室主任兼研究所一个室的负责人，还常常到各地考察；（二十世纪）三十年代他跑遍了俄罗斯的欧洲部分，去过许多集体农庄，实地研究果树害虫、玉米害虫、黄鼠……在所谓的业余时间，作为"休息"，他研究地蚤的分类。单单这一项，工作量就颇为可观：到一九五五年，柳比歇夫已搜集了三十五箱地蚤标本。共一万三千只。其中五千只公地蚤做了器官切片。总计三百种。这些

地蚤都要鉴定、测量、做切片、制作标本。他收集的材料比动物研究所多五倍。他对跳甲属的分类，研究了一生。这需要特殊的深入钻研的才能，需要对这种工作有深刻的理解，理解其价值及其说不尽的新颖之处。有人问到著名的组织学家聂佛梅瓦基，他怎么能一生都用来研究蠕虫的构造，他很惊奇："蠕虫那么长，人生可是那么短！"

这是一本很薄的册子，所以我用了不到1小时就读完了。掩卷之后，喟然长叹。对我这种普通人来讲，这种大师的境界，正可谓"仰之弥高，钻之弥坚"。知易行难啊！

很多年前，在我大约20岁的时候，因为读过李敖[8]的一本书[9]，觉得他那种写日记的方法颇有些道理，于是开始学着做每天的"事件日志[10]"——除自己经历的事件外一概不记，而且尽量不记感想，不记感受，只记录事件本身。例如：

1995年12月20日，延吉市
1. 主持经销商大会。
2. 拿到上个月奖金共×××××元。
3. 李堃请我吃饭，算算有4个月没见了。
....

1996年5月10日，吉林市
1. 连续一周，什么正事都没做，只是看了若干本无聊的小说。
....

至今，我还保留着这样的习惯，并因此受益无穷。做这件事其实每天只需要花10分钟左右。后来为了进一步节省时间，我干脆在这个本子上穿了根绳，挂在家里洗手间马桶面对的那面墙上，每天晚上睡觉前坐在马桶上，顺手就写完了。记录简单的日志是有巨大好处的——每年下来，我都知道自己做了些什么，仅这一点就非常宝贵了。30岁之后，我才觉得自己做的真正有意义的事情慢慢多了起来。下面这些是整理到一起的、关于我出版的第二本书的一些事件记录。

2004年9月12日，北京市
1.《TOEFL 6分作文》终稿交给责编窦中川。
....

2005年11月9日，成都市
1. 收到窦中川快递，协助修订《TOEFL 6分作文》三审意见。
....

2006年1月27日，北京市
1. 收到徐燕青快递，《TOEFL 6分作文》，20本。

……………

2006 年 5 月 29 日，北京市

1. 提交托福作文书第二版的修订稿，更名为《TOEFL iBT 高分作文》。

……………

2006 年 8 月 3 日，北京市

1. 收到徐燕青快递，《TOEFL iBT 高分作文》第 2 版，10 本。

……………

2007 年 10 月 16 日，北京市

1. 收到马宁快递，《TOEFL iBT 高分作文》第 3 版，第 7 次印刷，10 本。

……………

可是，有这种习惯的我，在读过《奇特的一生》之后，却为柳比歇夫的大师境界惊讶。过了差不多两年，重新读这本书的时候，我感叹："啊？我太笨了！这些我早应该明白的啊！"

柳比歇夫的日志是"事件-时间日志[11]"。他的方法要比李敖的方法更高级。李敖的事件日志，往往只能记录事件的名称，是一种基于结果的记录；而柳比歇夫的事件-时间日志是一种基于过程的记录。它们的细微差别在于：**基于过程的记录要比基于结果的记录更详尽。**

权摘抄《奇特的一生》中柳比歇夫的日志为例。

乌里扬诺夫斯克。一九六四年四月七日。分类昆虫学（画两张无名袋蛾的图）——三小时十五分。鉴定袋蛾——二十分（1.0）。

附加工作：给斯拉瓦写信——二小时四十五分（0.5）。

社会工作：植物保护小组开会——二小时二十五分。

休息：给伊戈尔写信——十分；《乌里扬诺夫斯克真理报》——十分；列夫·托尔斯泰的《塞瓦斯托波尔纪事》——一小时二十五分。

——————————————

基本工作合计——六小时二十分。

乌里扬诺夫斯克。一九六四年四月八日。分类昆虫学：鉴定袋蛾，结束——二小时二十分。开始写关于袋蛾的报告——一小时五分（1.0）。

附加工作：给达维陀娃和布里亚赫尔写信，六页——三小时二十分（0.5）。

路途往返——（0.5）。

休息——剃胡子。《乌里扬诺夫斯克真理报》——十五分，《消息报》——十分，

《文学报》——二十分；阿·托尔斯泰的《吸血鬼》，六十六页——一小时三十分。听里姆斯基-柯萨科夫的《沙皇的未婚妻》。

基本工作合计——六小时四十五分。

基于过程的记录，不仅更详尽，还有一个巨大的好处——当结果不好的时候更容易找到缘由。想明白"基于过程的"与"基于结果的"两种记录之间的区别之后，我开始尝试在自己记录的每个事件后面加上时间。

实践了不到两个星期，我就体会到这种新的记录方法的另一个巨大好处：它会使你对时间的感觉越来越精确。前面讲过，每个人都会感觉"时间越来越快"，以及为什么每个人都会有这样的感觉，而这样的感觉会使我们产生很多不必要的焦虑。焦虑本身没有任何好处，只能带来负面影响。通过实践，我发觉这种基于过程的事件－时间日志记录可以调整我对时间的感觉，在估算任何任务的工作量时都更容易确定"真正现实可行的目标"，而相对准确的估算又使得目标基本上都可以达成，由此可以算是"战胜了焦虑"。

详细的记录令我获益匪浅。事实上，每个人都多少明白记录的重要性，可做记录的人并不多。举例来说，大部分人听说过"你不理财，财不理你"，可是在意识到应该记录账目、管理金钱开销后，仍然只有少数人做得到。这是为什么呢？发生这种现象最明显的原因是，记账并不轻松——不仅要在花销的当时记录下来，还要时常整理、分析，这使得许多人觉得记账麻烦，继而放弃。面对实实在在的钱款尚且如此，面对难以触碰的时间就更是随意了。

在第三遍读《奇特的一生》这本书时，我才真正注意到这段话。

柳比歇夫肯定形成了一种特殊的时间感。在我们机体深处滴答滴答走着的生物表，在他身上已成为一种感觉兼知觉器官。我作出这样推断的根据是：我同他见过两次面，在他日记中都有记载，时间记得十分准确——"一小时三十五分""一小时五十分"；然而当时他自然没有看表。我同他一起散步，不慌不忙，我陪着他；他借助于一种内在的注意力，感觉得到时针在表面上移动——对他来说，时间的急流是看得见摸得着的，他仿佛置身于这一急流之中，觉得出来光阴在冷冰冰地流逝。

柳比歇夫这样的人才是时间的朋友。他们通过长时间刻意的训练，甚至不需要借助钟表就可以感受时间的一切行动——当然，时间的行动只有一个，那就是自顾自地流逝。

经过多年的摸索与思考，我终于可以这样说——

我有个朋友叫作时间。她跟我真可算作两小无猜，可她默默陪了我许多年之后，我才开始真正认识她。她原本没有面孔，却由于我总是用文字为她拍照，因此可以时常伴我左右。她原本无情，我却可以把她当作朋友，因为她曾经让我明白，后来也总是经常证明，无论做什么事情，只要我付出耐心，她就会陪我甚至帮我等到结果，并且从来都能将结果如实交付于我，从未令我失望。正是因为有了时间作为朋友，我才可能仅仅运用心智就有机会获得解放。

既然管理时间是不可能的，那么解决方法就只能是：想尽办法真正了解自己、真正了解时间、精确感知时间，再想尽办法使自己及自己的行为与时间"合拍"。用我的话说就是——"与时间做朋友"。

---

1 塞万提斯：西班牙文 Miguel de Cervantes Saavedra，1547 年 9 月 29 日—1616 年 4 月 22 日，西班牙小说家、剧作家、诗人，被誉为西班牙文学世界最伟大的作家。参见链接 3-28。
2 堂吉诃德：Don Quijote，塞万提斯的小说《堂吉诃德》的主人公。在书中，堂吉诃德幻想自己是个骑士，并因此作出种种匪夷所思的行径，最终从梦幻中苏醒过来。参见链接 3-29。
3 米兰·昆德拉：Milan Kundera，1929 年 4 月 1 日—，捷克裔法国作家。参见链接 3-30。
4 《生命中不能承受之轻》：捷克文 Nesnesitelná lehkost bytí，法文 L'Insoutenable Légèreté de l'être，1984。其内容涉及相当多的哲学观念。参见链接 3-31。
5 《奇特的一生》：俄文 Эта странная жизнь，1975。参见链接 3-32。
6 格拉宁：俄文 Дании́л Алекса́ндрович Гра́нин，原名 Ге́рман，1919 年 1 月 1 日—，俄罗斯作家。参见链接 3-33。
7 亚历山大·亚历山德罗维奇·柳比歇夫：俄文 Александр Александрович Любищев，1890 年 4 月 5 日—1972 年 8 月 31 日，苏联昆虫学家、哲学家、数学家。参见链接 3-34。
8 李敖：1935 年 4 月 25 日—2018 年 3 月 18 日，字敖之，中国台湾作家、政治评论家。参见链接 3-35。
9 参见李敖著《大学后期日记甲集》和《大学后期日记乙集》。
10 事件日志：Event Log。
11 事件-时间日志：Event-time Log。

7. 记录开销

请准备一个本子和一支笔，随身携带。贵贱无谓，能用就行。

正如理财的第一步是弄清楚自己的钱都花在什么地方一样，感知时间的第一步就是要搞清楚自己的时间都用来做了些什么。以下这几组练习可以帮助我们达到这个目的。

第一组练习

做这组练习只需要一下午的时间就够了。

一、认真回忆并记录昨天做的事情。逐条记录下来，每条前面写上标号，后面标注出花费的时间。例如：

1. 上午去健身房。08:30 从家出发，10:15 离开。花费 105 分钟。

2. 回家休息，打几个电话，接几个电话，想收拾一下房间，但是决定下午再说，等于什么都没做。

3. 中午与朋友吃饭。12:00 到餐馆，13:45 离开。花费 105 分钟。

4. 下午写了一篇文章。15:00 左右开始写，18:00 左右写完。差不多花费 180 分钟。

5.……

（哈，我在写上面几行文字的时候，就发现其间自己还做了很多没办法或者不好意思写给别人看但确实没用的事……不过，反正是写给自己的，不会让别人看到，所以，一定要如实记录。）

二、认真回忆并记录前天做的事情。同样逐条记录下来。

三、认真回忆并记录大前天做的事情。同样逐条记录下来。

第二组练习

做这组练习也只需要一下午的时间就够了。

一、认真回忆并记录上个星期做的事情。

二、认真回忆并记录上个月做的事情。

三、认真回忆并记录上个季度做的事情。

四、认真回忆并记录过去一年做的事情。

第三组练习

这组练习的内容如下。

一、用一个星期的时间，每天晚上回忆并记录当天做的事情。

二、用一个星期的时间，每天随时记录自己刚刚做完的事情花费了多少时间。

这些练习全部做完，如果你觉得筋疲力尽或者看着这些记录就会心惊肉跳，我就要说我最喜欢说的那句话了：

"相信我，你并不孤独。"

8. 制订预算

前面的练习可以帮助我们养成一个好习惯：**每天记录时间开销**。如果这个习惯已经养成，我们就要养成第二个好习惯：**每天制订时间预算**。

在开始一天的活动之前，花费 15 至 30 分钟仔细制订当天的时间预算绝对是特别值得的，恰如另一段"陈词滥调"——磨刀不误砍柴工。最直接的方法就是制作一个列表，把今天要做的事情列出来。为了表述方便，后面把这些列表中的事情称为"任务"。例如：

▷ 背单词，另外，还得按照计划把昨天和上周五背的那两个列表复习一遍。
▷ 晚上约好要和张三看电影。
▷ 去图书馆，上网搜索，找出必要信息，完成文章写作。
▷ 下午要和同学踢球。
▷ ……

当然，在罗列这些任务的时候，你的大脑就要自动开始估算完成每项任务究竟要花费多少时间了。很快，你就会遇到第一个问题：任务太多，无法全部完成。于是，你只好进行选择。

事实上，生活就是选择。

解决这个问题的方法倒也简单，就是给列表中的每项任务标上权重[1]，例如可以用数字 1 至 5 进行标注。但是请注意，不要像某些书籍建议的那样使用数字 1 至 10 进行标注，因为在大多数情况下，人们很难如此精确地分辨事情的重要程度。实际上，我认为对大多数人来讲，用数字 1 至 3 已经足够，因为这种设计基本上可以代表：

▷ 不重要

▷ 一般

▷ 重要

当然，根据个人喜好，你也可以用"-1""0""1"进行标注。同样的事情可以通过多种方法完成，选择自己喜欢的方法往往就是最优策略。

我甚至建议一开始只给每个任务标注"重要"和"不重要"就行了。这样，标注就会变得相当简单——在那些重要的任务之前加上一个表示重点的符号即可。有人喜欢用星号（*），我个人比较喜欢一笔就可以画出的五角星（☆）。当然，有一种更简洁的做法就是把那个任务圈出来或者在前面画个圈（○）。

一旦开始尝试给要做的事情标注权重，我们就会发现，这件事并没有看上去那么容易，即便用最简单的方法——只拿"重要"和"不重要"进行标注，我们也必须分辨"真的重要"和"显得重要"，以及"真的不重要"和"显得不重要"。

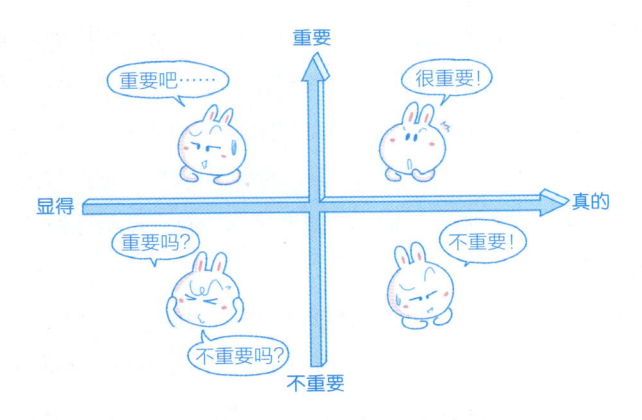

考虑之后，我们需要重新审视一下已经被标注为"重要"的那些任务，因为其中必然有一些只不过是"显得重要"。同时，我们还需要重新审视一下那些被标注为"不重要"的任务，因为其中总会有一些实际上只是"显得不重要"。这样一来，某些权重标注一定会被修改。

判断一项任务是否"真的重要"其实只有一个标准：这项任务的完成是否确实对达成目标有益。可是，作为一个正常的、健全的、拥有七情六欲的普通人，不挣扎一下，就很难完全专注于这个最关键、最根本的决策标准。

每个人都喜欢做有趣的事情，做的时候往往并不关心这件事到底有没有用。可是，有趣的事情不见得有用啊！

如果我们能甩甩头，强迫自己理智一些，就会知道：无用的事情，哪怕非常有趣，都不应该去做；而有用的事情，哪怕非常无趣，都应该去做。请你认真面对自己，想想看：过去一直是这样用理智指导自己行为的吗？

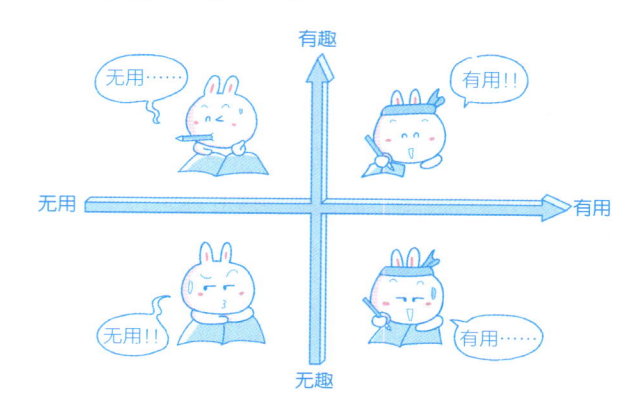

审视一下自己的生活，你就可能痛苦地发现，自己经常仅仅因为非常有趣就去做的那些事情其实没什么用。例如，你在3月的时候设定了一个目标——6月参加托福考试，可是到了5月底才发现，在过去的两个月里，你做的最多的事情是跟朋友打牌或者泡吧。再如，你在早上决定白天要背200个单词，可是背到第20个单词的时候，朋友来电话说要请你吃饭，然后你就去了，喝多了回来，直接上床睡觉，甚至连最重要的习惯——记录时间开销都放弃了。

选择目标不用向任何人学习，每个人都或多或少、或清楚明了或含混模糊地有自己的目标——"理想"或者"痴心妄想"。现在就开始把自己的那些哪怕不切实际的目标作为标准来判断吧——判断每项任务的真实属性，然后选择"真的重要的"或者"显得不重要的"。

相信我，养成任何一个哪怕很小的习惯都需要挣扎。然而，貌似痛苦的挣扎过程，在将来的某个时刻将变得其乐无穷。

---

1 权重：某一指标的权重是指该指标在整体评价中的相对重要程度。

9. 计划

套用莎翁[1]"生存还是毁灭，是个问题[2]"的句式，很多时候，我们面临的抉择就是"计划还是率性，是个问题"。在大多数情况下，计划总是必要的。在与计划有关的格言中，我最喜欢的是："我们不是计划着去失败，而是失败地计划。[3]"

计划成功的前提：目标现实可行

字典里说，所谓"成功"就是"获得预期的结果，达到目的"，这是我见过的对"成功"最简洁、最清楚、最无副作用的定义。有了目标，就可以倒推每个实施步骤，最终自然地形成计划。所有真正执行到底的计划，都是因为其目标现实可行。

有一句话令我印象深刻："失败只有一种，就是半途而废。"但是，另一个事实同样令人印象深刻——坚持到底不见得一定会成功。如果一个人的目标是制造永动机或者炼制长生不老丹，那么无论他怎样坚持不懈，理论上都是没有意义的，因为这样的目标不现实。还有一种值得注意的情况是：有些最终通过坚持不懈可以达成的目标对一个寿命有限的人来说依然是不现实的。例如，人类梦想可以像鸟儿一样在空中翱翔，可不是最近一二百年才开始出现的念头。事实上，在莱特兄弟[4] 1903 年 12 月 17 日第一次成功进行试验飞行之前，漫长的人类历史中曾有无数的人用各种各样的方法尝试飞行，但其中很多人摔死了，活下来的也基本上郁郁而终。

我用上面的例子说明问题，也是事出有因的。曾经有位同学来问我对他出国留学的可能性的看法。在仔细了解了他的现状、目标及他所拥有的可准备时间后，我对他说："你想用半年时间实现这样的飞跃，是不可能的。我告诉你，以你的情况，至少还需要两年。"我看到他露出了惊讶的表情，但并没有理会我的话，只好接着说："我看，你还是别浪费时间了，去做些实际的事情吧。"

原本以"事事鼓励他人"为乐的我，这次却一反常态，泼了满满一盆冷水。这位同学露出失望的表情，不甘心地说："没有什么事情是不可能的！几百年前人们都不相信人可以飞上天，现在不是已经证明他们是愚蠢的了吗？"我只好苦笑："你能活多少年？你刚刚不还跟我说，你只有半年时间吗？我让你用两年时间，你却说不可能……"那位同学突然发作，几乎对我咆哮起来："我看你根本不配当老师，一点忙都帮不上，没用！"我想，我应该闭嘴了。

我们不是计划着去失败，而是失败地计划。

我知道那位同学的愤怒本质上并非针对我，只是在那一瞬间，他被现实打击到了失控的地步。我不觉得在这时善意的安慰与鼓励和虚伪的欺骗有什么分别。他生气不是因为我说了实话，而是因为没听到他想要听到的话。现实生活中我们可以看到很多这样活生生的拒绝现实的例子，我想，任何一个冷静的人，都不希望自己有一天变成那个样子。

其实，对大多数人来讲，所要做的几乎都不是什么"前无古人，后无来者"的事。按照正态分布曲线看，仅有不到1%的人有机会追求那些能令所有人仰望的目标。对像我这样的普通人来说，证明自己的目标现实并且可行的方法比较简单：

▷ 已经有人做到了。
▷ 我与那个人没有太大的差距。

对这两个简单的衡量标准，也需要多少做些说明。

"已经有人做到了"，并不代表我也能做到。他用多长时间做到的？他通过什么方式做到的？我和他的区别究竟在什么地方？哪些是我确实无法超越的？我的相对优势在哪里？我有没有可能通过一些方式弥补我的相对缺陷？也许还要问更多的问题，才能够确定我们的目标确实是现实并且可行的。

事情往往不像想象中那么简单。我们更常面临的尴尬是：如果不开始行动，就根本无从判断目标是否确实可行，或者反过来，目标是否确实不可行。于是，往往只有在开始行动之后，才能作出正确的判断。在行动过程中，如果发现既定的目标确实是不现实、不可行的，那么"半途而废"不仅不意味着失败，反而意味着决策者无比理智。

长期计划是需要通过实践才能习得的能力

在某高校开讲座的时候，我曾顺带说起自己跨度颇大的职业生涯：上大学学会计，毕业之后做销售，多年以后竟然跑到新东方教英语，现在是自由工作者……我不知道自己将来会做什么，反正我知道自己今后肯定还会做一些别说身边的人，甚至连我自己都会惊讶的事情。

其实，我个人并不相信什么"职业规划"。也许是我运气不好，大学毕业的时候身边没有什么职业咨询人，自己也迷迷糊糊不知道应该去问谁，而到了现在，身边净是著名的、资深的职业规划大师，竟然也没人给我在这方面出出主意。

我很小的时候就知道，有些人竟然可以制定长达几十年甚至一生的计划，然后一丝不苟地执行下去——当年读《基督山伯爵》[5] 时觉得故事中的人物牛就牛在这里。后来，看斯蒂芬·金[6]的小说改编的电影《肖申克的救赎》[7]，再次觉得这样的牛人必然存在于这世界的某个角落，不过，反正不是我。

在相当长的时间里，我总觉得自己没办法不随波逐流。上大学的时候流行读双学位，于是我也跑到吉林大学读了个"国际经济与关系"专业的第二学位……可从毕业到现在，别说这个第二学位的证书，就是原专业的本科毕业证书我也一次都没用过。那个时候，还流行大四学生考驾照，当然我也想办法弄了些钱跑去拿了一个，让班里的同学们很是羡慕，可毕业之后赚到了足够的钱才发现，自己总是在几个城市间穿梭，买车是完全没必要的事情，后来终于安定了，发现还是打车更方便、更有效率——我一直没有使用那本驾照，算算已经十多年没有年检了……

有人说："计划总是没有变化快"。这话听上去挺现实，却没说到点子上。计划总是被变化打乱的深层次原因在于：计划过于长远。事实上，无论变化多快，计划总是要有的，只是在制定计划的时候，应该考虑到变化，应该以自身的情况分析自己究竟适合制定多长时间的计划。

以我为例。我曾尝试制定年度计划，却发现自己没能力完成。于是，在再次平静接受自己天分平平这一事实的同时，我一口气把计划期限缩短到一个星期。我通过实践发现：如果一个计划的期限只有一个星期，我是很容易坚持下来，并且往往可以出色完成的。这令我非常开心，因为我发现自己还是可以做一些事情的。随着时间的推移，我发现自己竟然可以慢慢把计划期限延长，两个星期、一个月，后来甚至可以制定一个季度的计划！

直到近30岁时，我才小心翼翼地把自己制定计划的期限延长到一年。直到今天，我也依然以一年作为计划制定的最长期限。依靠这些计划，在2000年，我用了半年时间准备各种考试，然后到新东方应聘。几经周折，终于开始在新东方讲课后，我用了一年时间把自己变成国外部学生评价最好的老师。再三年之后，我用了一年时间准备离开新东方——计划创业。后来，我竟然发现一年时间根本不够，于是又用了一年时间认真寻找方向……

在目标现实可行、方向确定的情况下，辅以计划，才能成功。一般来讲，期限越短、内容越清晰，目标就越容易实现。长期目标、人生理想固然要有，但理想这东西往往太遥远，以至我们总是看不清楚。不过，看不清楚也没关系，"千里之行，始于足下"，我们要做的只是一步一步地走，把每一步都走好、走踏实。至于"千里"之外的终点，既然连看都看不清，就不用花时间去想了，因为想了也没用。

在这里，我只是朴素地用自己的经验得出适合自己的结论：没有人能给我做职业规划。其原因除了我固执的个性使我不可能把自己的命运交到别人手里，还有一个经验告诉我的硬道理：生活本身充满了意外，并且，总是意外到无以复加的地步。

这并非是我个人的观点，斯坦福大学的约翰·克拉姆博兹[8]教授在他的《运气并非偶然》[9]一书里说："我的一生以及整个事业都在被不可预期的事件影响着。"他的一项调查发现，在35岁时仍然在做自己18岁时最想做的事情的人，在整个样本群体中占的比例小到可以忽略不计。

由此可知：尽管做长期计划显然是正确并且必需的，但并非每个人都有制定长期计划的能力。这种能力可以跻身最重要的能力之位，要想拥有它，需要挣扎、需要努力、需要从一点一滴做起。不要一上来就制定过长的计划。哪怕是制定一个星期的计划，都不是很容易的事情——实际做一下就知道了。

如果你对自己的未来充满困惑，相信我，你并不孤独。然而，充满困惑并不意味着你要不知所措。雾里看花，谁都看不清楚，但我相信，只要不停地往前走，早晚可以走到一个鲜花盛开的地方，在那里，无论雾有多大，我们总是可以看到那些"花"，因为距离已经足够近了。

有些时候没必要做计划

估计没有人会否认计划的重要性。所有的时间管理书籍都会详细地介绍制定计划、执行计划的基本步骤和技巧。可问题是，为什么很多人买过这种书籍，并且无数次准备听从那些专家的建议，最终却无一例外不了了之呢？原因很多，特别重要的一个是：**计划固然重要，行动更为重要。**

如果想做事，当然要行动。行动是改变自己的众多方法中最有效、最直接的一个。很多时候，只要开始行动，哪怕事先并无计划，往往也会有收获。但是反过来，缺乏行动的计划肯定没有任何意义。

有些时候没必要做计划，原因只是任务非常简单。例如，要锻炼身体，计划可能只要一句话就能说清楚：每天早上慢跑1小时。而没有必要再想：应该坚持多久呢？因为答案非常简单：一辈子，或者，能坚持多久就坚持多久。再如，要背单词，计划也非常简单：每天背50个单词。这件事更简单，因为没必要坚持一辈子。如果你是一位大二的学生，那么估计30天后，你就可以通过大学英语四级考试了，因为这种考试没必要、一般也不可能获得满分。如果你是一位大三的学生，那么估计6个星期后，你已经具备在托福考试中拿高分的实力了，因为你又不是在升到大三以后才开始学习英语的。可现实呢？两个月过去，回头一看，你可能只背了 150 个单词……

有些时候计划会稍微复杂一些。例如，想减肥，除了每天做慢跑之类的有氧运动，可能还有其他要求，类似不要吃油炸食品（可是所有的油炸食品都很香）、少食多餐（可是饿的感觉很不爽）、用水果和蔬菜代替主食（可是我想吃馒头）、按时睡觉（可是今天凌晨有关键球赛的实况转播）……两个月过去，回头一看，你可能发现自己因为总是睡懒觉而没怎么跑步，瞒着教练吃了不少油炸食品，由于饮食不规律所以经常吃到撑，不仅看了球赛转播还看了很多的美剧，同时因此不得不熬夜把该做的事做完——当然，第二天一定要睡懒觉！

看到了吧，计划无论简单还是复杂，缺乏切实的行动就注定会失败或者失效。我的经验是：有些时候故意不做计划反倒是有益的。几年前我开始去健身房，就没有制定任何目标和计划，因为我觉得没有什么必要，反正锻炼总比不锻炼好，健康最重要。在这种情况下，我只做了一件事——坚持。尽管因为实在抽不出时间和精力，中间也有过几次短期的中断，可只要忙得脚打后脑勺的阶段过去，我就会继续定期去健身房。虽然也有过不愿意再去的时候，但我知道那不过是我的大脑的想法，而不是我的想法——只要意识到这一点，就不存在什么挣扎，直接往健身房去就是了。

两年后的一天，我突然觉得有必要给自己制定一个比较专业的健身计划了，因为我想好好利用一下那难能可贵的、能够自由支配的几个月时间（人一过 30 岁，能够自由支配的时间就越来越少了）。当我拿出纸和笔，不停地罗列细节的时候，我意识到一个重要的事实：其实，我刚开始健身的时候，完全不具备制定有效健身计划的能力！那个时候，我不可能知道自己的哪些肌肉群相对强大，所以只要正常练习就好；我也不知道自己的哪些肌肉群相对薄弱、特别难练，现在必须有意识地加强练习。而几年之后，我已然清楚自己应该如何合理安排有氧训练和无氧训练的比例，也知道在什么时间段自己处于最佳状态……

综上所述，没必要做计划的原因主要有两个，除了前面提到的"任务其实非常简单"，另一个原因是"在初始状态下，我们往往并没有能力去制定合理有效的计划"。做任何事情都可能经历相同的过程：逐步熟悉，小心摸索，失败，失败，再失败，认真反思，卷土重来，直至成功。而最初，在我们连对任务基本的认知都没有的时候，制定出来的计划十有八九是空谈。

在大多数情况下，我的建议是：如果想改变自己，或者对自己目前的处境不满意，那就一切从简——找一个你觉得应该会带来改变的任务，然后去做就是了。不要怕碰壁，不要怕失败——那是必须经历的过程。失败并不可怕，因为人总是要失败许多次才会得到结果，况且又不是只有你会失败，怕什么？达成目标的关键在于每次受到挫折之后能否汲取教训。只要能汲取教训，然后自我调整，那就是进步。我们一生所做的事，大都是在试错[10]，对于人生，没有人能像解释数学或物理学原理那样给出普适的公式。永远记住，马上行动是最重要的[11]——尽管这句话已经被无数人说过无数次。

---

1 莎翁：威廉·莎士比亚，William Shakespeare，1564年4月26日（受洗）—1616年4月23日，西方文艺史上杰出的作家，被誉为英国的民族诗人。参见链接3-36。
2 出自莎士比亚的戏剧《哈姆雷特》，原文为"To be, or not to be: that is the question"。
3 People don't plan to fail, they fail to plan.
4 莱特兄弟：Wright brothers，指奥维尔·莱特（Orville Wright，1871年8月19日—1948年1月30日）和威尔伯·莱特（Wilbur Wright，1867年4月16日—1912年5月30日）两兄弟。他们被广泛誉为现代飞机的发明者。参见链接3-37。
5 《基督山伯爵》：Le Comte de Monte-Cristo，1844。又译《基度山恩仇记》，法国大文豪亚历山大·仲马著，被公认为其最好的作品。参见链接3-38。
6 斯蒂芬·金：Stephen Edwin King，1947年9月21日—，是一位作品多产、屡获奖项的美国畅销书作家，曾担任电影导演、制片人及演员。参见链接3-39。
7 《肖申克的救赎》：The Shawshank Redemption，1994。美国剧情电影。参见链接3-40、链接3-41。
8 约翰·克拉姆博兹：John D. Krumboltz，美国斯坦福大学教育与心理学院终身教授。参见链接3-42。
9 《运气并非偶然》：Luck Is No Accident，2004。参见链接3-43。
10 试错：Trial and Error。
11 当然，有些时候，有些行动必须拖延。例如，决定买个新潮手机的时候，故意拖延3个月，会享受到更低的价格；决定买辆非常中意的高级轿车的时候，故意拖延一年半载，也许会意识到当初的审美观其实很有问题。我个人的经验是：对我来讲，所有的大额消费活动，乃至其他一切涉及金钱的活动，诸如投资之类，"马上行动"的建议肯定不适用；相反，这种情况下，一定要拖延，拖得久越好——再次强调，这仅是我个人的经验。

10. 列表

列表[1]从来都是最有效的组织工具之一。据说用来组织或者管理的列表可以分为很多种，例如任务列表[2]、待处理列表[3]、核对列表[4]等。尽管我个人觉得那么仔细地分辨这些概念没有多大意义，但我确实认为列表本身非常有用，制作列表、运用列表确实是一种需要练习的重要能力。

先说一个列表给我带来好处的例子。

很久以前，我发现自己到超市买东西之后经常懊恼："怎么又有两样东西忘买了呢？！"于是，我养成了去超市之前做列表的习惯。具体过程是：如果我决定今天去超市买东西，那么，早上醒来，我会在一张纸上记下要买的东西，然后把这张纸贴在门口的小白板上，而不是直接去超市。一般来讲，到了上午9点，我可能会突然想起有一件东西应该添到这个列表中，到了10点可能要补充一件，到了11点也许又要加上一件……下午2点的时候，我就可以去超市了。每找到一样东西，就在列表的相应位置上打一个钩；确定在超市里找不到的，就在列表的相应位置上画一个叉。这样，我就不会因为忘记买某些东西而懊恼了。

制作这个列表的好处，我已经说清楚了。不过还有个细节需要说明：如果我没有制作这个列表，那么当回到家之后为了自己的粗心懊恼不已时，我所面临的情况可能有两种——我要买的东西超市里确实有，但我忘了买；我要买的东西超市里根本没有，回去也买不到。可以想象，当我懊恼不已又不得不重返超市，发现自己面临的竟然是第二种情况时的反应——气个半死，却无可奈何。可有一点是确定的：时间已经被我浪费了。

当然，还有一种情况是当时忘了买，回家之后也记不起来，许多天后才想起自己还没买那件东西——实际上，这样的人不在少数。

所以，制作一个列表，往往会让自己做事井井有条，并保证自己不会白白浪费时间。在长期使用列表的过程中，我发现有些经验确实值得分享。

最方便的列表工具是纸和笔

最好有一个本子，里面夹着一支笔——随身携带。

我建议，尽量不要使用安装在台式或便携式计算机上的列表管理软件——尽管那些程序都设计得非常好，但它们远不如纸和笔来得方便、有效。台式计算机不大可能随身携带，便携式计算机倒是可以随身携带，但远比纸和笔笨重，而且从待机状态恢复到工作状态往往需要等待——更要命的是，万一中途断电还可能造成文件损坏。现在虽然有很多更加精巧的电子产品，如<u>个人数字助理</u>[5]、<u>智能手机</u>[6]等，但我依然不建议就此放弃<u>纸和笔</u>[7]而完全依靠它们，因为它们的价格还是相对昂贵，操作系统及配套软件依然不是非常可靠，电池续航时间问题还没有得到彻底解决，输入依然不够方便……

纸和笔很难被完全代替的另一个重要原因是：除了它们，我们很难找到可以用来随手写写画画的工具了。很多时候，画比写重要，哪怕可能只是画一个圈或者几个箭头。

列表没必要工整

列表的读者往往只有我们自己，所以列表只要自己能看懂就够了。

用最简便的方式制作列表才最合理：大量的缩写、箭头、线条，以及各种各样的符号和圈框……除了极少数情况，一般来说，整理自己的列表、重新誊写自己的列表，或者给自己的列表分类，几乎都是彻头彻尾地浪费时间。

每个人都有整洁的习惯，只不过表现方式不同。例如，我可以忍受房间里稍乱一点，也常常拖上好一段时间才去理发，但绝对不能忍受书架上的哪怕一点点不规矩，或者自己的计算机桌面上有任何多余的图标。这些整洁的习惯可能有价值，也可能无意义，这只有经过思考才能确定。就像我，曾经突然发现自己着迷于把各种列表做得工工整整，但这对实现列表的价值而言毫无意义，纯粹是在浪费时间。想明白这一点后，我就开始有意识地控制自己，让自己不要去做那些没有实际意义的事情。

列表一定要随手可及

如前所述，列表不用太规矩。可以用铅笔、钢笔、圆珠笔、签字笔，或者任何其他可以写出字的笔写下——当然，不推荐使用毛笔。可以使用任何一个本子上的任意一页纸，可以使用专门的黄色便条纸，也可以使用挂在墙上的小白板……方便第一。

但是，有一件事需要有规矩：列表必须随手可及。如果你一整天都在家里，那么把列表放在你一抬头就能看见的小白板上可能会好一些；如果你一整天都在办公室，那么在工位的隔断上贴便条纸是不错的选择；如果你能确定今天要做的工作几乎都是在计算机上完成的，操作系统自带的便笺小工具用起来就非常方便；如果你今天要在外工作，可能会去好几个地方，那么智能手机或者随身携带的小笔记本才是合适的选择。

顺带说一句，我并不喜欢那些花哨的、标价几十元的、甚至是皮质封面的"高级笔记本"，它们往往中看不中用。好笑的是，我在一个朋友那里看到他有很多这种高级的本子，但都是新的。我很奇怪，问他为什么不用，他说，这么精美的本子，有点舍不得写东西上去。我晕！对一个笔记本而言，精美与否其实并不重要，实现价值的关键在于随时可以看到，随时可以书写和标记。

最重要的任务永远只有一个

我见过很多专家讲解任务的重要和紧急与否之间的关系，以及如何分配任务的优先级。道理是很清楚的：先做既重要又紧急的；不重要又不紧急的当然不用理会；紧急却不重要的，亦可不必理会；可若是重要却不紧急的，反倒得优先处理……然而，我通过观察发现，大多数人面临的真正问题并不是弄不清楚这个道理，而是无从分辨"真的重要"和"显得重要"，以及"真的紧急"和"显得紧急"。

判断一件事情是否真的重要，标准只有一个：是否对目标（无论是长期还是短期）的实现有益。不过，判断一项任务是否真的紧急，标准并不好找，因为人总会觉得每件事都很紧急。

事实上，真正紧急的事少之又少，"十万火急"几乎只出现在故事里。如果不相信，你可以尝试把所有觉得紧急的事情延迟一段时间再处理，如此坚持一个月左右。现实会让你明白，那些事情实际上没有那么紧急。所以，评价任务只需要一个标准，那就是：它是否真的重要。再往后的道理一目了然：最重要的任务永远只有一个——那个真正对目标的实现有帮助的任务。

制作专门的下一阶段任务列表

在按照列表逐一完成任务的过程中，我们会发现自己的创造能力激增。每次完成列表中的一个小项目，我们就会在心情愉悦的同时不由自主地展望未来，然后，就有了新鲜的主意，甚至觉得自己太有才了！于是，我们会觉得这个列表的其他部分有修改的必要了……

但是，等一下！除非万不得已，千万不要在整个任务完成之前中途更改列表中的项目。一旦这么做了，随之而来的就是发现自己"有必要"不停地更改这个列表中的某个或多个项目，甚至最终导致整个任务永远无法完成。

当然，有了新鲜的主意也不用放弃——那太可惜了——只需要启用另一个列表，标题是"下一阶段任务列表"，把它们记下来就好。然后，马上回到当前任务列表，专注在现在应该完成的任务上。如果又有了新鲜的主意，如法炮制即可。这样做的好处在于：一方面，不会影响当前任务的进度；另一方面，在当前任务完成后，那个"下一阶段任务列表"上已经有相当数量的、非常具体的待处理项目了，这些源于自己的新鲜主意，求之无计，做之欢喜。

给每个任务制定一个核对列表

每次我要出门的时候，都要在门口检查自己是否带了手机、钥匙等，逐一核对之后，才会把门锁上。这就是一个利用核对列表来避免自己因遗漏而浪费时间的例子，前面提到的去超市买东西的例子也是如此。

在实施计划、完成任务列表中的每个项目时，都应该提前给这些项目专门制定检查列表，用来保证当前任务确实能按预期完成。很多时候，尤其是在完成连续任务的时候，如果遗漏了某个方面，后续任务的执行就很可能中断，继而退回上一个当时以为完成、现在却必须补充的环节——这种错误往往会导致大规模的时间浪费。

有的时候，检查列表不一定要写下来，原因在于：如果项目不超过 7 个，那么检查完全可以在你的大脑中进行；很多项目你已经非常熟悉，对应的核对列表你早就深谙于心了。

有的时候，任务的项目相对复杂，为了确保万无一失，我们需要提前制作一个可以勾画的核对列表，逐一核对，避免缺漏。

列表一旦开始运作，就一定要执行到底

一事无成的最根本原因就是放弃。放弃的方法有很多，最常见的是"换一个更好的方向"。如果确实是一个更好的方向倒也罢了，但事实上更好的方向并不存在，因为照此下去，"更好的方向"会不断出现。千万不要觉得认为自己能够不断找到"更好的方向"的人不多，其实大家都会不断找到"更好的方向"。"方向""越来越好"，成功的人又有多少？寥寥。

我从来都不相信"人人都能成功"之类的话，我顶多相信"其实人人原本都有可能成功"。我觉得，一个人最终成功的关键，并不是他曾经精确地计划过自己的成功，而是他在坚持。走向成功的过程就好比项目的起点在南极，终点在北极——无论最初往哪走，只要中途不改变方向，早晚会到达终点。但如果中途改变过方向，更极端的——经常改变方向，就怎样都无法到达终点，甚至可能返回起点。所以，在行动之前要判断列表所代表的任务是否现实。如果确实觉得自己能够也应该完成任务，那就着手去做，而且一定要执行到底。

---

1 列表：List。
2 任务列表：Task List。
3 待处理列表：To-do List。
4 核对列表：Checklist。
5 个人数字助理：Personal Digital Assistant，简称 PDA。
6 智能手机：Smartphone。
7 现在虽已有了像 OneNote、EverNote、有道云笔记这样的全平台笔记应用，以及 Siri、讯飞这样的语音识别应用，随身携带和快速输入的问题已经基本解决，纸和笔的重要性也已经下降，但是，它们仍然不能完全代替纸和笔，毕竟使用纸和笔时出错的可能性比使用电子产品时低很多。就算将来电子产品的软 / 硬件素质有了相当的提升，考虑到墨菲定律，它们也难免会出问题。随身携带纸和笔，至少可以在电子产品出现问题时进行补救。

11. 流程

无论是学习、工作还是生活，我们面临的任务大都是重复性的。要想加快执行重复性任务的速度，只需在遇到重复性任务时先将其做完一次，然后马上总结、整理，搞清流程，再靠进一步的实践把它变成"闭着眼睛也能做好"的事。这是提高效率、减少失误的根本手段。

在这里，我以打工作电话为例，而且我认为，这是最好的一个例子，因为几乎没有人认为自己"不会打电话"——"怎么可能？我怎么可能连打电话都不会?!"

场景一

大多数人会在有事的时候抓起电话就拨。可是，等等！你凭什么确定对方现在就可以接电话？每个人的工作习惯、工作时间都不相同。例如，身处管理层的人通常可能需要参与更多的会议，日常工作也更繁忙，所以，给他们打电话的时候，最好的通话时间很可能是在上班时间的前半个小时，因为他们通常是准时上班的，而半小时之后，他们要么去开会了，要么正忙于处理其他事情。另一些人（尤其是那些从事与设计有关工作的人）往往是"夜猫子"，上午 11:00 以前给他们打电话很可能会令他们大为光火，而在凌晨给他们打电话他们却不一定会觉得意外。

应对这个问题的一个良好习惯是，在电话簿中加上备注，写清此人在通常情况下方便接电话的时间。另一个建议是，在无法确定对方是否方便接电话的时候，可以先发一条短信过去："请问您方便接电话吗？我是×××，有关于×××的事情找您。"其实，最好能在手机里做一条这样的短信模板，以备随时调用。

场景二

大多数人会在有事的时候抓起电话就拨。等等！你准备好要说什么了吗？你是否很讨厌这种情况——刚刚放下听筒，电话铃又响起来，接通后听到对方说："真不好意思，刚刚忘了……"遇到这种情况，我想很多人都在礼貌地回答"没关系"的同时，默默地在心中把对方划入"不靠谱"的那一类……

应对这个问题的一个好习惯是在电话旁边摆上一个便笺簿和至少一支笔，以便在打电话前罗列通话要点。通话时，每当说完其中一个要点，就在对应位置做个标记，既可以确保通话逻辑清晰，也可以避免遗漏重要信息。另外，这个便笺簿也可以用于记录通话过程中对方提供的信息。

记笔记很有必要——相信我，大多数人的记忆力是不可靠的。在生活中，去超市买东西回来后发现少买了一两样，顶多生一会儿闷气，而在工作中，如果遗漏了一件事情，则可能导致你失去一部分收入，甚至失业……

经常使用手机的人同样很有必要随身携带纸和笔[1]。把电话、纸、笔一起放在随身的一个特别的地方，可以帮助我们节约很多时间。回忆一下我们见过的这种场景：一个人手忙脚乱地翻着包，用耳朵和肩膀夹着手机，嘴里说着"您等一下……对不起……"接下来看到的说不定就是那人好不容易找到纸和笔，却发现笔不能用……

场景三

大多数人会在有事的时候抓起电话就拨。如果对方没有接电话，就只好暂时作罢，往往到了第二天，才发现自己忘了还有这回事……也许一不小心就耽误了大事。

如果工作电话没有拨通，那么最好用手机给对方发个短信，简要说明一下事由。尤其是当你用公司的分机电话拨出去却没找到人的时候，对方可能由于种种原因错过了电话，但回拨时却只能找到总机——因为他不知道正确的分机号码。这是一个非常简单的"想办法站在对方的角度思考"的实例，可是，我经过观察无比惊讶地发现，人们十有八九不知道正确的做法。

很多人因为跌入这样简单的陷阱而耽误很多事情、错过很多机会，却不自知。

场景四

大多数人会在有事的时候抓起电话就拨。电话接通之后直接切入"正题"，而对方犹豫了一下："不好意思，请问您是？"

如果你拨打的是手机号码，不要以为对方的手机里一定存有你的电话号码；如果你拨打的是固定电话号码，不要以为对方一定能一下子听出你的声音——哪怕是再熟悉的同事。对方可能刚刚换过手机，通讯簿正在恢复阶段；也可能正身处嘈杂的环境，无法听清你的声音……打电话时最莫名其妙的开场白就是："是我……"更有甚者，有些人自以为是到连这两个字都不说。私人电话也就算了，工作电话切勿如此。

另外，在给联系不是很频繁的工作伙伴发短信时，在末尾加上自己的姓名是一个并不麻烦并能省掉很多麻烦的好习惯。

场景五

大多数人会在有事的时候抓起电话就拨，而全然不考虑之后要沟通的内容里是否有很多必须要记录的信息，如电话号码、邮件地址、通信地址，甚至一些工作中必须使用的复杂参数等。你凭什么确定对方现在手边恰好就有纸和笔，可以随时做记录？就算对方手边恰好有纸和笔，在电话中交代这类复杂的信息时也经常会出错。所以，有经验且善于替对方着想的人会这样说："……您不用记的，我只是先告诉您。随后我会通过邮件（或者短信）给您发个备忘……"

说到这里，相信你应该能够理解：其实，真的没有人不会打电话，只不过绝大多数人会的确实只是"抓起电话就拨"而已。

有心人拨打工作电话是有技巧的。

▷ 确定对方最可能方便接电话的时间（在难以确定的时候，先发短信询问）。

▷ 在拨打电话甚至发短信询问对方是否方便之前准备好一切计划沟通的内容，做好检查列表放在手边，确保沟通过程中不会遗漏要点。
▷ 在通话前把重要信息整理成电子文本；在通话中做必要的更新；通话结束后，马上通过电子邮件将备忘发给对方。
▷ 若对方没有接电话，则给对方发署名短信告知详细事由，并做好记录，防止自己遗忘此次沟通任务。
▷ ……

另外，手机丢失是常见的事情——一部手机的价格并不高，要命的是里面的电话簿。今天，大多数人的手机里都存有上百条联系人信息，离开手机，有些人连自己家里的电话号码都记不住。电话簿的丢失或者损坏，不仅损失难以估量，还会让人特别尴尬——"对不起，我的电话簿丢了，请问您是？……"要想避免这种窘况，就要养成定期备份电话簿的习惯。挑选一款能够方便地与计算机连接的手机很重要，而且尽量不要选用那种必须使用特殊连接线的手机。另外，使用能够与计算机（甚至与云端存储）快捷同步的手机会额外获得的巨大好处是：在电话簿中可以方便地保存更多电话号码之外的附加信息。

为常见任务制定流程是一个必须养成的习惯。一个人在梳理流程的过程中，会不由自主地思考个中细节。有些人做事仔细，其实只不过是因为他们很早就养成了这个简单的习惯而已。而另一些人，总感觉自己够聪明，却在实际工作中频繁出错，也只不过是因为他们尚未养成这个简单的习惯而已。这个简单的习惯，日久天长，会让人与人之间产生巨大的差异。观察一下身边的人，你会很容易地找到无数例证。

---

1 很多时候我们会发现，智能手机里的笔记软件是无济于事的，因为手机被拿在手中，贴在耳边，我们并无机会用眼睛看到手机屏幕，更别说在上面记笔记了……

12. 预演

我学编程时用的计算机还很简陋，只有固化的 48KB 内存，连磁盘都没有。要是电源断了，就什么都剩不下了。所以，写出程序以后，要一遍遍地阅读代码，把自己的大脑当成计算机，想象每一行语句执行的结果……如此重复若干次，再小心翼翼地将程序输入计算机，还要反复审核是否有输入错误，才敢运行它。

没想到，这种工作模式成了我一生的习惯，我也因此受益无穷。直到现在，我在做任何事情之前，都会尝试把将要做的事情的整个过程在脑子里预演一遍甚至数遍。

有些时候，如果我面临的任务比较复杂，大脑短期记忆容量不够，就只好借助纸和笔（有些人更喜欢使用计算机上的思维导图类软件），用写写画画的方式辅助自己预演每一个步骤。

需要执行的任务越重要，这种预演就越关键。只有经过大量的预演或者练习，我们才能够在实际执行任务的过程中有出色的表现。这也是良性循环和恶性循环之间的选择和差异。准备充分的人，常常会有出色的表现，最终能够顺利完成任务，而这样的经验会使他坚信提前准备的重要性。准备不充分的人，执行任务时必然表现欠佳，但不管表现多差，他也提前做了一点准备（或者自认为做了一点准备），而这样的经验会让他觉得准备没什么用，至少没什么大用，于是下一次他还会采取同样的行动，还会面临相同的甚至更严重的尴尬……

我认为，万事皆可提前准备，万事皆需提前准备。只有前期准备充分，才能在实际执行任务时有出色的表现。举个例子，我在做新教师培训的时候，经常被新教师夸奖："李老师，你在台上随机应变的能力太强了！"对此我不敢谦虚——因为他们完全夸错了，我自己太清楚自己的应变能力有多差。

我之所以"显得"游刃有余，是因为之前做过太多的准备。我之所以做那么多准备，是因为曾经出过丑——想象一下，在台上讲到一半突然发现自己说的某句话有不曾想到的歧义，是多么窘迫的事情？所以，在任何一次演讲的准备阶段，我都会花很多时间认真考虑自己的每个观点、每个事例、甚至每个句子可能引发什么样的理解和反应，然后逐一制定对策。只有这样，我才可以安心上台。

另一个很多人不相信的情况是，我有严重的"课前恐惧症"。每次上课前5分钟，多种症状并发：手心发痒、头皮发麻、眼皮狂跳（有时候左眼皮跳，有时候右眼皮跳，有时候两只眼的眼皮一起跳）、后背开始冒冷汗（冬天也一样）……我通常要到开始讲课5分钟之后才能彻底摆脱这种恐惧状态。自我2001年第一次上台演讲到现在，从没有一点改善的迹象，只不过我已经比较习惯了。

我并不能克服恐惧，而是仅仅做到了习惯恐惧。然而，即便是这种退而求其次的"习惯恐惧"，也需要努力和挣扎。努力的方法，就是在课前做很多很多的准备工作。我甚至为此多少有了一些强迫症状——准备的内容必须多到实际讲课内容的2倍以上才能踏实。不过，这样的恐惧倒成了动力，它使我的很多课程和演讲最终有了多个版本。我还会把这些版本分别演练很多次。这样的准备使我一旦进入状态，就肯定无所畏惧。也因为知道了结果，所以，我可以做到在开始的时候任凭恐惧陪伴。

我父亲的一句话帮了我。他说："相信我，你并不孤独。"我之所以认为自己可以想出办法解决对演讲的恐惧，就是因为我知道很多人都害怕当众演讲。有些人甚至把"害怕当众演讲"与"害怕死亡"相提并论[1]。害怕死亡的理由自然不必说，而害怕当众演讲的原因人们却未必真的了解。其实很简单——因为准备不足，所以害怕。

在相当长的时间里，我曾因为觉得自己缺乏急智而自卑，直到读了一本苏联克格勃特工的自传才改变了看法。我现在已找不到那本书，也想不起主人公完整的名字，只隐约记得好像叫"什么年科"，姑且就称呼他为"年科同志"吧。

书中提到，年科同志有一次被一群美国特工追杀，手中的左轮手枪里已经没有子弹，只能靠奔跑摆脱厄运。在这个过程中，他冲下一段长长的大理石台阶，跑着跑着，突然做了一个常人无法想象的动作——停步蹲了下来。在这段时间里，追赶他的那些特工因为高度和视角的关系，无法用枪射中他，他因此赢得了宝贵的七八秒，得以从口袋里拿出子弹装进左轮手枪，打得追赶他的那些特工慌忙寻找掩体自保，而他最终成功逃脱。

年科同志后来回忆，当时他之所以能做出那么一个令人震惊的动作，是因为在他脑子里这个动作已经提前演练过无数次，而他也设想过不知道多少种在逃跑时可能出现的状况——他从一开始就知道，自己早晚有一天会遇到那样的追杀。他说，所有高级特工都明白一个简单的原理：任何动作演练到一定次数，就能准确完成——甚至是在无意识的情况下——他只是把这个原理应用到极致而已。

1　参见由大卫·沃伦金斯基（David Wallechinsky）搜集、整理、撰写的《列表汇集》（*The Book of Lists*，1977），以及斯科特·博克顿（Scott Berkun）所著的《演讲之禅》（*Confessions of a Public Speaker*，2009）。电影《美国黑帮》（*American Gangster*，2007）里也提到了这件事，参见链接 3-45、链接 3-45。

13. 验收

很多人做事半途而废、不了了之的根本原因在于从未想过要给自己执行任务时的表现设计一个验收机制。最基本的验收机制是针对最终结果的。部分有经验的人因为在做事之前总是更关注步骤，并会按照需求将任务拆分成若干子任务，所以，他们甚至会为每一个步骤设计相应的验收机制。其实，我们每个人从小就开始接受这种训练，而可笑的是，这种训练从未达成设计者的目标，并且最终的结果总是恰恰相反。

这种训练就是"考试"。

学校对学生学习任务的执行效果不仅有确定的验收机制——考试，还将其细分为很多类别——小测验、期中考试、期末考试。这本是成功完成任务所必须的，而由于种种原因，几乎每一个经历过考试的人都讨厌考试。

人们讨厌考试的原因非常多：有些老师不自觉地用考试刁难学生；有些老师懒得把测验搞得太难；只要考试，就有人作弊，这会让另一些人觉得不公平。更深层次的原因在于，只要考试，必然只有少数人能获得优异的成绩——如果考试题目设计确实合理的话（可惜这种情况很少），而这种结果只能说明大多数人之前做得不够好。可是，又有谁愿意承认这样一个结论呢？

人们讨厌考试的另一个原因在于，考试不仅是验收机制，还经常被当作选拔机制。更难办的是，某一考试的目的究竟是验收还是选拔，在很多时候难以区分。因为选拔是那么重要——无论是对选拔者来说，还是对被选拔者来说——所以，最终连整个教育体制都本末倒置地变成了"应试教育"……

正是考试的种种弊端，使人们憎恨考试——尽管人们从来离不开考试，也不曾离开考试。事实上，连整个人生都可能是一场考试。然而，对考试的这些纠结，使很多人在学校之外绝不肯自己考自己。

有趣的是，电子游戏（同样算是一种"考试"）的设计者却深谙个中之道。他们为玩家设计了详尽的即时回报系统，包括经验值、等级、宝物等。而且，电子游戏不仅有正面回报系统，还有负面回报系统，例如一段时间不登录就会减少经验值等。这种回报系统其实就是设计精良的验收机制。<u>在这种验收机制的"监督"下，每个玩家都不由自主地"加油干活"，并且乐不思蜀</u>。[1]

由此可见，验收机制相当重要。从这个角度看，我们不管遇到什么任务，都应该对其认真审视，同时向自己提出一个问题并要想办法回答：怎样才算"做好"？如果能把任务拆分成若干子任务，就可能更容易确定"做好"的标准，因为每个子任务的验收标准可能已经自然存在，起码有这么一条："如果这个做不好，下一个就没法开始……"

为了将验收机制落到实处，我们应该在做一件事情之前，拿出纸和笔写下每一个预定的验收标准。经过第 2 章的讨论，我们已经不会再选择去做那种脆弱而又不现实的"完美主义者"了，所以我们也不会设置过高的标准（也就是去设置恰当的标准）。但是，走到另一个极端——完全没有标准——显然是愚蠢的。当任务（或子任务）完成时，拿出之前写的标准对照一下，我们就会发现，这种简单的方法有不可思议的神奇力量，它会让我们注意更多的细节、进行更多的思考，并不由自主地更为专注。

从更高的层面看，设计验收机制也是任何一个领导者必须拥有的基本能力。哪怕你领导的只是一个很小的团队，你也必然要向团队成员指派各种各样的任务。在这种情况下，如果你没有设计验收机制，那么最终的结果肯定让你很失望——缺少验收机制会使团队成员对自己的工作质量毫不介意，长此以往，团队的执行力将等于零，作为团队领导者的你也必须承担失败的责任。

---

[1] 有时我们会发现自己玩某个游戏上瘾了——明知它占用了很多时间（这是客气的说法，不客气的说法是浪费了很多生命）却忍不住继续……

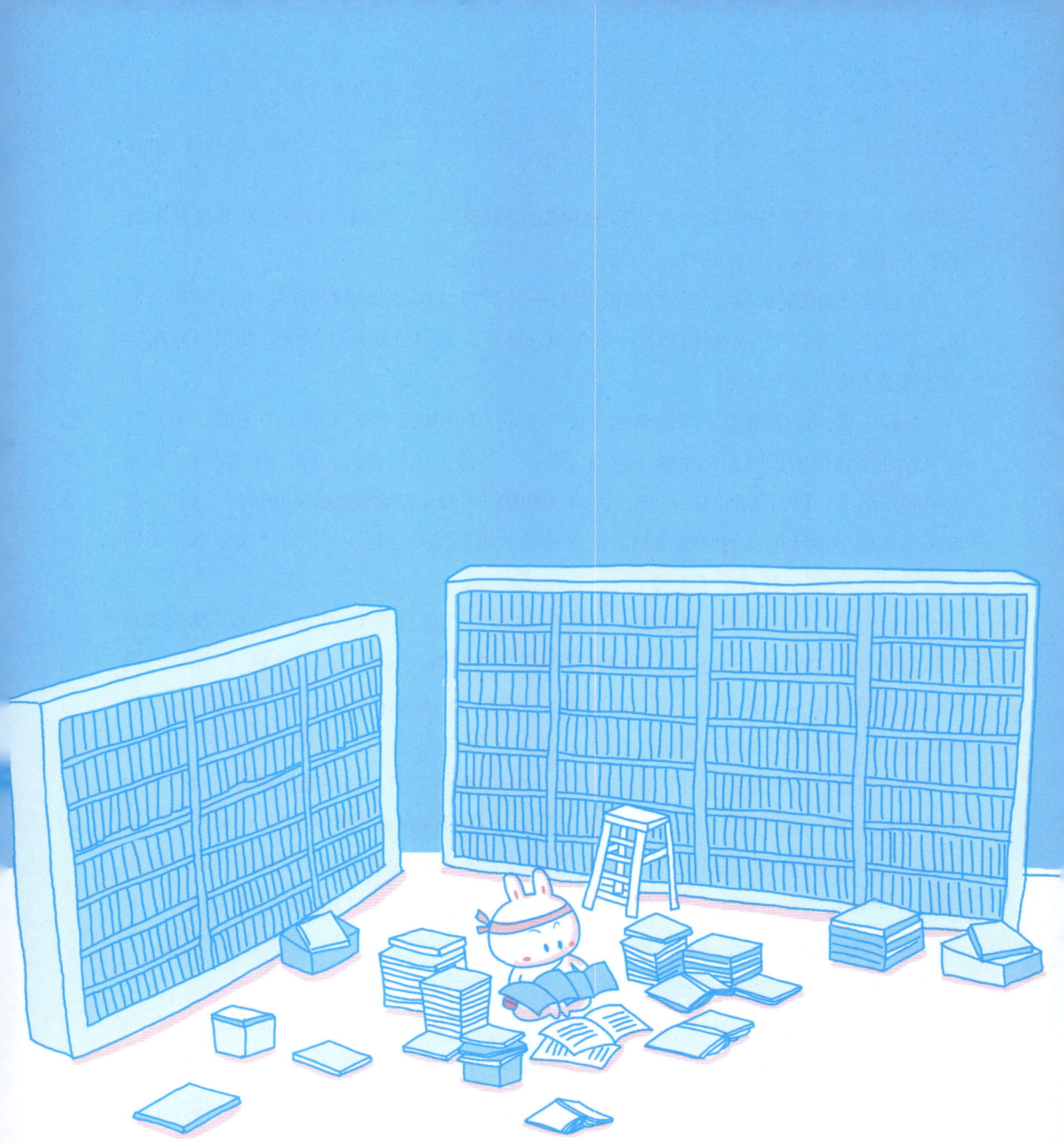

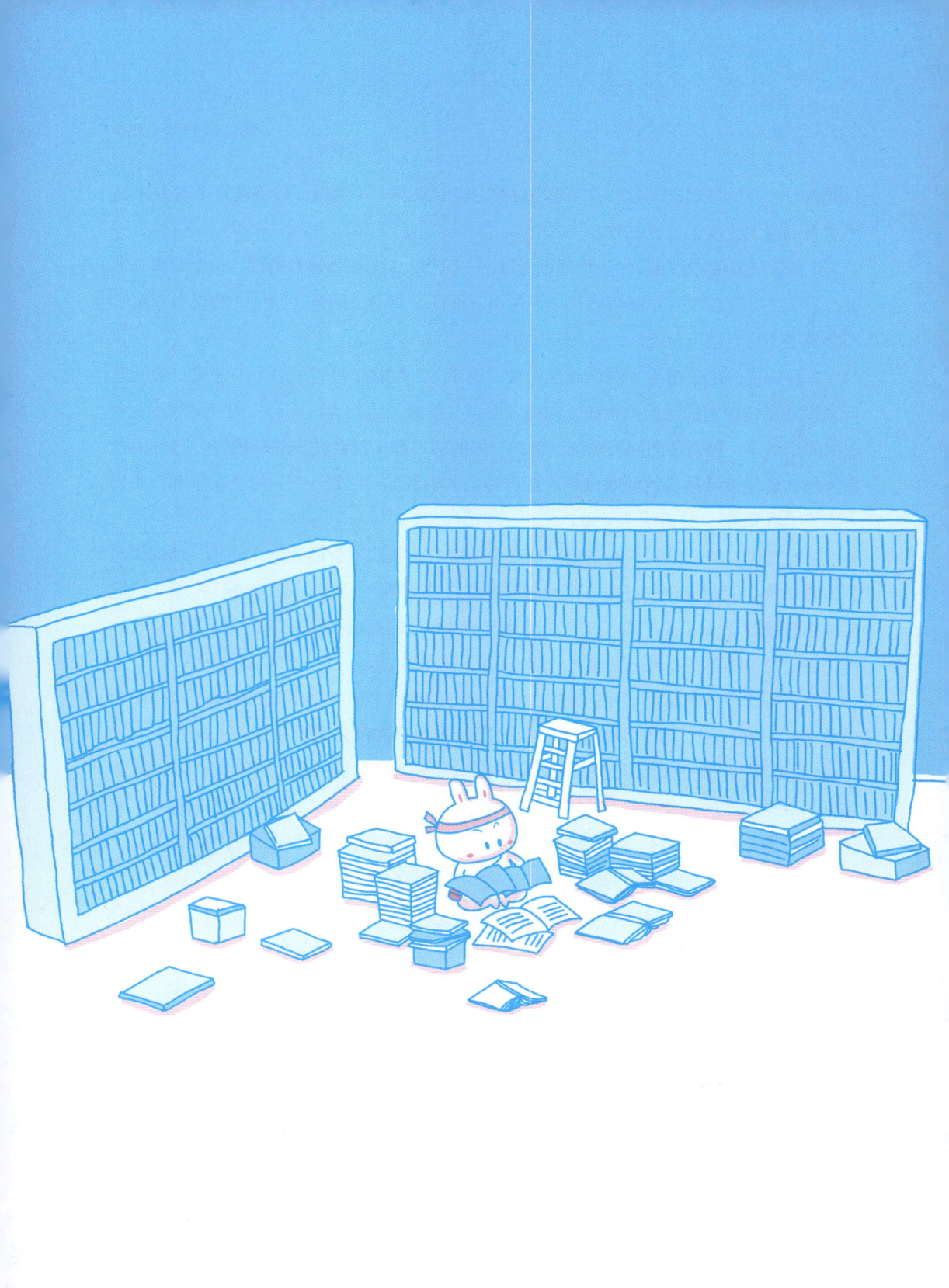

第4章
学习

认识你自己!

——苏格拉底

1. 效率本质

在第 1 章"我的案例"一节，我曾提到过我因运气而学习了一些简单的编程知识、因愚蠢而拒绝学习盲打的经历。很多人常常拒绝学习，他们拒绝学习的理由和那些痴迷学习的人一样——不知道它有什么用。

如果说，车是人类腿脚的延伸，使人们走得更远，望远镜是人类眼睛的延伸，使人们看得更清，计算机是人类大脑的延伸，使人们算得更快，那么，学习就是人类所有能力的延伸，使人们拥有更多能力，并且往往主要取决于你花费的时间与精力。需要注意的是，这只是成本，尚未考虑收益。事实上，**学习是投资回报率最高的行为**。

可很多人并不这么认为，我就见过很多"拒绝学习"的人。举几个例子。我曾经多次劝我的一个朋友花 20 分钟学习一下命令行环境的批处理方法，未果。他拒绝的理由是："现在谁还用命令行啊？早就是可视化操作系统的时代了！"我曾经多次劝我的另一个朋友花 10 分钟学习一下 Google 通配符的使用，未果。她说："不用那东西也一样能找到自己想要的啊！"

我曾替他们着急，可是后来却发现这是个"死结"。为什么呢？第一，拒绝学习就不可能有机会知道学习之后的收获；第二，因为不知道学习之后的收获是什么，所以不可能知道那收获有多好、多大；第三，既然对学习的好处无从了解，自然就没有学习的动力……

任何一个人如果曾经有最终习得某种技能的经验，就会知道，在习得的瞬间，整个世界都会为之改变。换一种说法：因为有能力做更多的事情，所以他不再存在于原本的世界里；因为所习得的技能，所以他拥有了另一个完全不同的世界。例如，一个人若最终可以熟练使用一门外语，他原本生存的世界就多了一扇门，跨过那个门槛，就是另一个世界——他比那些只能讲母语的人多拥有一个世界。选择痴迷于学习的人，正是基于这样的体会：每掌握一项新的技能（是否足够精通或者是否比别人强实际上根本不重要），就感觉自己像重生了一次。如此看来，其实每个人原本可以拥有的都并非只有一辈子，只不过是大多数人放弃了而已。以我来说，很多年前，当我学会BASIC编程语言时，并不知道它会给自己的一生带来无穷的好处，甚至不知道自己已然脱胎换骨；当我学会当众演讲时，我的世界跟着变了，我打开了一扇新的门；当我真正学会教书时，我发现自己已身处另一个世界……回顾往昔，我早已重生无数回。

事实上，有些人比其他人更有机会体验这种"一生经历许多辈子"的"诡异"感受。例如，演员。那些从影几十年的演员，往往演技过人（所以才没有被淘汰），他们过人的演技更多来自勤奋而非天赋——在每一出戏中，他们都会用一切方法去了解他们所饰演的角色。罗伯特·德尼罗[1]为了演好一名拳击手（《愤怒的公牛》[2]），先是在几个月内增重30公斤，然后在几个月内减重30公斤[3]。梅尔·吉布森[4]为了拍好《勇敢的心》[5]，花了几年时间去图书馆"做功课"。艾德·哈里斯[6]为了演好贝多芬[7]（《复制贝多芬》[8]），花费多年时间打磨自己的琴艺，揣摩贝多芬的心迹。刘德华[9]为了演好《阿虎》[10]，仅在能自然地流露出虎落平阳的神态这一点上，就自愿挨了许多顿打……将这些演员20年前的照片和现在的照片做对比，我们就会发现，他们最明显的变化不是在年龄上，而是在眼神上——愈加深邃。我个人的理解是，他们演一出戏就等于活了"一辈子"，如此，他们早已经活过不知道多少辈子了，眼神太难不深邃、不透彻。

"学习"最关键的一点是：任何知识的获取，都是不可逆的。在知道它的那一瞬间，它就已经改变了一切——生活因它而变，无法还原。我们再也不可能对它视而不见、听而不闻、置之不理，它瞬间就能根深蒂固，无法铲除。例如，那些学过概率统计的人，在一般情况下是没办法掏钱买彩票的，因为买彩票这种行为在他们眼里是对自己智商的侮辱。但与此同时，彩票是地球上最畅销的商品（没有之一），可见有多少人一生都未曾有机会了解那些重要的知识。

"学习"的重要起点是：起码学会一种技能。无论这种技能多简单、多普通，学会之后都可以让学习者了解"习得"带来的大不同。一旦拥有了起点，那学习的欲望就会像种子发芽，无论多大的石头都压不住——它会越来越茁壮，越来越坚强。其实，那些拒绝学习或者一不小心受了影响而把"学习"两个字妖魔化了的人真的非常可怜，他们每天都在挣扎着想要"管理时间""珍惜生命""提高效率"，却不知道他们因为当初不肯花十几分钟学习而导致其后少做了很多事情、错过了很多机会，并且连只有一次的人生都没有过好。

千万不要拒绝学习。

---

1 罗伯特·德尼罗：Robert Anthony De Niro Jr., 1943 年 8 月 17 日—，美国电影演员、制片人，以其方法演技闻名，曾获得多项影视大奖。参见链接 4-1。
2 《愤怒的公牛》：*Raging Bull*, 1980。美国运动电影。参见链接 4-2、链接 4-3。
3 另一个在演艺圈令人佩服的演员是克里斯汀·贝尔。他为《机械师》减重，为《蝙蝠侠：开战时刻》增重，紧接着又为《斗士》减重的事情，参见链接 4-4。
4 梅尔·吉布森：Mel Columcille Gerard Gibson, 1956 年 1 月 3 日—，美籍爱尔兰裔澳大利亚电影演员、导演及制片。参见链接 4-5。
5 《勇敢的心》：*Braveheart*, 1995。美国历史战争电影。参见链接 4-6。
6 艾德·哈里斯：Edward Allen "Ed" Harris, 1950 年 11 月 28 日—，美国演员、电影导演、制作人。参见链接 4-7。
7 贝多芬：德文 Ludwig van Beethoven, 1770 年 12 月 16 日—1827 年 3 月 26 日，集古典主义大成的德意志古典音乐作曲家、钢琴演奏家。参见链接 4-8。
8 《复制贝多芬》：*Copying Beethoven*, 2006。美国音乐传记电影。参见链接 4-9。
9 刘德华：1961 年 9 月 27 日—，中国香港著名演员、歌手，20 世纪 90 年代被喻为香港"四大天王"之一。参见链接 4-10。
10 《阿虎》：*A Fighter's Blues*, 2000。香港爱情电影。参见链接 4-11、链接 4-12。

2. 基本途径

获取更多知识几乎是我们开拓自身心智的唯一手段。对绝大多数人来讲，学习能力也许是一生中最重要的能力。让我们从获取知识的基本途径说起吧。

所有人获取知识最基础的手段就是"体验"。

所谓"体验"，通俗地说就是来自五官的感觉——视觉、听觉、嗅觉、味觉、触觉。例如，当我们观察某一事物时，"看到"本身就是一种体验。由此，我们知道长城是宏伟的、《欢乐颂》是悦耳的、氨水是刺鼻的、川菜（或其他著名菜系）是可口的、石头是坚硬的……人类就这样依靠五感初步认识世界。可以想象，人类从茹毛饮血到彻底了解熟食对肠胃消化及身体健康的好处，需要跨越怎样的时空——火的获得和使用是最大的限制，而对火的认识，从恐惧到驾驭的时间又无比漫长。

比"体验"再高级一点的获取知识的手段，是"试错"。

我的一位大学同学，曾在一次聚会上令所有人大吃一惊。她为了证明自己会做菜，主动提议给大家炒个宫保鸡丁。大家当然非常高兴。她进了厨房，几分钟后，发出一声尖叫。大家马上围过去，只见她眼里噙着泪，把手指含在嘴里呻吟。大家都很奇怪，谁也不知道究竟发生了什么。问了半天才弄明白：原来，她把油倒进锅里，然后点燃煤气灶，过了一会儿，因为搞不清楚锅里的油是否已经热了，就把一根手指探进去试了试……我们集体目瞪口呆。

我猜，这位同学这辈子都不会再用手指来试探油是否已经热了。这就是"试错"。试过之后，知道错了，以后就不再犯了。当然，也许在试过之后，发现不仅没错，而且很正确，那么，我们就获得了一项新的知识或者技能。

"试错"是如此重要，以至在人类最古老的年代，"教育"是要靠鞭子的——做对了，可能会有奖励，但做错了，一定要受到惩罚。直到今天，仍然有很多父母把惩罚当作主要的教育手段。

"试错"往往需要勇气。鲁迅[1]先生曾说，"第一次吃螃蟹的人是很可佩服的"，"不是勇士谁敢去吃它呢"，"螃蟹有人吃，蜘蛛也一定有人吃过，不过不好吃，所以后人不吃了"[2]。

在"试错"这个手段的基础上，另一个聪明一点，而且重要得多的获取知识的手段，是"观察"。

前面讲述的那个故事还有后续。当那位女同学把手指烫伤，大家目瞪口呆之时，屋子里的另一个女同学喃喃地说："哦，原来是不可以用手指头的哦……"大家又愣了一下，继而哄堂大笑。

"观察"扩展了我们的学习范围。我们依靠观察常常可以从他人的经历中获得经验或者教训，进而将其转化为自身拥有的知识。正所谓"他人亡羊我补牢"。

然而，"体验"、"试错"和"观察"，都有局限。

首先，大量知识无法通过（个人亲身）"体验"获得。例如：地球的构造究竟是怎样的？没有人有能力去体验。太阳的温度究竟是多少？没有人有能力去亲测。

其次，有些知识很难通过"试错"获得。例如，股票投资者一般不会通过"试错"进行决策，因为一旦犯错，其后果他往往无法承担。另外，许多知识不能通过观察获得。例如，历史研究者无法目睹几百年前的历史，最贴近的第一手资料也不过是遗物；人类

在数千年文明发展过程中观察太空都只能靠肉眼，望远镜发明以后情况才好了一点，但即便如此，很多东西（黑洞等）仍然无法直接看到。

对"体验"、"试错"和"观察"进行补充的，就是"阅读"。阅读是人们获取知识的更加重要的手段，当然也是相对更加需要运用心智能力的手段。

让我们观察一下周围。由于没有"阅读"能力，人类之外的物种只能依赖最落后但很神奇的方式积累经验——基因遗传。

特里·伯纳姆[3]和杰·费伦[4]在《本能》[5]一书中提到，啄木鸟可以本能地采用最优算法获取食物，而麻省理工大学的一位数学博士在面对同样的问题时却不见得可以迅速解决。啄木鸟的小脑袋在没有接受过高等教育的情况下，是从何得知觅食方法的呢？答案是：通过基因遗传。

人类原本也是通过基因遗传积累经验的。这些经验现在还能观察得到：没有见过蛇的婴儿只要见到蛇就会嚎啕大哭，但没有见过枪的婴儿却不怕这个比蛇要恐怖无数倍的东西——人类在演化过程中不知道被蛇咬过多少次，可人类认识到枪的危险至今不过几百年，在这么短的时间里无法形成可以通过基因遗传的"天生"恐惧。

然而，文字的出现改变了这一切。文字的出现，使人类的经验积累不再仅仅依赖基因遗传，人类开始使用文字记录并存储信息、获得知识、传播经验……现在我们已处于人类历史上进步速度最为惊人的时代，"日新月异"这个词已经不够——"分新秒异"都不过分。

人类拥有文字之后，并没有马上因此获得应有的"实惠"，知识的传播与积累在很长的时间里依旧困难。从结绳记事到刻石颂德，从宣纸录史到革皮藏图，文字的载体在其发展历程中几乎从未易于保存、便于传播。小说《西游记》[6]就生动地讲述了，在文字传播极为困难的时代，获取知识（取经）有多么艰辛。

然而今天，文字的传播已经前所未有地方便、容易。可以说，是互联网改变了一切：文字处理软件、网志程序[7]、搜索引擎……无数新技术使文字、经验和知识的记录、传播、共享、检索变得非常容易。今天，任何人只要稍有常识，就可以"出版"自己"体验""试错""观察"的文字记录。搜索引擎简单而又清爽的界面背后几乎是宇宙量级[8]（用"海量"这个词已经不够）的信息。知识共享的精神前所未有地被发扬光大，其最直接的也是意义最重大的产物应当是免费的维基百科[9]。今天，只要拥有足够的阅读能力，任何人都可以通过互联网获得过去难以企及的"博士"级的知识量。

所有用过"大众点评网"之类应用的互联网用户都可以体会到使用文字共享信息和

经验的好处。以前，一个人即便从小就生活在大城市，也没有办法掌握并且检索所住城市所有吃喝玩乐的好去处。如果没有今天这种文字的共享，人们就不得不退回"石器时代"，失去很多享受生活的机会。

在这样的时代，"阅读"突破了个人"体验"或"试错"的种种局限。"体验"往往囿于自己，"试错"受限于自己的阅历，而通过"阅读"，我们却可以得知他人"体验"和"试错"的结果（即所谓的"经验"），进而获得跨越时间和空间，跨越种族和国度的信息——翻译工具越来越先进，掌握两种甚至多种语言的人，数量也在不断增加。

"阅读"的前提是使用文字记载的前人经验已经存在。阅读也使快速的经验积累成为可能——"对蛇（爬行动物）的恐惧"可能需要几百代才能通过基因遗传变成"天生的知识"，但有了文字，可能只需要一代，人类就能获得千百年来积累的知识。现代人只需要小学、中学、大学总计 16 年左右，就有机会在学校里把哥白尼[10]、伽利略[11]、牛顿[12]、达尔文[13]、门捷列夫[14]、爱因斯坦[15] 等历史上的巨人们拥有的全部知识收入大脑。

在这里，我还想援引电影《新基督山伯爵》[16] 中的一个我看过无数遍的片段来讲讲文字的重要性：

> 身陷大牢的爱德蒙·唐太斯终于见到挖了六年却不幸挖到另外一个牢房的法利亚神甫。
>
> 见面后，法利亚神甫要求爱德蒙帮他挖地道："为了报答你的帮助，我将提供给你一样无价的东西……"
>
> "我的自由？"爱德蒙的眼睛一下子亮了。
>
> "自由是可以被剥夺的。"法利亚神甫颇有些不屑，接着说道，"我会将我知道的一切知识教给你；我会教你经济学、数学、哲学、科学……"
>
> 爱德蒙忽然又发现了值得自己兴奋的东西："读书、写字？"
>
> 法利亚神甫愣了一下，发现爱德蒙是个大字不识的家伙，颇有些无奈："……当然。"
>
> 这时的爱德蒙已经根本无法拒绝了："我们什么时候开始？"

神甫认为知识最宝贵，大字不识的爱德蒙却只知道自由最可贵。可是没有知识，精神怎么会自由呢？精神不自由，肉体的自由又算得了什么呢？精神的自由是谁也夺不走的。爱德蒙的重生从这里开始。他开始识字，他开始深刻地思考，他不再只是一个杂食动物，而是一个可以天马行空的人——尤其在他重获肉体自由之后。

1 鲁迅：1881 年 9 月 25 日—1936 年 10 月 19 日，本名周树人，字豫才，原名樟寿，字豫山、豫亭，以笔名鲁迅闻名于世。中国浙江省绍兴市人，20 世纪中国重要作家，新文化运动的领导人、文化运动的支持者，中国现代文学的开山巨匠。参见链接 4-13。
2 参见《今春的两种感想》(《鲁迅全集·第七卷·集外集拾遗》)。
3 特里·伯纳姆：Terry Burnham，哈佛商学院经济学教授，哈佛商业经济学博士。
4 杰·费伦：Jay Phelan，加州大学洛杉矶分校生物学教授，哈佛大学生物学博士。
5 《本能》：*Mean Genes*，2001，另译《欲望之源》。参见链接 4-14。
6 《西游记》：又名《西游释厄传》，成书于 16 世纪中叶，中国古典神魔小说，中国"四大名著"之一，讲述了唐朝玄奘法师西天取经的故事。参见链接 4-15。
7 网志程序：Blog Engine。
8 宇宙量级：按照 Google 于 2008 年公布的数字，当时他们已经索引了 1000000000000 个网页，这个数量是银河系已知星体数量的 2 倍。参见链接 4-16。
9 维基百科：Wikipedia，是一个基于 Wiki 技术的全球性多语言百科全书协作计划，也是一个在互联网上呈现的网络百科全书网站，它的目标及宗旨是为全人类提供一部自由的百科全书——一个用人们所选择的语言来书写的、动态的、可自由访问和编辑的全球知识体。参见链接 4-17。
10 哥白尼：拉丁文 Nicolaus Copernicus，波兰文 Mikołaj Kopernik，1473 年 2 月 19 日—1543 年 5 月 24 日，第一位提出日心说的欧洲天文学家。一般认为他著述的《天体运行论》是现代天文学的起点。参见链接 4-18。
11 伽利略：Galileo Galilei，1564 年 2 月 15 日—1642 年 1 月 8 日，意大利物理学家、数学家、天文学家及哲学家，支持哥白尼的日心说，是科学革命中的重要人物。参见链接 4-19。
12 牛顿：Sir Isaac Newton，1643 年 1 月 4 日—1727 年 3 月 31 日，英格兰物理学家、数学家、天文学家、自然哲学家和炼金术士。他所描述的万有引力和三大运动定律奠定了此后 3 个世纪里物理世界的科学基点。参见链接 4-20。
13 达尔文：Charles Robert Darwin，1809 年 2 月 12 日—1882 年 4 月 19 日，英国生物学家、博物学家。参见链接 4-21。
14 门捷列夫：俄文 Дми́трий Ива́нович Менделе́ев，1834 年 2 月 8 日—1907 年 2 月 2 日，俄国科学家，发现了化学元素的周期性，制作了世界上第一张元素周期表。参见链接 4-22。
15 爱因斯坦：德文 Albert Einstein，1879 年 3 月 14 日—1955 年 4 月 18 日，犹太裔美国理论物理学家、思想家、哲学家，相对论的创立者，被誉为"现代物理学之父"。参见链接 4-23。
16 《新基督山伯爵》：*The Count of Monte Cristo*，2002。英国/美国/爱尔兰冒险爱情剧情电影。参见链接 4-24。

3. 主要手段

除了"试错""观察""阅读","思考",准确地说,**"正确地思考",才是获取真正意义上的知识的主要手段**。文字出现以前,人类已经能够思考,但局限于已掌握知识的数量,当时的人类很难正确地思考。

很容易想象,远古时代人们对因果关系的认识非常狭隘,而一切现实生活经验都能让他们体会"万事必有因果"。当时的人们看到树上的枝叶被风吹动,当然可以理解为风是枝叶飘动的原因,但他们并不了解现代人小学时就能从教科书里学到的知识:空气流动,形成了风。于是他们自然地这样思考:"肯定是有什么力量形成了风,可究竟是什么呢?"在没有任何"合理解释"的情况下,他们会接着认为,"那只能是神的力量",因为"万事必有因果"。

"万事必有因果"本身没有错,问题出在人们不一定看到"因"就能想到正确的"果",也做不到为所有的"果"找到正确的"因"。有时我们必须接受这样的事实:某件事(果)发生了,可是我们难以确定它的原因究竟是什么;或者反过来:某件事(因)发生了,可是我们并不确定它的结果究竟是什么。

思考、求知的过程,在某种意义上就是探求因果关系的过程。在这个方面,达尔文的工作几乎可以称作奇迹。托马斯·索尔[1]曾经这样慨叹:"达尔文不仅是生物学上的,更是人类思想发展史上的一个界标。[2]"

达尔文之所以伟大，是因为他几乎是我们能知道的第一个可以跨越几百万年时间，并彻底摆脱"个体感知"局限去"正确地思考"问题的人。他也使后来无数的人可以在此基础上建立并完善一种突破人类个体局限的系统的思考方法——科学方法[3]。

但是，达尔文正确思考的结论没能迅速成为人类的共识，《物种起源》[4]和演化论[5]所走过的历程，足以让我们了解"正确地思考"有多么不容易——

1859年11月24日，在20年的谨慎准备之后，达尔文出版了《物种起源》。据记载，这本书的第1版印了1250本，在一天之内销售一空，随即在科学、文化、社会等领域引起巨大反响。然而，这并不意味着达尔文"胜利"了，宗教"失败"了。

1925年，即达尔文逝世后的第43年，《物种起源》问世后的第66年，美国田纳西州的一位中学教师约翰·斯科普斯[6]，因在课堂上讲解达尔文的演化论被告上法庭，最终被处以90美元的罚款。这就是历史上著名的"猿猴诉讼案"。

尽管"猿猴诉讼案"[7]的判决只在田纳西州生效，但这仍然引起了广泛的讨论。直到1968年，美国高等法院才根据《美国宪法第一修正案》作出判决：学校可以讲授演化论，因为这是科学。

1987年，一宗来自路易斯安那州的案件使得争议再起。最终，美国高等法院判决："要求学校在讲授演化论的同时必须允许讲授神创论"是违宪的。

1999年，堪萨斯州教育委员会投票决定：从标准化考试中剔除作为考试科目的演化论。有些专家认为，这是一个非常有效的阻止教师讲授演化论的方法。

阿拉巴马州的一些教科书上印着这样的声明："演化论是某些科学家相信的学说，而非事实。"

在明尼苏达州，一位认为神创论是确凿科学的教师因在课堂上发表对演化论的批评而被劝退。这位教师将学校告上了法庭。

2005年12月20日，美国宾夕法尼亚州联邦法院作出裁决：生物由某种高智能设计师设计而成的"智慧设计论"系宗教理念，在公立学校科学课上讲授该内容违反《美国宪法第一修正案》。

大多数讨论这个话题的文章，总是从宗教和科学相互对立的前提出发，力图用这些事件证明宗教影响的强大。对于宗教，我有自己的理解和看法。但即便我是一个所谓"没有信仰的人"，我也不会反对"信仰自由"，同时不应该、也无法强迫任何人放弃自己的信仰。

事实上，宗教和科学不一定对立。如果宗教和科学彻底对立，就无法合理地解释这样一个事实：哥白尼、伽利略、牛顿等科学巨人都有坚定的宗教信仰。直到今天，地球上还有很多科学家有坚定的宗教信仰——尽管我们很难获得一个确切的统计数字。

和科学一样，宗教也是人们用来"思考""解释"这个世界的工具，只不过，在解释物理世界方面（如生命起源的根由、天体运转的机理），现代科学已经逐步代替了宗教。当今宗教的重心已经转移到另外一个更需要它的方面——人文领域。

在"演化论"、"神创论"及"神创论"的变体"智慧设计论"（又称"神力设计论"）持续至今的争议中，争论双方都对自己的看法确信无疑。关键的区别在于：达尔文的支持者，如果确实是在透彻理解其观点之后坚定地支持的话，就都是能够运用心智力量摆脱自身感知局限的人；达尔文的反对者，则是那些心智力量尚未发展到可以用来摆脱自身感知局限的人，他们无法正确理解并完整运用新的思考工具——科学方法论——去思考问题，甚至并未意识到自己恰恰是由于这个原因而拒绝科学的。

今天，与"创世说"的观点相反，严肃的科学杂志上没有发表过否定演化论的消息。1997 年，美国华盛顿大学的乔治·吉尔克里斯特[8] 调查了列入原始文献的数千种期刊[9]，想要找到关于"神力设计"或"创世说"的文章。他检索了数十万篇科学报告，结果一无所获。后来，东南路易斯安那大学的芭芭拉·弗瑞斯特[10] 和凯斯西储大学的劳伦斯·克劳斯[11] 分别用了几年的时间独立进行了同样的调查，与吉尔克里斯特的调查结果如出一辙。可以说，今天所有严肃的科学家都应该是相信并能够理解演化论的[12]——尽管他们同样可能有自己严肃的宗教信仰。

每个人的内心都有恐惧，而所有的恐惧其实都源于我们害怕未知。这样看来，恐惧是永恒的，因为我们不可能无所不知。对此，托马斯·叟的类比特别精巧："在茫茫而又无限的未知空间里，我们的'知识'只不过像其中的星球一样，而星球与星球之间的空隙比那些星球本身不知道要大出多少倍。"[13] 所以，我们需要"希望""爱""信仰""奇迹"，甚至"怪力乱神"等被学者们称为"必要之幻觉"[14] 的东西填补这些空隙才能心安。

由此可见，讨论很多人热衷的"爱因斯坦的宗教信仰究竟是怎样的"或者"爱因斯坦究竟有没有宗教信仰"之类问题的意义不大。因为，爱因斯坦也是人，他也会心存恐惧或者敬畏，他也要面对未知——即便他知道的比与他同时代的其他人都多得多，可他已知的一切与未知的一切相比，不过是沧海一粟。所以，就算他有信仰，也并不令人惊讶；就算他有信仰，他信奉的也肯定不是那些拒绝科学的人所信奉的神。从这个角度看，开启心智、正确思考更值得我们投入时间与精力。

想起他们，就充满斗志！

---

1 托马斯·索尔：Thomas Sowell，1930 年 6 月 30 日—，美国经济学家、社会理论家、政治思想家、作家。参见链接 4-25。
2 参见《学问与决策》（Knowledge and Decisions，1980），托马斯·索尔著。
3 科学方法：Scientific Methods。
4 《物种起源》：On the Origin of Species，1859。达尔文论述生物演化的重要著作。
5 演化论：Theory of Evolution，又译"进化论"，是用来解释生物在世代与世代之间具有变异现象的一套理论。参见链接 4-26。
6 约翰·斯科普斯：John Thomas Scopes，1900 年 8 月 3 日—1970 年 10 月 21 日，曾为美国田纳西州戴顿镇教师。参见链接 4-27。
7 猿猴诉讼案：The Scopes Case，亦称"Monkey Trial"。CNN 曾于 2000 年为此事做过一个标题为"辩论仍在进行"的专题报道，参见链接 4-28、链接 4-29。
8 乔治·吉尔克里斯特：George Winston Gilchrist，1954 年 8 月 9 日—2020 年 2 月 6 日，美国演化生物学家。参见链接 4-30。
9 吉尔克里斯特的调查：The Elusive Scientific Basis of Intelligent Design Theory。参见链接 4-31。
10 芭芭拉·弗瑞斯特：Barbara Carroll Forrest，1952 年 6 月 25 日—，美国东南路易斯安那大学历史学与政治学系哲学教授。参见链接 4-32、链接 4-33。
11 劳伦斯·克劳斯：Lawrence Maxwell Krauss，1954 年 5 月 27 日—，美国/加拿大理论物理学家。曾任美国亚利桑那州立大学地球与空间探索学院建院教授、"起源项目"主任，现为"起源项目"基金会主席。参见链接 4-34。
12 参见《科学美国人》（Scientific American）杂志的报道《对创造论者无稽之谈的 15 个回答》（15 Answers to Creationist Nonsense），参见链接 4-35。另见链接 4-36。
13 参见《学问与决策》（Knowledge and Decisions，1980），托马斯·索尔著。
14 必要之幻觉：Necessary Fiction。

4. 经验局限

人类如果不会阅读、不会记录、不会表达、不会思考，会是什么样子呢？下面这个故事流传颇广[1]：

把5只猴子关在一个笼子里，在笼子顶上挂一串香蕉。实验人员准备了冰水，只要有猴子碰到香蕉，马上就会有冰水浇向所有猴子。

开始，有只猴子想去拿香蕉，导致所有猴子都被冰水浇了。随后，每只猴子进行了几次同样的尝试，发现莫不如此。于是，猴子们不再试图去拿香蕉了。

然后，实验人员把其中的一只猴子换出，换进一只新猴子。这只新猴子看到香蕉，自然马上想要去拿。结果还没等浇水，其他4只猴子就对这只新猴子一顿暴打。新猴子挨了几次打之后，也不再试图去拿香蕉了——怕挨打。

如此，实验人员再把第一次实验中留下的4只猴子中的一只拿出，放入一只新猴子。这只新猴子看到香蕉，也是迫不及待想要去拿，当然，一切如前，等待它的是其他4只猴子的一顿暴打。最后，这只新猴子也不敢去碰香蕉了。

最有趣的是，上次挨打的猴子，这次出手最重——其他猴子也许是出于自卫，但这只猴子肯定是出于报复，因为它并没有被水浇过。

一段时间后，最初的5只猴子都被换走了，剩下的5只猴子并不知道冰水的存在，它们只知道一件事情——谁要敢碰那串香蕉，就要遭到一顿暴打。当然，它们的行为与自卫无关，全都是出于报复！

这个故事据说是用来说明传统是如何形成的。其实，这个实验只能部分说明某些荒谬的传统是如何形成的。很多今天看起来没什么道理的传统，当初确实曾经正确或者曾经最接近正确。这个故事真正让我们看到的是，在知识正确传播的过程中，语言、文字及逻辑思维有多么重要。

让我们就着这个故事继续联想：如果猴子们可以讲话，它们就不用打架；如果猴子们能够写字，那么无论换多少次、多少只，新来的猴子都不用挨打（更不会无辜地挨打）；假如猴子们能完整地使用逻辑，或许它们最终会想出办法躲避冰水并吃掉香蕉，进而可能对那些做实验的人心存鄙视。

因为没有足够精巧的语言，也没有可以使用的文字，猴子们无法进行有效的交流和讨论，也不大可能有机会发展出完整的逻辑思维能力，更不用说"正确地思考"了，所以，猴子们无论如何都不可能搞清楚香蕉和冰水是什么关系，只是得到了一个结论——香蕉是不能碰的——至于原因，完全曲解了。只看结果，不究原因，或者乱解原因，是一种多么危险的想法和做法啊！正所谓"经验主义害死人"。

到这里，我们已经触及所有学习过程[2]中最大的障碍——经验主义。所有的人或多或少都是经验主义者，原因就是前面提到的：所有的人获取知识最为基础的手段就是"体验"。"经验"在一定的层面上是适用的，不能否定它的重要价值，但与此同时，必须认清"经验主义"的局限。

个体的经验有限

有一个特别能说明问题的例子是"强光喷嚏反射[3]"。现在人们已经知道这是一种通过基因遗传的特征，大约有17%到35%的人有这种症状。目前对这种症状可信度较高的说法是：眼睛和鼻子的知觉受同一条三叉神经的支配，强烈刺激引发的防御反应混淆在一起，导致人打喷嚏。具体一点，从眼睛进入的强烈阳光产生的信号令鼻腔误以为这是对自己的刺激，故欲以喷嚏的形式将异物驱逐出去。亚里士多德[4]在《论问题》[5]第33卷中就曾提到这个现象，可在当时，尽管他有这种体验，也无法正确作出解释，更大的难题是，读到亚里士多德著作的人，至少有65%无法用自己的经验理解那段文字记录的现象。

1794年，英国化学家、物理学家约翰·道尔顿[6]发表了著名的《关于色彩视觉的离奇事实》[7]。从此，科学家们才开始对"色盲"现象展开研究，以对其作出更为全面、科学的解释。从统计数据看，至少有 3% 的人在色彩辨认上存在障碍。很容易想象，在此之前，色盲的人是无法获得来自其他正常人的理解的。

　　还有些时候，在无法突破个人有限经验的情况下去理解周遭的事物和人，甚至会造成惊人的灾难。同性恋人群在社会上的种种遭遇就是典型的例子。2004 年 12 月 1 日，中国卫生部首次公开发布《同性恋白皮书》，称中国目前处于性活跃期的男同性恋者超过 1000 万人。在一些开放的西方国家，大约有 5% 至 7% 的男性承认自己是同性恋者或有同性恋倾向，女性的数字略低。目前，世界公认的数据是：同性恋人口占人口总数的 2% 到 5%，且这个比例相对固定，同性恋人口不因社会的压制或放开而减少或增多，只有隐蔽与显露的区别。同性恋现象不仅在当代存在，历史上早已有之，而现在也没有任何证据表明同性恋人口比例增加。但是，仅仅因为大部分人无法突破自我经验的局限而使同性恋人群遭遇的惨剧是难以想象的（例如命运多舛的艾伦·图灵[8]）。

　　这些情况就可以解释"为什么人们总是异常痛苦于不被理解，并且在那么强烈地认同'理解万岁'之类口号的同时常常无法理解他人"——每个人都或多或少受到自我经验的局限，而这也是经验主义局限的根源所在。摆脱自我经验局限的难度有时是无穷大的，前面的三个例子可以很好地说明这个问题——很多时候我们根据自身经验完全无法想象他人的体验究竟是什么样的。

群体的经验有限

　　群体经验局限的根源是人类的寿命有限。目前还没有发现哪一个人的寿命可以超过 200 岁。可是，哪怕是长达 200 年的时间，其对知识的积累和消化而言，也实在微不足道。从公元前 3 世纪希腊天文学家阿里斯塔克斯[9]猜想太阳应该是世界的中心，到哥白尼提出"日心说"[10]，大约经过了 1800 年；从亚里士多德在《论问题》第 33 卷中记录"强光可能导致喷嚏"，到现代科学家们提出相对可信的解释，大约经过了 2300 年。

　　达尔文的演化论，到今天也只是为少数人真正理解并坚信的科学学说。发生这种现象的真正原因在于，这是一个无法仅通过个人体验获得的知识，甚至是整个人类群体的经验无法涵盖的知识。人类中有谁可以亲身体验从我们与猴子的共同祖先一直进化到今天的整个过程？如果有人真的可以全程经历，他就会看到，他的某些亲戚到今天还是猴子，而另一些亲戚慢慢变成了大猩猩，大猩猩的某些亲戚慢慢变成了黑猩猩，黑猩猩的某些亲戚后来变成了猩猩，猩猩的某些亲戚最终变成了今天的人……说起来并不复杂，可事实上，这个人需要至少活 200 万年才有机会看到某些大猩猩进化成黑猩猩。

个人面对无法亲身体验的知识，其表现往往为恐惧；群体面对无法亲身体验的知识，其表现往往为疯狂。有句话非常精辟："很多时候，人们的善良来自于软弱，而他们的残暴只不过来自于恐惧。"哥白尼深知这一点，所以他临终才敢正式出版《天体运行论》。哥白尼的支持者布鲁诺[11]就"嫩"了一点，或者说，表现得勇敢了一点，结果就被烧死了。

不仅存在无法通过个体或者群体经验获得的知识，还存在与现有经验相悖的知识

人们常说"经验宝贵"，然而在某些时候，所谓的"经验"恰恰是我们前进道路上的绊脚石，甚至是我们进步过程中可能遇到的、稍有差错就无法逾越的鸿沟。

人们在理解新知识的时候，往往会依赖经验，所以，在教育学中，"类比"是很多学者和专家推崇的教学方法。小学教师用煮熟的鸡蛋类比地球的构造，使小学生一下子理解了他们不可能亲自体验的知识——谁有能力劈开地球看看呢？中学教师用太阳系的构造类比原子的内部构造，使中学生一下子理解了他们不可能亲自体验的知识——在相当长的时间里，并非每个学校都拥有足以观察原子内部构造的场离子显微镜。更神奇的是，中学生对这一知识的理解依赖于一个无法通过个体体验获得的经验知识——太阳系的构造。

然而，使用类比理解新知识的前提是，这个新知识与某个"现存经验"接近或者类似。可在某种程度上，有时候连"类比"这个神奇的工具都无能为力[12]，因为我们总是会碰到面对并尝试理解的知识与现有经验相悖的情况。

观察一下就会发现，日常生活中主要的"沟通障碍"本质上几乎都是由于沟通双方无法让对方理解与他们的经验相悖的知识或信息造成的。不夸张地讲，目前几乎所有关于沟通技巧的书籍中提供的解决方案都没有真正说到点子上。这种知识和信息传递中的问题，不是仅仅通过"站在对方的立场上考虑问题"就可以轻松、彻底地解决的。尽管"站在对方的立场上考虑问题"确实是很有用也很难掌握的技巧，可当我们面对（"背对"可能更准确）"站在双方的立场都无法考虑到的问题"时呢？尽管这时我们甚至可能不知道问题究竟是什么，但有一点确定无疑——这种

问题不仅确实存在，而且往往至关重要。

美国前第一夫人罗莎琳·卡特[13]就观察到了这样一个现象："优秀的领导，能够把人们带到他们想去的地方；而卓越的领导，能够把人们带到他们应该去但是没想过要去的地方。"这样的思考和表述，说明罗萨琳·卡特不仅智商过人，而且心智足够强大，强大到可以理解那些"卓越的领导"的地步。

在我看来，所有教育失败的症结也在于此。在人们探索未知、寻求真理的时候，困难大都来自如何正确地理解"与现有经验相悖的知识"。从这个角度看，宗教已经没有能力承担这份工作，其必须让道于少数人已经掌握并且正在使用、正在完善的方法——科学。科学方法是一个远超本书讨论范围的话题。我的建议是：**人在学生时期应该认真阅读至少3本关于科学史和科学方法的书籍。**

这样看来，人类也许是地球上最尴尬的物种：长期的进化使人类到达今天这个高度，但是每个人在出生的一刹那，居然与其他动物站在几乎同样的起点上，心智要从零开始进化。

一个人在一生中要用相当长的时间通过枯燥的学习和反复的实践来获得文字运用能力（有些人通过努力，能够使用多种语言和文字）。有了文字能力，才可以通过阅读摆脱种种局限、获得更多的知识。此外，人要学会逻辑，并用科学的方法思考问题，才有可能成长（或者干脆用"进化"作为类比更好一些）为真正意义上的"人"——当然，一定有相当比例的、绝对超过半数的"人"在这条路上只走了一半就自以为是去了。

一不小心看穿了教育本质的人，如果稍微脆弱一点，就会无比失望，甚至绝望。我们无法接受这样一幅画面：一只大猴子在卖力地"教"一群小猴子——要是一只大猩猩教一群小猴子倒还好一点。可以想象，那些最终进化成人的小猴子，一路上要经历多少磨难！

这个类比貌似过于尖刻，而且让人非常难以接受，但是，不得不承认，这个类比不仅生动，而且准确，还没有冒犯任何人。当然，估计也没有谁愿意对号入座。

《圣经》里说，上帝为了阻止人建造通天塔，变乱了人的语言[14]。但事实上，语言障碍从来都不是不可逾越的，顶多是难以逾越罢了。700多年前，马可·波罗[15]在没有金山词霸、不懂艾宾浩斯[16]遗忘曲线[17]、既不"逆向"也不"疯狂"的情况下，竟然学会了地球上最无从捉摸、容易忘记、难以研习的语言——汉语。今天，地球上掌握多种语言的人越来越多，而在这种情况下，建造通天塔的另一个障碍终于浮现，那就是很多"人"可能一辈子都无法摆脱的"经验主义"局限。

在这一点上,"类比"依然有神奇的力量。关键的第一步是:记住并理解以上的例子,牢记在这世界上确实存在"与现有经验相悖的知识",再把这句话变成经验,用它去类比未知,然后投入大量的时间和精力去学习和掌握"科学方法论",挣扎着进化成真正意义上的"人"。当然,必须申明:无论是谁,都有放弃进化的权利。

1 这个故事应该只是一个寓言而已，但大卫·加德纳（David Gardner）在愚人网（链接 4-37）上发表的相关评价颇有意味：丹最近听说了一个来自"心理学 101"的实验故事，"心理学 101"的故事都相当有趣、发人深省，而且得出了重要的结论。我和丹都无法明确这个故事的真实性，然而，即使它从未发生过（我更乐于认为它曾经发生过），它仍然包含了精神上的真理。我与其他亲爱的愚人网友们一样，将这种精神上的真理视为更深层次的东西，相对于科学真理来说，它有属于自己的轨道。参见链接 4-38。

2 或者说知识传递过程。

3 强光喷嚏反射：Photic Sneeze Reflex。参见链接 4-39。

4 亚里士多德：希腊文 Αριστοτέλης，英文 Aristotle，前 384 年—前 322，古希腊哲学家。参见链接 4-40。

5 《论问题》：Problems，或称 Problemata，公元前 3 世纪—公元 6 世纪，是亚里士多德（或假托亚里士多德）针对不同问题进行追问的汇总集。参见链接 4-41。

6 约翰·道尔顿：John Dalton，1766 年 9 月 6 日—1844 年 7 月 27 日，英国化学家、物理学家。近代原子论的提出者。色盲症患者及研究者。参见链接 4-42。

7 《关于色彩视觉的离奇事实》：Extraordinary facts relating to the vision of colours，1794。约翰·道尔顿著。该文给出了对色盲这一视觉缺陷的最早描述。参见链接 4-43。

8 艾伦·图灵：Alan Mathison Turing，又译阿兰·图灵，1912 年 6 月 23 日—1954 年 6 月 7 日，英国数学家、逻辑学家，被视为"计算机科学之父"。他亦是著名的男同性恋者，并因此遭到当时的英国政府的迫害，最终自杀身亡。参见链接 4-44。

9 阿里斯塔克斯：希腊文 Ἀρίσταρχος，英文 Aristarchus，约前 310 年—约前 230 年，古希腊天文学家、数学家。史上记载的首位提倡日心说的天文学者。参见链接 4-45。

10 日心说：也称"地动说"，是关于天体运动的、与"地心说"相对立的学说，它的核心观点认为太阳是宇宙的中心，而非地球。参见链接 4-46。

11 布鲁诺：意大利语 Giordano Bruno，1548 年—1600 年 2 月 17 日，文艺复兴时期意大利思想家和哲学家。参见链接 4-47。

12 使用 Twitter 的读者若有兴趣，不妨尝试向那些不知道 Twitter 的人讲解 Twitter 究竟是什么。即便是在 Twitter 已经流行多年的今天，我们还是会发现，讲解仍然是很困难的。对方会不停地拿一些八杆子打不着的"类似物"来打断你的讲解，令你干着急、没办法。

13 罗莎琳·卡特：Eleanor Rosalynn Carter，1927 年 8 月 18 日—，美国第 39 任总统吉米·卡特的妻子。参见链接 4-48。

14 参见《旧约圣经·创世记》11:1～11:9。

15 马可·波罗：Marco Polo，约 1254 年—1324 年 1 月 8 日，意大利威尼斯商人、旅行家、探险家。中国元朝时期随他的父亲和叔叔通过丝绸之路来到中国，自称懂得蒙古语及汉语。回到威尼斯后，马可·波罗在一次威尼斯和热那亚之间的海战中被俘虏，在监狱里口述其旅行经历，由鲁斯蒂谦写出《马可·波罗游记》。参见链接 4-49。

16 艾宾浩斯：Hermann Ebbinghaus，1850 年 1 月 24 日—1909 年 2 月 26 日，德国心理学家。参见链接 4-50。

17 遗忘曲线：Forgetting Curve，是用于表述记忆中的中长期记忆遗忘率的一种曲线。这一曲线最早由心理学家艾宾浩斯通过自己的实验提出。在该实验中，艾宾浩斯使用了一些毫无意义的字母组合。通过记忆这些字母组合，并在一系列时间间隔后检查遗忘率，汇总得出了这一曲线。因此，该曲线又称艾宾浩斯遗忘曲线。参见链接 4-51。

5. 自学能力

我常常暗骂现在的大学本科教育——不夸张地讲，现在的本科教育很大程度上已经忘了"本"。本科教育之"本"在于培养学生的自学能力。从理论上讲，一个人本科毕业之后，应该有能力自学他需要的任何知识。

可是，今天所谓的本科教育由于种种原因，或明显、或隐晦、或有意、或无意地使大多数毕业生在毕业的时候依然不具备基本的自学能力。更要命的是，本科教育不仅没能让相当数量的学生学好本专业，甚至令他们对自己的专业产生了憎恨。

面对这种情况，单纯抱怨是没有用的。在偶尔骂骂，证明自己还是个有七情六欲的正常人之后，还是应该花时间弄清楚自学能力究竟是什么、应该如何掌握及运用自学能力才对。

自学能力的基础是阅读理解能力

从初中毕业开始，大多数人会拒绝承认自己阅读能力低下，可这仅仅是幻觉。很多人根本不具备基本的阅读能力，顶多是"识字"而已（弄不好识字量也很有限）。

"阅读理解"这件事说起来简单，做起来其实难得很。阅读是能够识别文字的人接收信息的过程，所以，在阅读之前就肯定要有一个甄别所接收的信息是否可靠和有效的过程——显然要依赖长期培养的甄别能力。输入完成后，信息要经过大脑进一步处理：需要记忆的，就要记住，并且可能要依赖复习才能真正记住；不需要全部记忆而又有用的，就要用文字存档，并且要想办法保证将来能够找到；新输入的信息与曾输入的信息如果类似却不完全相同，就要花时间仔细分辨，以免将来使用的时候出差错；新输入的信息与曾输入的信息如果有关联，就要想办法研究清楚——要知道，大脑中存储的信息要多到一定程度才可能"融会贯通"……

对"人类的大脑是如何存放装载信息的"这个问题，科学家们研究了很久也没有答案。而我们可以想象，那肯定要比受过专业训练的图书馆管理员所做的事复杂许多倍，但很多人却想当然地以为自己不经训练就可以胜任——真是不自量力。

检索能力是建立在相当熟练的阅读理解能力基础之上的

文字是人类区别于其他动物的根本标准之一，但是，大多数人往往不重视文字。这也难怪，就好像上一节提到的"人类也许是地球上最尴尬的物种"。不过，人类最终还是拥有了文字，从某种程度上摆脱了这种尴尬，可这并不意味着所有人都可以获得足够的文字理解能力。

事实上，大多数人有严重的阅读障碍：不少人高中毕业之后就不再读任何书籍，偶尔看看报纸杂志上的短文或者互联网上的帖子，也常断章取义——他们不是故意的，而是无法认真、仔细地把每个字都看清楚，更不用说揣摩字里行间的逻辑关系了。

那些突破了阅读障碍的人，随着自身知识的积累（不停地阅读、观察、理解、交流、沉淀、筛选），终究会发现图书馆的好处。当然，在图书馆体系尚未真正有效建立的地方，互联网几乎成了最后的救命稻草。从这个角度看，搜索引擎就是互联网价值的终极体现（这样看来，某些搜索引擎让结果页面被商业利益左右的做法是多么令人憎恨）。当我看到很多本科毕业生甚至研究生仅因为不善于利用图书馆资源和搜索引擎而无法找到实际上唾手可得的有效信息时，无法不深深感到悲哀。

写作能力在自学能力中占据重要位置

这里提到的"写作能力"，不是写小说的能力，不是写诗歌的能力，不是写剧本的能力，也不是写散文的能力，只是写作能力中最基本的一种——写出简洁、有效、准确、朴素、具体的说明性和说理性文章的能力。

我国的教育把语文和文学过分紧密地联系在一起，以致有时忘了文字本身最重要的意义，而文学只是文字应用众多领域中的一个。这个事实也许很多人不愿意接受，但是，静下心来想想，如果我们的文化中真的少了一部《红楼梦》[1]或者《西游记》，实际上不会影响今天人们刷信用卡买东西、用互联网查资料、乘飞机出行、饿了吃饭、病了服药、困了睡觉。日本没有渡边淳一[2]、大江健三郎[3]，一样可以有索尼[4]这种超级企业；美国没有梭罗[5]和海明威[6]，一样可以打赢第二次世界大战，成为超级大国；英语今天主宰全球的原因并不是英国有莎士比亚、培根[7]、狄更斯[8]和柯南·道尔[9]。我国的语文教育忘记教会学生如何用简洁、有效、准确、朴素、具体的文字记录自己的知识和经验，以便将来通过共享获得更多的知识和经验。

请注意，我没有任何鼓吹"文学无用"的意思，我只想说：从人类的整体发展情况看，除了"文学"，文字还有很多责任，例如传递信息、积累经验、共享知识等，而且，对大多数普通人来说，后者可能更重要。

实践能力是自学能力最终转化为真正价值的根本

我看到过一句令人非常震撼的话：很多人正是因为没有目标才不停地"学习"。许多人都曾慨叹：工作之后才知道什么真正有用，可"书到用时方恨少"。如果一个人不是很懒惰，那么什么时候开始学都不晚！知道自己需要的是什么之后，真正的学习才算开始。

例如，学英语：很多人天天在学却从来不用；背单词坚决不造句，却去练习什么词根词缀记忆法或联想记忆法；背了那么多单词，却从不读英文文档，从不写英文文章。当然，偶尔还是要说英语的，但仅限于"Hello! How are you? I'm fine, thank you, and you?"之类。其实，掌握2000个基础词汇、了解基本语法规则之后，就应该去"用"英语了。举个例子，看本专业的英文原版资料就是很好的使用英语的机会。有不认识的单词，查字典嘛。每个单词都认识，但整句话就是看不懂，查语法书嘛。查了一圈还是搞不明白（其实发生这种情况的概率并不高），问老师嘛。

可是，我见到的绝大多数学生英语水平没有进步的本质原因只是懒惰，他们在第一步就已经放弃实践了。我经常遇到问老师"这个单词是什么意思"的学生——这样的学生，连字典都不愿意查（别说查不到，今天的字典种类很多，另外还有互联网，查不到的概率极其微小），更别说查语法书了。有时我甚至觉得我能在新东方做英语教师，仅仅是因为我会查字典、翻语法书，再加上一个<u>尽量搞清楚一切</u>[10]的心态。可为什么有那么多人连这种最基本的实践都不愿意去尝试呢？

　　看清这些，我们就应该认真思考一下自学能力了。自学能力的打造就是从我们认真对待它开始的。它就像恋人一样，你对它好，它才对你好。完全靠自己学一样东西吧——别管它是什么——并且一定要学好，学到比相当数量的人都好。如果真的做到这个地步，那你就不仅是一个完整的人了，还是一个相当优秀的人。这时，你完全可以对自己说："你太有才了！"我个人的建议是去自学一门计算机编程语言，因为计算机编程语言的相关资源在互联网上分布广泛、极易获得，而且优秀的资源使用的语言往往是英语，这又顺带练习了英文阅读理解——想想吧，肯定不仅仅是一举两得。

永远保持开放的心态

　　我们的大脑有一个运行机制叫作"选择性输入"，其具体表征在很多人身上都有体现：他们只能听到自己喜欢听的，只能看到自己想要看的。其实，这个机制算不上缺陷，很多时候，它对我们来说属于"自我保护功能"。然而，对一个挣扎着发展自己心智的人来讲，"选择性输入"就是一个可怕的敌人。

　　对抗"选择性输入"的最好办法是借助我们最好的记录工具——纸和笔——有条件的话，最好在固定的时间把那些目前暂时无法理解的、支持的、反对的、无所谓的论点和观点记录下来。对无法理解的，写下自己当时的疑惑；对支持的，记录几个理由或者实例；对反对的，同样记录几个理由或者实例；甚至对那些无所谓的，也记录其原因。一个有这样良好记录习惯的人会获得他人无法拥有的处理信息和知识的能力——"反刍"。这种"反刍"能力是我们避免成为"选择性输入"受害者的重要保障。

了解学习的进程

　　所有的学习过程从进展方式上看都是类似的，但它并不为所有人了解。

　　有一个说不上太蠢但也足够蠢的幻想是：只要努力，就可以不断进步。实际上，在学习时，进展和时间的关系肯定不是线性的——想要"一分耕耘，一分收获"基本没戏。

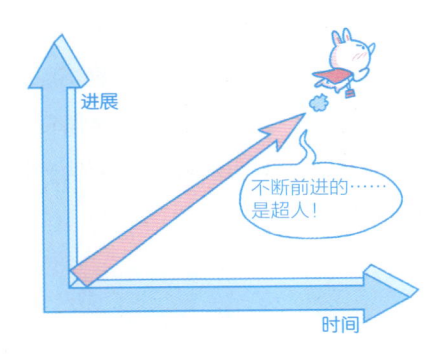

这个关系曲线更可能是阶梯状的：在学习过程中，有很长时间一点进展都没有，而从某一刻开始突飞猛进，然后又是长长的一段所谓"平台期"。

事实上，这个阶梯可能没有图中描绘得那么陡峭。如果放大一点，阶梯的每一级可能是这样的：在学习的任何一个阶段，都会有一段时间进展缓慢。只有经历积累的过程，"量变到质变"的效果才会出现，才有可能突飞猛进。

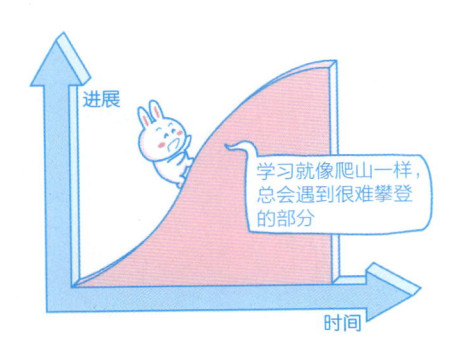

但是，许多人往往在只行进了一小段时间后就因为觉得进展"过分"缓慢而开始动摇，

以致从来不曾体会"突飞猛进"的感觉。然而，这种慢慢动摇直至最终放弃的人，在其漫长的一生中总会遇到身边的某些人正在"突飞猛进"。在不愿意承认自己曾犯下错误的情况下，那些最终放弃的人会给自己一个貌似"最合理"的解释："呀，他肯定有什么诀窍！"

当然，更现实的，这个曲线应该是并不规则，上下起伏，但总趋势上升的。打个比方，有点像跳华尔兹——先进两步，再退一步。

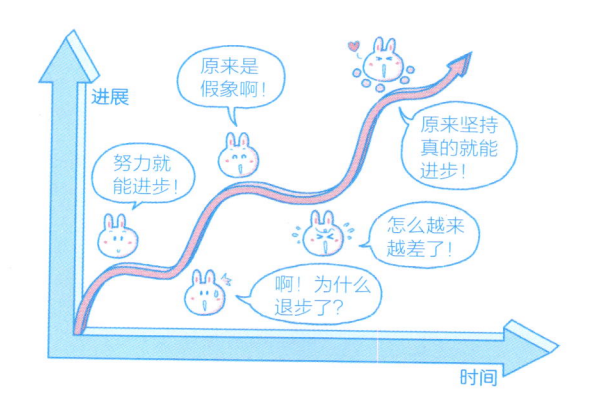

说到这里，我们可以看出，如果把学习中时间和进展的关系理解为纯粹的线性关系，那么我们最终根本不可能收获满意的进展。其实，没有哪个人可以长时间忍受失望。这样看来，曾经的放弃，往往不是因为没有毅力，而只是因为对时间和进展的关系理解错误——在频繁失望甚至绝望的情况下居然坚持了那么久，我们原来这么有毅力啊！

1 《红楼梦》：原名《石头记》，成书于 18 世纪，中国古典长篇章回小说，中国"四大名著"之一。参见链接 **4-52**。
2 渡边淳一：日文渡辺淳一，1933 年 10 月 24 日—2014 年 4 月 30 日，日本著名作家。参见链接 **4-53**。
3 大江健三郎：日文大江健三郎，1935 年 1 月 31 日—2023 年 3 月 3 日，日本当代存在主义作家，曾获 1994 年诺贝尔文学奖。参见链接 **4-54**。
4 索尼：日文ソニー株式会社，英文 Sony Corporation，1946 年 5 月创办，是横跨电子、游戏、金融、娱乐等领域的世界巨擘。参见链接 **4-55**。
5 梭罗：Henry David Thoreau，1817 年 7 月 12 日—1862 年 5 月 6 日，美国作家、哲学家。参见链接 **4-56**。
6 海明威：Ernest Miller Hemingway，1899 年 7 月 21 日—1961 年 7 月 2 日，美国记者、作家。参见链接 **4-57**。
7 培根：Francis Bacon，1561 年 1 月 22 日—1626 年 4 月 9 日，英国哲学家、政治家。参见链接 **4-58**。
8 狄更斯：Charles John Huffam Dickens，1812 年 2 月 7 日—1870 年 6 月 9 日，英国著名小说家。参见链接 **4-59**。
9 柯南·道尔：Sir Arthur Ignatius Conan Doyle，1859 年 5 月 22 日—1930 年 7 月 7 日，英国著名侦探小说家。参见链接 **4-60**。
10 当然，我更清楚"未知永远存在"。

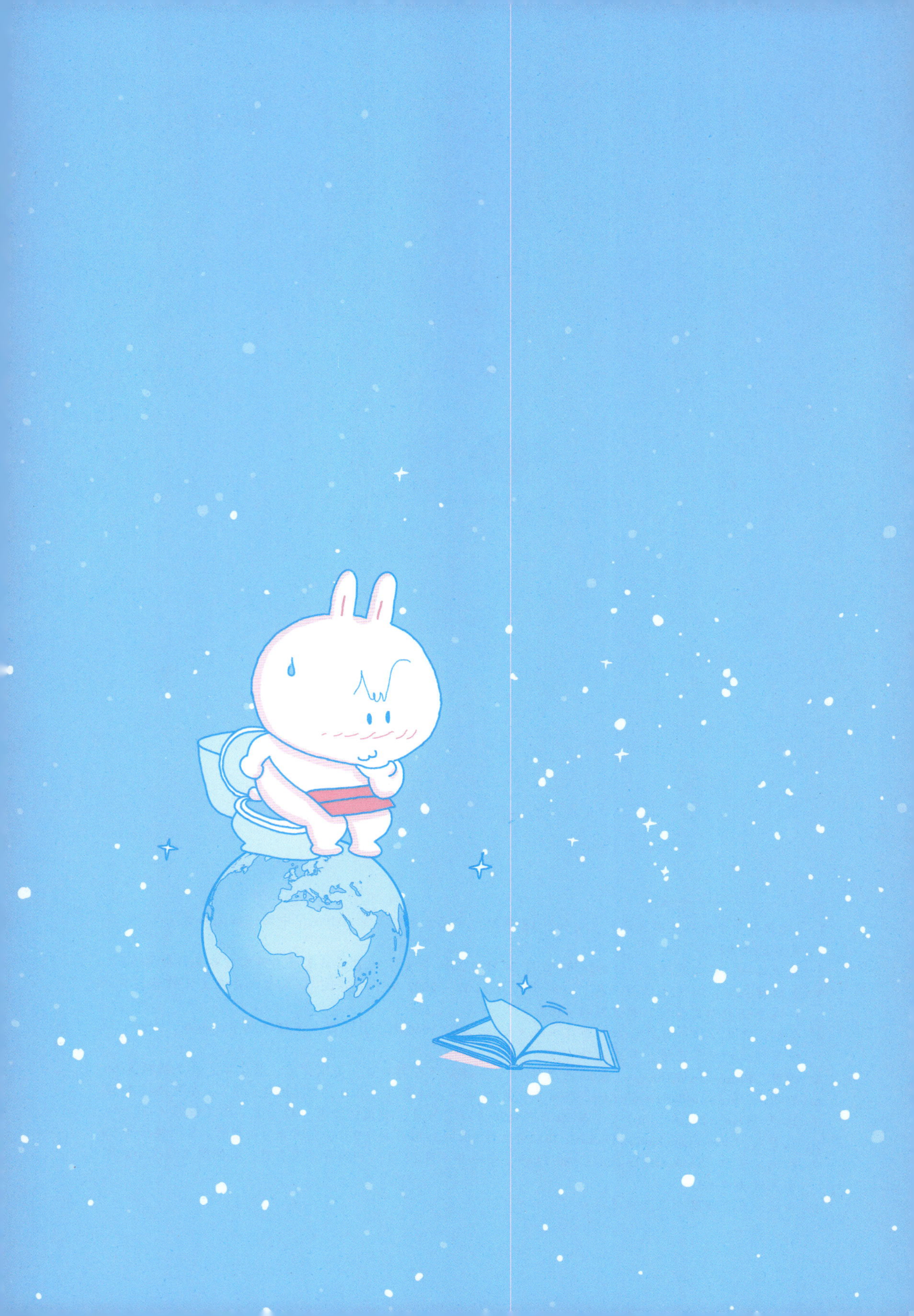

第5章
思考

我想知道上帝是怎样创造世界的……我想知道祂的想法，其他都是细枝末节。
——阿尔伯特·爱因斯坦

1. 勤于思考

遇到问题动脑子想一想其实是根本不费力气的事情，可偏偏很多人最常说的一句话是："想那么多累不累啊？"这话相当古怪，特别是从一个"人"——作为地球上唯一拥有庞大大脑额叶的物种的成员——的口中说出来。

谁也说不清，为什么会有那么高比例的人懒得思考、不愿思考、害怕思考、厌恶思考——这个比例保守估计不会低于80%，而且，剩下的20%中甚至又有80%常常用错误的方法思考。综合来说，在全人类中，能用简单且清楚的方式把问题想明白的人几乎不到4%。而这4%的人，绝大多数最终选择沉默，甚至有一部分成为负面力量的帮凶。从这个角度看历史，可能会得到令人胆寒的结论：人类发展史就是极少数想明白了的人不停挣扎的同时，被绝大多数想不明白的人谩骂、侮辱、陷害、谋杀的历史。

人都有大脑，闲置还是使用，是个问题。有脑子却不用，等于没脑子。如果要用，"应该怎么用"就是一个重要的问题。这是一个人的选择，这是一个人的奥德赛[1]。海妖[2]的歌声无孔不入——我们除了耐心，没有其他抵御工具，"路漫漫其修远兮，吾将上下而求索"。

思考，更准确地说，**独立思考**[3]，只不过是在从别人那里知道一个结论的时候，自己动脑重新推演一遍，看看得出结论的过程有没有漏洞和不合理的地方，衡量一下结论到底有没有道理的过程。这个过程没那么复杂，也没什么玄妙，不过是一个正常的有脑子的人应该做的事情而已。

一旦开始尝试独立思考，我们就会发现，陷阱无处不在。这些陷阱直接导致无数人放弃思考——因为在很多时候，思考虽然不费力气，但实在是太麻烦了。为了避免麻烦而把思考推给别人是一种常见的解脱手段，由此，大多数人身上出现了大量"迷信权威[4]"的现象，只不过程度不同。"迷信权威"本身就是一个典型的陷阱：权威的意见可能更准确，可事实上，权威也好、专家也罢，滥竽充数的实在不少。为此，我们不得不常常采取"求人不如求己"策略。这也展现了一个无奈的事实——我们生活在一个信任成本极高的社会。

在深入探究思维陷阱之前，让我们多花一点时间讨论一下"迷信权威"这个问题。在常见的思维谬误中，"诉诸权威[5]"与"诉诸情感[6]"一样被列为有逻辑错误嫌疑的辩论方式。首先，权威不一定正确；其次，对正确的权威信息，很多人的理解并不正确；再次，权威可能别有用心；最后，权威可能并不存在。不过从另一个角度看，迷信权威诚然不对，但鄙视一切权威无疑也有偏颇——总有真正负责任的专家、权威存在。现在的问题是：我们应该在多大程度上相信权威？

诉诸权威，本质上源自人们对确定的渴求。面对未知，我们希望有人能够清晰解答；面对争议，我们希望有人能够一锤定音。可我们总是无法如愿。其实这也没什么可抱怨的，因为我们就生活在一个不确定的世界里。然而，几乎没有人愿意最终面对不确定的答案、不确定的结果。这样看来，"固执己见"和"六神无主"应该是近义词。

尽管正确对待权威并非易事，但很多人不能正确对待常识确实令人震惊。观察一下生活，观察一下人群，我们会发现很多人对权威迷信到漠视常识、遗忘常识的地步。我们的思维误区中有一个盲点——"一厢情愿[7]"，这个东西再加上源自无知、恐惧、懒惰的"迷信权威"，就几乎必然会出现漠视常识、遗忘常识的结果。

钱理群[8]先生曾回忆[9]道：

一九五八年……当时《中国青年报》报道：贵州省金沙县（中国最穷的地方）一个社创造了单季亩产水稻三千零二十五斤的纪录。几天之后，《人民日报》报道：甘肃省某社在二分五的山地上，一青年突击队创造了亩产马铃薯一万七千四百一十斤的全国高额丰产纪录。紧接着，《人民日报》报道：河北省静海县陈官屯用五天时间建成一个水利发电站。《浙江日报》报道：浙江省一个多月发展的民办学校达八千五百一十六所。新华社报道：河南省遂平县卫星农业社五亩小麦产二千一百零五斤。一天后，湖北省谷城县东尼社宣布：亩产二千三百五十七斤，创了新纪录。两天后河南卫星社又放第二颗卫星：亩产三千五百三十斤。四天后，河北省临漳县红光社又宣布亩产高达三千六百五十斤。同一天，同属湖北谷城县的星光社宣布创四千三百五十三斤新记录。二十天后，河南省西平县和平社又宣布，达到亩产七千三百二十斤。一个月之内神奇般地上升，各路诸侯都是"各领风骚三五天"。到九月一日一颗特大卫星把全国人都惊得目瞪口呆：河北省徐水县布，亩产山药蛋一百二十万斤，要创造一棵白菜五百斤，小麦亩产十二万斤，皮棉亩产五千斤，全县粮食亩产二千斤的高产卫星……

我当时在北大读书，也卷入了这样的狂潮。订计划一天要写几百首诗，整夜不睡地写，比谁大胆，谁善于狂想、做梦。

千万不要以为这只是历史，不会再次发生。这不仅是历史，也是人性的弱点——再过千万年都不见得单凭基因遗传和突变可以淘汰的人性弱点。人们对逻辑学习的忽视，以及对自己在逻辑上的欠缺少有自知之明，并非只有今天如此，而是千百年来一直如此。很多很多年前，有人嘲弄"东施效颦"。究竟是因为西施漂亮，所以她的一举一动，哪怕皱眉捂胸，都妩媚动人呢？还是因为西施身体太差，经常皱眉捂胸，所以才显得漂亮呢？这是东施一生都没有想明白的事情。很多很多年后，我们还是能看到东施"转世"人间，化身无数——不分男女老少，甚至不分种族。

权威不是用来迷信的，权威在更多时候本应该是我们认识世界的辅助工具，而且我们在某些方面需要权威的同时，自己也会尽量成为某个方面的权威，这是社会大分工的基本意义。但权威被很多人滥用，更有甚者，在滥用权威的同时沦为权威（无论是不是真正可靠、可信的权威）的奴隶——依然是本末倒置，东施"附体"。

独立思考的一把钥匙是这样的——

首先要了解：权威不一定等于正确。进一步要明白：就算权威正确，也只是权威表达了正确的内容，而非正确的内容属于权威。最后要清楚：准确地说，权威只是权威，正确就是正确，它们俩什么时候都不是一回事。

从另一个角度看，拒绝独立思考、把思考的工作交给别人，不仅不省时间，恰恰相反，非常浪费时间——甚至会浪费一生的时间。

举例来说，在工作岗位上，有些人像顶着一颗榆木脑袋一样，只做领导要求做的事情，但往往连被要求做的事情都做不好。很多时候，这些人并不是偷懒，而是长期养成的习惯（回避思考的思维模式）造就了他们的行为模式——他们根本想不出该做的是什么，所以只求把领导交代的任务完成以保住饭碗。可是，他们甚至连该怎么做好那些被交代的任务都想不清楚，因为他们的脑袋从未"用进"、只曾"废退"，早就退化成了实心的榆木疙瘩，没什么用处。

而另一些人（肯定是少数），在接到任何任务之后，都勤于琢磨，思考该任务的目标、实质、意义，再据此思考完成该任务的方法。于是，他们会为了完成任务、实现目标，去做很多领导原本未曾交代的事情。最终，他们不仅能完成任务，还常常有很多意外收获……

这就是差别——前者往往在一个工作岗位上"兢兢业业""勤勤恳恳"，却"一无是处""碌碌无为"；后者则在同样的时间里"一步一个脚印""步步高升"……后者逐渐会拥有更多的机会，占据更大的平台，最终与前者成为两个完全不同的世界的人。

很多人就是这样，坚持拒绝思考，然后用天下最累的方式生活而不自知。大哲学家罗素[10]观察到这个现象，为之奇怪并慨叹"很多人宁愿死也不愿思考"，然后戏谑道："实际上，他们确实死得很快。"

---

1 《奥德赛》：希腊文 ΟΔΥΣΣΕΙΑ，英文 Odyssey，古希腊的著名史诗之一。参见链接 5-1。
2 海妖：指塞壬（Siren），希腊神话中人首鸟身的怪物。参见链接 5-2。
3 我个人一直坚持把"Critical Thinking"理解为"独立思考"，而非"批判性思考"或"批判性思维"。"批判"一词在中文语境中有不少与"Critical Thinking"并不相干甚至相左的含意。"批判"这个词，从新文化运动开始直至今日，经常与"阶级""立场"这类词有着紧密的联系，而与"思考""思维""思考方式""思维方式"少有关联。
4 迷信权威：Authority Addiction。
5 诉诸权威：Appeal to Authority。
6 诉诸情感：Appeal to Emotion。
7 一厢情愿：Wishful Thinking。
8 钱理群：1939 年 1 月 30 日—，中国现代文学研究者、作家，有以鲁迅和周作人为中心研究对象的专著和散文随笔多部。参见链接 5-3。
9 参见《话说周氏兄弟：北大演讲录》，钱理群著。
10 罗素：Bertrand Arthur William Russell, 3rd Earl Russell, 1872 年 5 月 18 日—1970 年 2 月 2 日，英国哲学家、数学家、逻辑学家，也是活跃的政治活动家，致力于哲学的大众化、普及化，曾获诺贝尔文学奖。参见链接 5-4。

2. 思维陷阱

维基百科上有一个专门的页面[1]，上面罗列了常见的形式逻辑错误和非形式逻辑错误。但实际上，导致人们犯下这些逻辑错误的最重要的原因只有两个——概念不清和拒绝接受不确定性。

概念不清

人们为了能够认知、思考、交流，必须不停地创造新的概念。可以想见，最初人类只有一些具体的实义概念，如肉、水、火、牛、蛇等。随着对周遭的认知越来越广泛、越来越深入，人类开始创造一些概念以指称那些看不见、摸不着但确实存在的东西，如毒、气、智等。

有些概念沿用到今天，是因为那些认知从一开始就是正确的，或者到现在也没被发现有必要丢弃。然而，更多的概念（准确地说，无数的概念）在人们不停地修正认知、追求真理的过程中被更正或者丢弃了。

"燃素[2]"就是这样一个概念。这一概念出现在17世纪，当时人们尚不了解燃烧的机理，也不了解空气的成分，只有一个笼统的"空气"的概念，没有氧气、氮气之类的概念，更不用提"氧化作用"了。但是，人们需要对某些现象作出解释。于是，有化学家提出了这一概念，对应的理论是：可燃烧的物体中含有一种物质，即"燃素"，所以它们才能燃烧。当然，现在这个概念已被彻底弃用，与此相关的理论也早已被证明是错误的。

在相当长的时间里，那些今天已经被弃用的概念并非一无是处。哪怕是那些今天已经被证明为错误的东西，在人类的求知过程中依然扮演着不可或缺的角色——因为从本质上看，进步过程就是不断"试错"。然而，如果一些概念在早就可以被证明无效、无用，甚至在只能造成曲解和误导的情况下依然被使用，就是非常荒唐的了。中国历史上五行、八卦、风水之类的概念就是如此，即便它们早已是不具备"适用性"的概念，依然有很多人基于种种目的、种种原因、种种诉求，把它们死死抱住，让它们一次又一次死灰复燃。

我们对这个世界的认知充满了困难。我们不停地修订和增补一些必要的（或者至少是暂时必要的）概念，证伪和丢弃那些错误的、不必要的概念，就是为了把这个世界看得更清楚。我们与我们所生存的世界之间好像有一层毛玻璃，我们把所要应用的概念打磨得越准确，就相当于把那层毛玻璃打磨得越透明，把这世界看得越清楚。但是，如果让一些错误的、不必要的概念死灰复燃，就会把那层毛玻璃弄得更厚、更不透明——所谓"混淆视听"。

其实我们说某个人"脑子清楚"，就是指那个人的脑子里没有那些乱七八糟的、毫无必要的、不讲根据的、混淆视听的概念。或者说，他可以清楚地了解那些概念是什么样的，以至一切在他的脑子里都非常清楚。

学习任何知识最重要的一点，就是搞清楚它所有的基础概念。不夸张地讲，任何学科的所有知识，都是由这些概念一点一点搭建起来的。一般人看见房子，不会觉得砖头有多么重要，但是对建筑师来说，砖头分为好多种，每种功用都不同——这就是内行和外行的区别。

在我年纪很小的时候，母亲教我："读教科书，要先把所有概念都记下来，暂时不懂的就死记硬背。把概念牢记于心，就可以通过以后的学习和实践反复审视它，并形成透彻理解。"这一教诲对我的帮助非常大，以至我上学期间从未觉得哪个科目太难。后来做了老师，有机会大量观察，才发现几乎所有的学习困难和思维困境，都是因为之前在学习基础概念时不加以重视造成的——没有例外。

所谓"脑子混乱"的人，其主要特点就是把根本不是一回事的东西当作一回事。因为他们构造世界的概念是粗糙、混乱、未经细分与整理的，所以他们的世界也只能是粗糙、混乱、无法理顺的。例如,"不恰当比较""无关类比"是很常见的逻辑错误,很多人犯这类错误往往是无心的,只是因为他们的概念太乱、太含混,才会把迥异的东西当作差不多的东西,甚至干脆当作同一个东西。这样的人看问题永远只能看到表面,有时甚至连表面都看不清楚,当然谈不上"穿过表象看到实质"了——

不知道"目标"与"计划"之间区别的人,意识不到自己可能会因为死守计划而最终无法达成目标……

不知道"政府"与"国家"之间区别的人,往往难于沟通——轻易不要与之交流,否则你可能会因此麻烦不断、祸患无穷……

不知道"科学"、"科普"与"科普作者"之间区别的人,会相互骂来骂去,全然不顾逻辑的存在……

不知道"上学"与"学习"之间区别的人,其中一些可能会因为自己有博士学位就瞧不起中专毕业的人,另一些可能会因为自己只有中专文凭而憎恨那些有博士学位的人……

不知道"一个人"与"一个人的看法"之间的区别的人,要么可能迷信权威,要么可能把自己当作绝对权威……

很多学生讨厌历史课,其实只是因为没弄明白"历史"与"历史书"之间的重要差异[3]……

反过来,永远都是那些能把概念理解透彻、区分清楚的人才能清楚地思考,进而改变整个世界——

华盛顿等人想明白了"三权"是可以分开的,造就了今天的美国;

邓小平弄清楚了"政治"与"经济"是可以分开的,造就了今天的中国;

有程序员琢磨出"内容"与"表现形式"是可以分开的,于是,在超文本标记语言[4]之外有了层叠样式表[5],整个互联网随之改变……

所以,本书强调"时间不可管理""我们只能管理自己",并非咬文嚼字。"时间管理"和"自我管理"是完全不同的概念——焦点不同,方法不同,效果不同……但是,很多人没想过这件事,在他们的世界里,这两个概念从来没有被仔细定义、认真区分过,因此,他们的思考和判断在这方面是模糊的,据此作出的决定即便是对的,也不过是撞大运得来的而已。而"撞大运"的特点是:这次运气好,会导致将来运气必然不好,因为运气好的概率不可能很高——根据"运气"的定义,概率高了,就用不着运气了。

拒绝接受不确定性

前面讨论过，远古时代的人遇到问题后，因为笃信"万事必有因果"，所以会在没有任何"合理解释"的情况下认为问题产生的原因"只能是神的力量"[6]。不夸张地说，神与怪，都只是人们基于种种原因坚决"拒绝接受不确定性"而产生的"应景解释"。前面也曾提到一个我们必须接受的现实：未知永远存在。从本质上看，不确定性和未知是一回事。

拒绝接受不确定性的一个根源在于害怕复杂、奢望简单。谁不希望一切都是简单的呢？[7] 可现实往往就是复杂的。

不接受，或者不勇于接受不确定性，会直接导致很多认知上和逻辑上的错误。由此引发的逻辑错误实际上是心理问题。很多人接受过逻辑训练，依然常常掉进逻辑错误的陷阱，原因在于他们从本质上就是不现实的人。所有"仓促的结论"[8]""仓促的概括"[9]""过分简单化[10]"，根源都是拒绝接受不确定性。所有的粗暴二分法[11] 也是拒绝接受不确定性造成的结果——犯这种逻辑错误的人，往往暗自希望自己的二分法能够概括所有情况，却在不知不觉中把不确定的因素排除在外。

1　List of fallacies，参见链接 5-5。
2　燃素：Phlogiston。参见链接 5-6。
3　学习任何一门学科，都最好先去读一下该学科的发展史，这是最好的起点。可惜，大多数人一直讨厌历史……
4　超文本标记语言：HyperText Markup Language，缩写为 HTML，是网页使用的一种计算机语言，可以用来结构化信息（如标题、段落、列表等），也可用来在一定程度上描述文档的外观和语义。参见链接 5-7。
5　层叠样式表：Cascading Style Sheet，缩写为 CSS，是一种用来为结构化文档（如 HTML 文档）添加样式（字体、字号、行间距、颜色等）的计算机语言。参见链接 5-8。
6　参见第 4 章"主要手段"一节。
7　有些人非常可笑，他们既害怕复杂，又迷信复杂。有时候道理简单明了，他们不相信，非要相信玄的东西；有时候方法简单有效，他们不相信，以为只有复杂的手段才能解决问题……
8　仓促的结论：Hasty conclusion。
9　仓促的概括：Hasty generalization。
10　过分简单化：Over simplification。还有一些人喜欢"过分复杂化"，这是另一个极端。曾经有人以漫画形式夸张地描绘并讽刺了这种现象，例如"鲁布·戈德堡机械"（Rube Goldberg machine，参见链接 5-9）。
11　粗暴二分法：False dichotomy。

3. 因果关系

人类的思考离不开对因果关系的分析。许多人坚信因果关系无所不在，而在大多数情况下，事实确实如此。可问题在于，因果关系分析往往不像看上去那么简单，人们也常常由于因果关系分析错误[1]而得出错误的结论且不自知，进而莫名其妙地作出错误的决定，走上错误的路。走在错误的路上，时间越久，效率越高，结果越可怕。

基础

分析任何因果关系，例如"因为 A，所以 B"，基本上只需要从三个层面审视：

▷ A 不一定是 B 的理由[2]。
▷ A 不一定是 B 唯一的理由。
▷ A 不一定是 B 最重要的理由。

举个例子，曾经有些人认为"电视破坏了人与人之间的沟通[3]"。他们之所以如此认为，基本上是因为他们观察到一个现象——人们看电视的时间越来越长（A）——这是确实存在的真实现象；与此同时，他们观察到另一个现象——人与人之间相互沟通的时间越来越短（B）——这也是确实存在的真实现象。而这两个现象好像明显有一定的联系：每天只有 24 小时，花在这里的时间越多，花在那里的时间就越少……于是，这些人就用"因果"逻辑关系把这两个现象联系起来，得到结论：B 之所以发生，就是因为 A……

可事实上——

▷ 的确有些人因为在看电视上花的时间太多，导致不与他人沟通，但还有些人即使不看电视，也不会与他人沟通，他们可能会酗酒、吸毒……

▷ 就算电视是沟通被破坏的原因，也不见得是唯一的。例如，某个人白天丢了工作，回家之后有气却不愿意告诉家人，于是一声不吭地坐在那里看电视，这时，"不沟通"的表面原因是"看电视"，而深层次原因是"失业的烦恼"。

▷ 既然电视不见得是沟通被破坏的唯一理由，那它也不一定是最重要的理由。事实上，人与人之间不沟通的根本原因可能在于人们普遍缺乏基本的沟通技巧。

如此看来，"电视破坏了人与人之间的沟通"这种观点，或者说这种观点之后的因果关系，是无法被大多数人接受的，也是站不住脚的。

另一个需要注意的重要情况是，有时相互关联的两个方面是"互为因果"的。

我能想到的最夸张、最误导人的把互为因果的关系谬解成因果关系的例子，是教科书中的一个观点：<u>外因通过内因起作用</u>[4]。它的意思是，如果有什么东西发生了变化，那么根本原因只有一个，就是内因。即使外因有作用，也是通过内因引发的，所以，根本原因还是内因……可事实根本不是这样的。外因会影响内因，内因同样会影响外因。它们相互影响，互为因果。

以一个特别好玩的现象为例：在某种意义上，学生的水平决定教师的水平。

这并没有说反。师生之间的有效沟通，肯定不仅是教师单方面的灌输。越是用心的教师，越关注学生的反馈；越是用心的学生，越关注教师对他的反馈的反馈。显然，这种沟通不仅是双向的，还会随着双方用心程度的增强而增强。

这和下棋是一样的道理。据说，棋艺到了一定程度，棋手就会不由自主地挑选对手，因为跟高手下棋自己就会进步，但反过来，与所谓的"臭棋篓子"交手多了，自己的棋艺也会变"臭"……优质的学生，对他们的教师来说，不仅是令人愉悦的教学对象（学生一点就透，老师没有不开心的），更重要的，他们还是对教师的挑战——这些学生拥有长期且优秀的学习经验，也因此拥有相对好的判断能力，随时有可能提出一般教师无法回答的问题。经过一段时间的积累，双方都会因为教学和沟通获得巨大的进步——只要双方都足够优秀，足够用心。

不过，大多数人是不用心的，所以现实常常是这样的：

▷ 教师并不用心。

▷ 教师"不用心",本质上就是"怠慢优秀学生"。

▷ 优秀学生都离他而去。

▷ 留下的都是缺乏判断力的学生。

▷ 这样的学生很好"对付",他们甚至依然给教师足够的"尊重"。其实,越差的学生越可能产生"崇拜"心理,而这个看起来很吊诡的现象其实非常正常。

▷ 在这种情况下,教师的境遇竟然是"越差越好"。当然,不能差到平均水平以下,那样"连傻子都会看出来"。

▷ 教师很爽,学生很爽……大家一起爽,各自毫无进步,甚至退步了也不自知……

光阴似箭,日月如梭,一晃几年过去,这样的教师在能力上就被"固化"了。固化之后再想转变(若有足够心智觉醒的话),不仅痛苦,而且艰难。当然,我观察到的更多情况是:这些人会为自己的尴尬找到一种可以让自己心安的解释,就像某些不招人待见的丑女对自己从未收到情书的解释是"我才不像她(某个美女)那样作风不正派呢"一样。

所以,环境会"非常智能地"对身处其中的每一个人作出与其行动相应的反馈——大多数人都没仔细想过这件事。这样看来,不管我们用心与否,我们都在不停地对周遭的环境发出相应的信号,而构成环境的人会接收这个信号并作出相应的反馈——不管是有意的还是无意的,不管是有针对性的还是没有针对性的……从另一个角度看,作为一个活生生的人,我们当然会不停地接收各种各样的信号——尽管我们可能并非意识清楚地了解这些信号之中的大多数是在回应自己先前发出的信号——不管愿意还是不愿意,有意识还是无意识,我们都会或多或少地根据它们作出自己的进一步回应……无形中,我们正在被环境塑造,可与此同时,正在塑造我们的这个环境是我们自己(参与)塑造的……

以上的分析告诉了我们一个深刻又清楚的道理:要做一个用心的人,要用心做事,因为这世界其实也有"心"。

双盲测试

没有哪个领域可以像医学领域那样处处存在"人命关天"的决策。所以,开发、研制、应用各种医药和医疗手段都需要小心翼翼,研究和实践每时每刻都如履薄冰。不管是中国的扁鹊、李时珍,还是古希腊的希波克拉底,从本质上看,都是因为在实践中分辨因果关系的能力异于常人才成为"神医"的。然而,即便是这种"神医",也极大程度受自身及自身经验的限制。而从现代医学的角度看,他们绝称不上"神医",他们对疾病的各种理解及治疗手段甚至可能不及格。

医学的发展过程，对人们认识"安慰剂效应"有重要的影响。现代医学对安慰剂的认识是从亨利·诺尔斯·比彻[5]开始的。1955年，他在《行之有效的安慰剂》[6]一文中分析了涉及1082个患者的15个临床试验，得出的结论是：平均35.2±2.2%的治疗效果来自安慰剂。安慰剂效应的一个比较好的通俗解释版本是电影《火柴人》[7]，感兴趣的读者不妨找来看看。

为了消除安慰剂效应的影响，鉴定医疗方法是否真正有效，人们进一步发明了"双盲测试"检验方法。在双盲测试出现之前，可以说，医学和医疗领域基本还处在"黑暗时代"。毫不夸张地说，双盲测试的出现标志着现代医学文明的开始。这里用以下的例子简单说明双盲测试的操作方法。

一种新的药物被研制出来后，需要测试并明确其真实效果才能投入使用。研究人员会招募一群病人作为被测试者。被测试者分为两组，一组服用新药，另一组服用看起来一模一样但没有任何药力的安慰剂。他们无从知晓自己服用的是药物还是安慰剂——事实上，他们都认为自己服用的是药物。此为"一盲"。不同于测试者，发放药品的工作人员知道测试者中一定有服用安慰剂的，但不知道自己手中的药片哪些是新药、哪些是安慰剂。他们的工作只是把标有号码的药盒发给相应号码的测试者。此为另"一盲"。研究人员在"局外"观察、记录、监视被测试者（病人）的治疗效果。

服用新药的被测试者中可能会有一部分人病情好转，而服用安慰剂的被测试者中也可能会有一部分人病情好转——这是可以观察到的。将服用安慰剂后病情好转的比例与服用新药后病情好转的比例进行比较，就可以了解新药的实际效果。如果两个比例相当（例如均为30%），就说明新药几乎是无用的，它的作用与没有任何药力的安慰剂差不多。

可是，服用"安慰剂"的被测试者病情怎么可能会好转呢？他们服用的不是没有任何药力的安慰剂吗？问题就在这里。尽管服用的是安慰剂，但被测试者以为自己服用的是新药，也会因此积极配合"治疗"（例如按时进餐、按时睡觉），同时，被测试者的心理状态会因服用"药物"（其实是安慰剂）发生改变，而"药物"会影响被测试者的生理状态——起码一个人的心情会影响他免疫系统的状态。事实上，很多疾病都可能不治而愈（最明显的例子是轻度感冒和轻度过敏）。实际的调查结果也显示：人群中有差不多1/3的人更易受到（来自他人或来自自身的）心理暗示的影响。也就是说，他们更可能在服用安慰剂后病情真正好转。

举个例子。2000 年之前，约有 6500 名病人接受了称作"激光心肌血运重建术[8]"的心脏手术。简单地说，该手术就是通过使用激光在心脏上面烧灼一系列小孔或通道来试图减轻心绞痛造成的严重胸痛。然而，纽约雷诺克斯-希尔心血管研究院[9]的心脏病学专家马丁·莱昂[10]怀疑这种手术的实际功效。于是，莱昂与同事设计出了一种技术性伪装，前后为 25 个医疗中心的 500 名病人分别进行激光心肌血运重建术治疗或模拟疗法治疗。经过一系列研究，莱昂在 2000 年经导管心血管治疗大会上发表了他的相关报告，得出结论：两种治疗效果完全没有差别。长达 6 个月的研究表明，治疗组和安慰组在运动能力改善方面显示出相同的效果，两组表现出的改善水平也相同，"这种激光疗法，曾经被吹捧为改善心绞痛和提高运动能力的新手段，但它其实只是一种有效的安慰剂"。

现代人很难想象过去的人是怎么活过来的——中国人得了痨病要吃人血馒头（鲁迅的小说《药》里就有详细的刻画），美国人不管是什么病，只要严重了就使用放血疗法（据说美国总统华盛顿[11]就是被放血疗法弄死的）。这些事现在几乎不会发生了，但我们今天所生存的世界其实依然没有想象中那么光明。观察一下教育领域：有多少教师真心宣扬的方法能够通过双盲测试？理论上的比例应该低得惊人。这种情况没有引起重视，只不过是因为在教育领域很难应用双盲测试进行检验，如是，"鱼龙混杂"的现象自然无法避免，我们也只能"见怪不怪"。

尽管很难用双盲测试检验教学手段，但这种思考模式仍然可以给我们提供一种审视教学手段和学习方法的理论依据。由此我们可以想到，无论是什么学习方法，都可能有 1/3 的人由于安慰剂效应而宣称自己确实受益（注意，他们无意欺骗，他们是真诚的）。很多人宣称某种学习方法神奇，可能只是因为他们确实看到了很多的"成功案例"，却没有看到或者忽略了更多的"失败案例"（他们同样并非故意）。

现在的问题是，既然总有 1/3 的人的学习会受到安慰剂效应的影响，在最终的学习效果出现之前我们又无法确定究竟是哪 1/3 的人会受到这种影响，那么，我们要不要提前告诉他们真相呢？如果告诉他们真相，就意味着我们实际上正在让那 1/3 的人（尽管我们并不知道究竟是哪 1/3 的人）失去获得奇迹的机会；如果不告诉他们真相，就意味着我们将浪费他们的时间和精力——考虑到学习是大部分年轻人主要的日常行为，正在学习的人群中又以年轻人居多，这时浪费的就不仅仅是时间和精力了，还有青春，甚至生命。

自证预言

罗伯特·莫顿[12]教授发现了一种现象，并将其命名为"自证预言[13]"——如果人们相信某件事情会发生（事实上其原本不一定会发生），那么这件事情最终真的会发生。

希腊神话中就有这样的故事[14]：

底比斯国王拉伊奥斯与王后约卡斯塔生下俄狄浦斯之后得到神谕。神谕中说这个孩子终究会弑父娶母。为了躲避厄运，拉伊奥斯刺穿了新生儿的脚踝，令牧人将孩子丢弃在野外等死。

可是，执行命令的牧人于心不忍，偷偷把这个孩子送给了柯林斯的国王波吕波斯。波吕波斯很喜欢这个孩子，把他当作亲生孩子抚养。俄狄浦斯长大以后，得知了神谕，也就了解了自己将会弑父娶母的命运。为了避免神谕成真，他在不知道国王波吕波斯与王后并非自己的亲生父母的情况下，离开了柯林斯，并且发誓永远不再回去。

离开柯林斯的俄狄浦斯一路流浪。当他走到底比斯附近的一个岔路口时，与一群陌生人发生了冲突，失手杀了人，其中就有他的亲生父亲拉伊奥斯。

当时的底比斯被狮身人面兽斯芬克斯所困。斯芬克斯抓住每个路过的人，要求他们解答自己提出的谜题，如果答不出，斯芬克斯就会将对方撕裂吞食。

底比斯为了脱困，对外宣布：能解开谜题者可获得底比斯的王位并娶前任国王的遗孀约卡斯塔为妻。俄狄浦斯解开了斯芬克斯的谜题，继承了底比斯的王位，亦在不知情的情况下娶了自己的亲生母亲为妻，生了两男两女。

俄狄浦斯登上王位后，底比斯不断发生灾祸与瘟疫。于是，俄狄浦斯向神祇请示。最后，在先知提瑞西阿斯的揭示下，俄狄浦斯才知道他是拉伊奥斯的儿子，弑父娶母的不幸命运最终应验。震惊不已的约卡斯塔羞愧地上吊自杀，而悲愤不已的俄狄浦斯则刺瞎了自己的双眼。

莫顿教授用银行挤兑的例子说明了自证预言的机理：

一家银行本来运作正常，但不知什么原因出现了要倒闭的流言。流言越传越广，导致越来越多的人信以为真，有人为防意外，跑到银行把自己的存款提走。恐慌情绪蔓延，并且变得愈加真实，更多的人冲进银行提走自己的存款……最终，挤兑发生了，银行真的倒闭了。

自证预言的运作机理颇令人迷惑：好事很少心想事成，坏事往往无中生有。也不是没有办法解释：这或许与人类大脑中根深蒂固的"恐惧情绪"有关——喜悦会使一个人停下行动去享受喜悦，而恐惧恰恰相反，会让一个人马上采取行动来避免危险。事实上，这种出于恐惧的决策几乎总是事与愿违。

自证预言无所不在，也使因果分析变得更为复杂：在自证预言实现的瞬间，一个原本并不存在的原因竟然"无中生有"变成了真正的原因。

这些年，我见证过的惊人最甚、范围最广、影响最深的自证预言实现发生在学生群体中：大多数中国学生之所以最终未能掌握英语，其实就是自证预言的实现。

2010 年前后，随着国内考托福[15]的中学生增多，出现了一个有趣的现象：中学生的托福平均成绩比大学生高出许多。在国内的大学生里，托福成绩超过 100 分就算是高分了，能考 110 分以上的少之又少。可是，在国内的中学生里，托福成绩超过 100 分不足挂齿，超过 110 分也不稀罕，115 分以上的成绩也常见。

两代学生之间为什么会出现这种惊人的差异？一个比较恰当的解释是：上一代学生实现了自证预言。当时在国内大学校园里学习的学生，大多从未相信自己可以很好地掌握一门外语。以英语为例，在小学 6 年、初中 3 年、高中 3 年、大学 4 年，总计 16 年的时间里，他们被要求掌握约 4500 个词汇[16]，而这个要求翻译一下就是：

学英语很难的！16 年掌握 4500 个词汇，你就很了不起了！

再翻译一下：

每年你能掌握的词汇不到 300 个，平均每天不到 1 个……你很笨！学英语很难！

这样的信息被悄悄植入大多数学生的脑海，他们不明就里地相信了。相信的结果就是自证预言的实现。不止这些学生，之前的许多代人，都是"一辈子学不好，一辈子很努力"，而结果是越学越差……

在《把时间当作朋友》出版一年半以后，我写了另一本书——《人人都能用英语》。我试图通过一本书的篇幅，论述过往失败的英语学习者是怎样被植入的想法左右了一生，最终又是如何实现那个自证预言的；再进一步论述，与此同时，有多少新一代的学生摆脱了那个自证预言的诅咒，竟然可以把外语学得比母语还好……《人人都能用英语》本质上是《把时间当作朋友》的英语学习应用版本。《把时间当作朋友》主张用正确的方法做正确的事情，而《人人都能用英语》主张正确的事情是"习得"英语、正确的方法是"用"英语[17]。

小结

分析因果关系是我们在决定是否接受某个观点之前必做的功课。所谓的思维缜密，其实并非常人想象的那么高不可攀，事实上可能恰恰相反——做到并不难。很多人做不到的原因无非两个：习惯性地拒绝思考；不懂得应该如何思考。而前者往往是由后者长期作用造成的。

想做到"思维缜密"其实很容易：从现在开始，在一段较长的时间里（例如 6 个月）时刻注意自己的或者自己被灌输的每一个念头，甄别其中的因果关系，并逐一应用前面提到的各种原则。用不了多久，我们就会发现，自己的甄别能力突飞猛进。从我得到的反馈可以看出，实践这个方法的人常常收获惊喜。其实，那就是重生的感觉。

---

1 因果关系分析错误：Fundamental Attribution Error，又称"错误归因"。参见链接 5-10。
2 请参考后面的"双盲测试"和"自证预言"两节。
3 这也是一道托福作文题——Do you agree or disagree with the following statement? **Television has destroyed communication among friends and family.** Use specific reasons and examples to support your opinion.
4 参见第 2 章"现状无法马上摆脱"一节。
5 亨利·诺尔斯·比彻：Henry Knowles Beecher，1904 年 2 月 4 日—1976 年 7 月 25 日，美国医生，在麻醉学和医学上曾作出重要贡献。参见链接 5-11。
6 《行之有效的安慰剂》：The Powerful Placebo，1955。亨利·诺尔斯·比彻著。比彻在该文中首次强调了"双盲测试"在临床试验上的必要性。参见链接 5-12。
7 《火柴人》：Matchstick Men，2003。美国犯罪剧情电影。参见链接 5-13。
8 激光心肌血运重建术：Transmyocardial Laser Revascularization，简称 TMLR。
9 雷诺克斯–希尔心血管研究院：Lenox Hill Hospital。参见链接 5-14。
10 马丁·莱昂：Martin B. Leon，医学博士，美国心血管研究基金会和经导管心血管治疗大会的创始人。参见链接 5-15。
11 华盛顿：George Washington，1732 年 2 月 22 日—1799 年 12 月 14 日，1775 年至 1783 年美国独立战争时大陆军的总司令，1789 年成为美国第一任总统，在接连两次选举中都获得了全体选举团的无异议支持，担任总统至 1797 年。参见链接 5-16。
12 罗伯特·莫顿：Robert King Merton，1910 年 7 月 4 日—2003 年 2 月 23 日，美国著名社会学家。参见链接 5-17。
13 自证预言：Self-fulfilling Prophecy，参见链接 5-18。
14 底比斯：Thebes；拉伊奥斯：Laius；约卡斯塔：Jocasta；俄狄浦斯：Oedipus；柯林斯：Corinth；波吕波斯：Polybus；斯芬克斯：Sphinx；提瑞西阿斯：Tiresias。参见链接 5-19。
15 托福：The Test of English as a Foreign Language，简称 TOEFL，全名为"检定非英语为母语者的英语能力考试"，中文音译为"托福"，是由美国教育考试服务中心（ETS）举办的英语能力考试。大多数美国大学或研究所要求外国学生在申请时给出达到一定标准的托福考试成绩。参见链接 5-20。
16 约 4500 个词汇：相当于大学英语四级词汇大纲的词汇总量。
17 注意，是"'用'英语"，而不是"'学'英语"。

4. 相关命题

这个话题要从我遇到的一件小事说起。我曾经有一位教美国研究生入学考试[1]课程的同事，他是一个非常自信的人，可偏偏英语发音很差。其实，这本来没什么，发音差对第二语言习得者来说很正常，不丢人，可他自己很在意这一点。

有一次，我听到一位学生与他的谈话——

学生：……老师，不知道我该不该说……

老师：你说！

学生：你说的英文我听不懂……

老师：……那老外讲的英文你听得懂吗？

学生：呃……听不懂……

老师：那不就得了！

学生哑口无言，红着脸低着头走了。

可事实上，这位老师明显是在强词夺理。他的意思是：

既然老外讲英文你听不懂，那么你听不懂我讲的英文不是再正常不过了吗？

再翻译一下：

老外讲的英文是标准的，你听不懂；

所以，反过来，你听不懂的英文不是不标准的，简化一下，你听不懂的英文就是标准的；

所以，你听不懂我讲的英文，因为我讲的就是标准的……

翻译过后，反应再慢的人也看得出这肯定没道理，肯定有哪里不对。其实，这是原命题与逆命题的关系问题[2]，中学的数学课本上就有：原命题为真，它的逆命题不一定为真。然而，在生活中，许多人不知不觉就把原命题和它的逆命题等同起来。有心理学家曾经做了调查，经过几年统计得出的结论是：70% 以上的人分不清原命题和逆命题[3]。

反过来不一定成立。

4 种命题及其关系

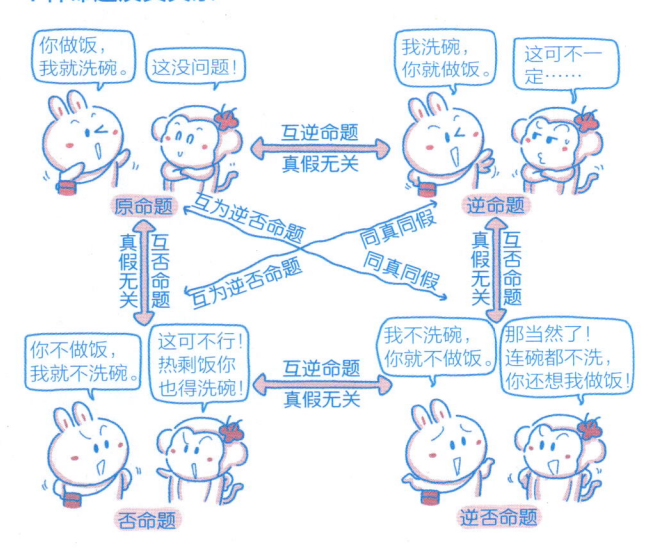

发生在我身上的另一件事也格外能说明问题。多年前的一天，我在 Twitter 上随口说了一句：

脑残者最好玩的地方在于他们认为别人才是脑残呢。

多少出乎我意料的是，很快就有人这样回复：

这很明显将陷入悖论：假如笑来不认为别人是脑残，如何得出以上结论；如果认为别人是脑残，根据其理论，他自己才是脑残。

我实在没办法在当时 Twitter 那 140 个字的空间里讲清楚原逆否命题的道理，只能补充说：

"脑残者最好玩的地方在于他们认为别人才是脑残呢"这句话本身并不意味着"认为别人脑残的人才是脑残"。

《异类》的作者马尔科姆·格莱德威尔在其成名作《引爆点》[4]中提到了一个现象：禁烟运动往往会带来反效果，越禁越会吸引未成年人，因为突破禁忌总会带来一些微妙的快感。很多未成年人开始吸烟，并不是因为吸烟很酷，而是因为他们看到吸烟的人很酷[5]。

实际上，这种认知也是因为分不清原命题和逆命题造成的——

原命题：很酷的人都吸烟。

逆命题：吸烟的人都很酷。

结论：我也想酷，所以，我要吸烟。

事实上，每天有无数人因为分不清原命题和逆命题而被他人左右。混淆原命题和逆命题，抹杀二者的区别，是广告设计者最常用、最舍不得放弃的手段——因为它很有效，正如之前的统计数字表明的，至少对 70% 的人有效！

---

1 美国研究生入学考试：Graduate Record Examinations，简称 GRE，是由美国教育考试服务中心（ETS）主办的标准化考试，用来测验大学毕业生的知识技能掌握情况。在很多英语国家，特别是美国，GRE 成绩被作为研究生录取的标准之一。参见链接 5-21。

2 4 种命题及其关系如下。原命题：若 p，则 q；其逆命题：若 q，则 p；其否命题：若 ¬p，则 ¬q；其逆否命题：若 ¬q，则 ¬p。如果原命题为真，那么，其逆命题不一定为真，其否命题不一定为真，其逆否命题一定为真。其中，符号 "¬" 指 "非"。

3 参见《认知心理学》(Cognitive Psychology: A Student's Handbook, 2000)。该书由迈克尔·艾森克（Michael W. Eysenck）、马克·基恩（Mark T. Keane）合著。

4 《引爆点》：The Tipping Point，2000。参见链接 5-22。

5 参见《引爆点》第 7 章："Case Study: Suicide, Smoking, and the Search for the Unsticky Cigarette"。

5. 举证责任

也许你曾听到这类对话——

甲：我要……

乙：那么做有什么好处？

甲：呃……那你说，有什么坏处？

乙：……

甲：那就这么定了！

（甲究竟要做什么在这里并不重要，重要的是，在甲的眼里，乙"哑口无言"就是甲的胜利。）

另一个本质上一样的例子是——

甲：有人能活 200 岁以上！

乙：……扯淡，我还真没见过活过 200 岁的！

甲：你没见过就没有啊？你必须找遍全世界才能证明确实没有！

（不要误解，这确实是发生在 21 世纪的对话。）

这两个例子的共通之处在哪里呢？

在第一个例子中，甲声称要做某事，那么，"证明那么做是有好处的"这个责任应该由甲来承担，而不是由乙去"证明那么做有什么坏处"或者"证明那么做确实一点坏处都没有"。然而，即便乙真的证明了"那么做确实一点坏处都没有"，也不能证明"那么做真的有什么具体的好处"。

在第二个例子中，乙反驳的是甲声称的"有人能活 200 岁以上"，而"乙不能证明地球上绝对没有 200 岁以上的人"本身，并不能反过来证明"有人能活 200 岁以上"。"找出一个超过 200 岁的人"，是甲的责任，而不是乙的责任。

"谁主张，谁举证"不仅是一个法律术语，也涉及生活的方方面面。可惜，大多数人并未在意。事实上，不懂"举证责任"就是一个思考时"误入歧途"的常见原因[1]。不明白"举证责任"的人，逻辑没办法明晰，脑子没办法清楚。这几个字看上去似乎没什么了不起，但有人因此落榜（迷信了某种诡异的学习方法），有人因此离婚（胡乱猜疑直至搞砸一切），有人因此破产（采取了错误的策略进而陷入不可逆转的困境），有人因此出家（原因请自行揣摩）……他们的共同点是——至死都想不明白问题究竟出在哪里[2]。

说理之时，针对某一论点，对立双方的举证难度并非总是对称的——事实上，几乎总是不对称的。

举证难度受举证人能力的影响，因为每个人的学识和专业不同。例如，在争论转基因食品是否安全时，常年专注于该领域的人会比从未认真考察过该领域的人更容易拿出有力的证据。尽管专家不见得永远正确，但这并不能改变另一个显而易见的事实：每个人的能力是不同的，无论是理解能力、观察能力，还是获得有效信息的能力。

举证难度受社会整体知识水平（甚至文化）的影响。今天，我们可以轻易地从互联网上找到在太空中拍摄的地球照片，并进一步证明"地球是圆的"。证据太容易获得，以至结论被认为"没必要证明"，因为结论早已被认为是事实了。然而，在 2000 多年前，想证明同样一件事情，类似的证据可没有那么容易获得。

此外，举证难度受需要证明的结论与当时社会普遍接受的知识相符程度的影响。例如——

在 2000 多年前，人们认为：

大地是平的[3]
大地可能是个球体
大地应该是个球体
大地就是个球体

今天，人们认为：

地球是圆的

地球不是圆的

发生这种改变是因为今天我们已经有了确凿的证据证明地球是圆的。然而，另外一些事实却不见得被普遍接受，例如世界上究竟有没有鬼魂。尽管对科学家来说，这是显而易见的、无可争议的问题，但对相当多的人来说却未必。于是，普遍来看，证明以下结论的难度各不相同。

鬼魂存在

鬼魂也许存在

我不知道鬼魂是否存在

鬼魂可能不存在

鬼魂根本不存在

当然，你还可以想象，对某些人来说，如果证明鬼魂根本不存在的难度是 10，那么证明鬼魂存在的难度是 0。

由于举证难度不同，争论双方的境况常常是这样的：

▷ 一方肩负沉重的举证责任[4]。

▷ 另一方享有来自假设的恩惠[5]。

举例来说，在 2000 多年前，如果一个人观察到船出海之后不是一下子消失在视野中，而是逐渐变小的，更重要的是，先是船身消失在水平线之下，然后是船帆一点一点地消失……于是，他断定，大地肯定不是平的……它也许是圆的。可是，这与当时普遍为人们所接受的"知识"并不相符，甚至完全相反——那时几乎所有的人都认为"大地是平的"。在这种情况下，当这个人参与讨论，并且提出自己的看法时，就负有沉重的举证责任，而不相信他的人则享有来自假设的恩惠。

到了今天，我们是不是就自动享有来自假设的恩惠了呢？也不一定。因为我们总是会遇到一些"固执"的人。事实上，现在地球上依然有一个社团相信"地球是平的"[6]。

当一方（有意或无意地）拒绝承担举证责任的时候，讨论就没法正常进行了。拒绝承担举证责任的方法很简单，连那些不懂举证责任的人都可以很自然地运用：提出一个观点，然后要求对方进行反证。他们的逻辑是：既然你无法证明我是错的，那么我就是对的。这是一种典型的逻辑错误，即"诉诸无知"[7]。这里的逻辑漏洞来自"他的对"与"他的错"其实并不是像"对"与"错"那么简单的"非此即彼"的关系。例如，对任何一个现象，错误的解释可能有无数个。即便我们无法证明其中一个解释是错的，事实上他也是错的。

与此同时，证明肯定论断[8]的难度与证明否定论断[9]的难度也相差巨大。在大多数情况下，证明否定论断要比证明肯定论断难得多。例如，与证明"你欠我10万元"相比，对于"你没欠我10万元"的举证难度要高出许多，甚至没有办法证明。所以，要求对方证明"你没欠我10万元"，若无法证明，就认定"你欠我10万元"，是纯粹的无理取闹。

因此，尽管很多人连"举证责任"这个概念都没听说过，也可以仅凭潜意识就知道其中的难易不同，进而将其运用到狡辩之中。更可怜的是那些已经开始狡辩却不自知的人——他们已经误入歧途，却以为自己在"上下求索"。

---

1 思考时误入歧途的原因基本上都能归结于知识的贫乏。不懂统计学，所以不知道统计样本有效性的核定；不懂概率，所以常常害怕不确定性；不懂科学方法论，所以从未听说过双盲测试……
2 另一个与本书有关的例子参见链接5-23。
3 在命题后面的柱状图中，蓝色色块表示难度，下同。
4 举证责任：Burden of proof。
5 来自假设的恩惠：Benefit of assumption。
6 参见链接5-24。另见英国《卫报》的报道，参见链接5-25。
7 诉诸无知：Argument from ignorance 或 argument by lack of imagination。参见链接5-26。
8 肯定论断：Positive claim。
9 否定论断：Negative claim。

6. 案例局限

用案例说理的方法，估计源自 20 世纪 80 年代中期哈佛商学院[1]首创的案例教学法[2]。

在哈佛商学院起步的时候，教授们就发现根本找不到合适的教材。他们首先想到的解决方案是去采访那些顶尖的商人，详细记录这些卓越的领导者正在做的事情和做事情的方法，也就是所谓的"个案"。经过一番努力和分析，这些教授发现他们不可能拿着这些"个案"照本宣科，因为事实上根本就不存在既定的"标准"来衡量"为什么会成功""为什么会失败"。在这种情况下，教授们采取了不同于以往的方法：让学生们先认真阅读这些"个案"，再认真准备课堂讨论，并提出进一步的行动方案。基本上，直到现在，这种"教学模型"依然是这样运用的。

案例教学法固然相对先进，但跟其他教学方法一样，它也有自己的局限，很容易陷入一些常见的谬误。可是，很多书籍都把哈佛商学院"承认有缺陷但不得不使用"的案例教学法当作天经地义的方法，导致各种各样的逻辑错误随处可见。其中最为常见的逻辑错误就是"以偏概全"——某种经验在某个人身上应验了，并不意味着该经验在所有人身上都会起作用。

例如，不少书籍曾这样用爱迪生[3]举例说理：

爱迪生活了 84 岁，一生的发明有 1100 多项，对自己成功的原因，他曾说："有些人以为我之所以在许多事情上有成就是因为我有什么'天才'，这是不正确的。

无论哪个头脑清楚的人，如果他肯努力行动，都能像我一样有成就。"爱迪生的名言是："天才是 1% 的灵感，99% 的汗水。"[4]

"努力行动"并不是成功的唯一原因。例如，显而易见、至关紧要但并未经常被提及的是，爱迪生有幸出生在一个知识产权保护体系相对完善的国度。如果深入追溯，爱迪生的巨大成功有一个相当重要的原因——他运气好，有一位伟大的母亲。爱迪生 8 岁上学，但只读了 3 个月的书，就被老师斥为"低能儿"而撵出校门——在任何一个地方，闲着没事跑到鸡舍用自己的身体孵鸡蛋的孩子都可能被大多数老师认为是"低能儿"。从此以后，他的母亲成了他的"家庭教师"。母亲良好的教育方法，使得爱迪生对读书产生了浓厚的兴趣，他不仅博览群书，而且一目十行、过目成诵。不妨假设一下，爱迪生若是出生在 19 世纪末的中国……

事实上，这个世界上也有一些人，采取了与"努力行动"相反的行为模式，同样获得了成就或者取得了成功——尽管表现形式不同。例如，沃伦·巴菲特买入他认为值得持有的股票后，就只采取一个等同于"不努力、不行动"的策略——等待卖出时机。对像可口可乐这样的股票，巴菲特甚至干脆在买入后不采取任何动作。莫罕达斯·卡拉姆昌德·甘地[5] 的"非暴力、不合作"策略，也与"努力行动"恰好相反。

注意，我并不是说"不应该努力行动"——我是一个相信"应该努力"的人。我认为，巴菲特在买入可口可乐股票之后"永远持有"也是需要努力才能坚持的行动，甘地的"非暴力、不合作"更是需要更多的心智力量才可以实践的行动。我要说的是，爱迪生的"案例"只能告诉我们，爱迪生非常努力、非常勤奋、热爱工作、热爱生活，但无法证明一个人只要跟爱迪生一样"非常努力、非常勤奋、热爱工作、热爱生活"，就可以获得与他一样的成就——明显还需要很多其他因素。其实，爱迪生是不是一个特别努力的人，本质上与我们没什么关系，我们该努力还得努力，不应该仅仅因为别人努力或者不努力，我们就放弃努力。

尽管很多时候我们只能利用案例来说明道理，就像本书第 1 章"我的案例"一节里那样，但是，在使用案例说明道理的时候，要时时刻刻注意案例和结论之间的实际逻辑关系，尽量避免以偏概全。

1　哈佛商学院：Harvard Business School，简称 HBS，创建于 1908 年，是全世界最著名的商学院之一，也是常春藤盟校商学院之一。参见链接 5-27。
2　案例教学法：Case method。参见链接 5-28。
3　爱迪生：Thomas Alva Edison，1847 年 2 月 11 日—1931 年 10 月 18 日，美国发明家、商人，是世界上第一个利用量产原则和自己的工业研究实验室来进行发明创造的人。参见链接 5-29。
4　曾有传言称这句话是断章取义，原话是"天才就是 99% 的汗水再加 1% 的灵感，但这 1% 的灵感远远比 99% 的汗水重要"，但事实上爱迪生仅说过"天才是 1% 的灵感，99% 的汗水。"参见链接 5-30。
5　莫罕达斯·卡拉姆昌德·甘地：Mohandas Karamchand Gandhi，1869 年 10 月 2 日—1948 年 1 月 30 日，尊称"圣雄甘地"，是印度民族主义运动和国大党领袖。他带领国家迈向独立，脱离英国的殖民统治。他的"非暴力"哲学思想影响了全世界的民族主义者和那些争取和平变革的国际运动。参见链接 5-31。

7. 对立论证

在第 1 章 "我的案例" 一节，我们讨论过这样一种情况：人们可能基于一模一样的原因作出截然相反的决定。换句话说，就是用同样的论据证明截然相反的论点。在生活中，我们常常遇到这种情况，只不过表现形式多少有些不同。例如，有些时候，我们遇到的是 "同样的现象，截然相反的解释"。

一个常见的例子是，工作中总有一些人抱怨老板或者上司愚蠢。可是，上司真的愚蠢吗？

我们并不排除在有些情况下，上司确实愚蠢的可能性——没有人十全十美。然而，另一个解释可能更合理：在大多数情况下，一个人如果不做事，是不会暴露自己的缺点的，因为人只有在做事的时候才会暴露缺点。这也是大多数人并不自知的一个重要原因——他们正在做的事情往往是别人要求他们做的。在任何一个部门或团队里，上司做的事情全都是显性的，是所有下属或者成员都看得见的，而下属之间、成员之间往往不清楚对方正在做什么。于是，下属们更容易 "共同" 看到上司的缺点。钱锺书[1]先生有一段很有趣的描述[2]："事实上，一个人的缺点正像猴子的尾巴，猴子蹲在地面的时候，尾巴是看不见的，直到他向树上爬，就把后部供大众瞻仰，可是这红臀长尾巴本来就有，并非地位爬高了的新标识。"

抱怨上司 "愚蠢" 的人和能够发觉 "上司的愚蠢可能有另外的解释" 的人，得到的结论和采取的行动往往截然相反。因此，时间在他们接下来的经历中产生的伴随作用也截然相反。这里，时间再一次选择与心智强大的人做朋友，他们会这样考虑这个问题：

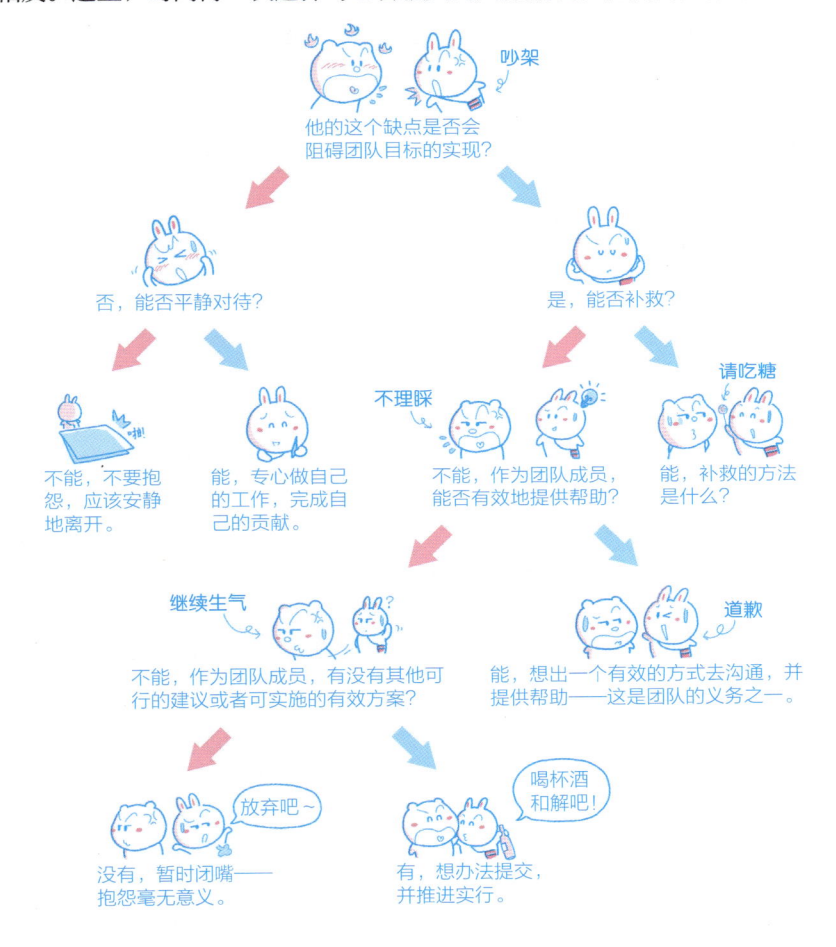

```
                         吵架
                 他的这个缺点是否会
                 阻碍团队目标的实现？
          否          是，能否补救？
       ↙               ↘
    否，能否平静对待？         是，能否补救？
      ↙      ↘            ↙           ↘
                                      请吃糖
  不能，     能，专心做自己  不理睬                  能，补救的方法
  不要抱怨，  的工作，完成    不能，作为团队成员，       是什么？
  应该安静   自己的贡献。    能否有效地提供帮助？
  地离开。
                              ↙           ↘
                         继续生气              道歉
                    不能，作为团队成员，   能，想出一个有效的方式去沟通，并
                    有没有其他可         提供帮助——这是团队的义务之一。
                    行的建议或者可实施的有效方案？
                      ↙           ↘
                   放弃吧~          喝杯酒
                                   和解吧！
                没有，暂时闭嘴——    有，想办法提交，
                抱怨毫无意义。       并推进实行。
```

仔细观察一下就会发现，那些不停抱怨"上司的愚蠢"的人基本上有一个共同点：他们不过是把"上司很愚蠢"作为自己偷懒的借口。他们并不清楚自己的可笑与可悲：既然上司那么"愚蠢"，自己又为什么要用宝贵生命中的大部分时间为这个"愚蠢"的上司打工？那些少数能够提出建设性意见的人是不会抱怨"上司很愚蠢"的，他们要么想办法帮助上司解决问题，要么在爱莫能助的时候自行离开。

实际上，所谓的"情商"，从根源上朴素地看，还是"思考能力"。举个例子，所谓的"积极心理学"主张"凡事要从积极的一面去理解"。事实上，这种观点失之偏颇。有些结论有对立的论据，有些现象有对立的解释。许多人意识不到对立论证的存在，只

不过是因为心智尚未开启，不懂得运用恰当的思考工具而已。一旦意识到对立论证的存在，就应该"哪一个更合理、更现实就接受哪一个"，而非"哪一个更积极就接受哪一个"，因为后者只是自我欺骗而已。积极的并不总是好的——哪一个极端理想主义者（以及他们的想法、理念）不是积极的呢？

1　钱锺书：1910 年 11 月 21 日—1998 年 12 月 19 日，中国作家、文学研究家。江苏无锡人，文言文、白话文皆精，晓畅多种外文，可谓集古今中外学问之智慧熔炉。其妻杨绛为翻译家、作家，女儿钱瑗为北京师范大学教授。参见链接 5-32。
2　参见《围城》，钱锺书著。

8. 张冠李戴

有些时候，论点和论据之间尽管全无逻辑联系，却可以用一种"显然合理"的姿态绑在一起——好像还有那么一批人热衷于如此操作，因为他们发现这样张冠李戴、胡搅蛮缠竟然非常奏效。看看下面这个令人哭笑不得却流传颇广的故事：

  一个星期六的早上，牧师正在准备第二天布道的讲稿。牧师的妻子有事出去了，小儿子在一边吵闹不休，严重干扰了他的思路。心烦意乱间，牧师随手拿起一本旧杂志，从里面挑出一幅色彩鲜艳的世界地图，撕成碎片，丢在地上，对儿子说："约翰，如果你能拼好这张地图，我就给你2角5分钱。"牧师以为这件事会花掉儿子整整一个上午，但没过10分钟，儿子就拿着拼得完完整整的地图敲响了他的房门。牧师对此十分惊奇，问道："孩子，你怎么这么快就拼好了？""啊，"小约翰说，"这很容易。地图的另一面有一个人的照片，我试着把这个人的照片拼到一起，然后把它翻过来。我想，如果这个人是正确的，那么这个世界就是正确的。"牧师笑了，爽快地付给儿子2角5分钱，对他说："谢谢你！你替我准备了明天布道的题目——如果一个人是正确的，他的世界就会是正确的。"

那些讲完这个故事的人跟着会意味深长地说：

  "这则故事给我们的启示是——如果你想改变你的世界，改变你的生活，首先应改变自己。如果你的心理状态是积极的，你的生活就会是快乐的；如果你的心理状态是消极的，你的生活就会是忧伤的。"

这个解释的逻辑完全是混乱的。就算结论正确，有思考能力的人也应该拒绝那些逻辑混乱的论证过程。这个故事能符合逻辑地告诉我们的道理是：换一个角度，也许能找到简单的方法来解决复杂的问题。而牧师的结论，也是讲述这个故事的"成功学大师"们转述的结论是：如果一个人是正确的，他的世界就会是正确的。其实，这不过是偷换概念，连"类比说理"都算不上。

要命的是这种混乱的逻辑竟然真的可以带来理解上的惊喜。于是，无数人不由自主、不加分辨地将其接受。可是，愚蠢地接受正确的结论有什么用呢？这确实是一个意味深长的故事，也确实可以得出很多有趣、有益的结论。但是，拜托，能不能先做一个有逻辑能力的人再说呢？

另一个关于"态度改变一切"的例子也给我留下了深刻的印象。我知道也相信"有些时候，仅仅态度上的改变真的可以带来不同的结果"。然而，我认为用以下的逻辑让我接受，或者让任何人接受，都是行不通的——

给字母 A 到 Z 分别编上 1 到 26 的分数（A 为 1 分、B 为 2 分……Z 为 26 分），然后比较不同单词的分值：

▷ Knowledge（知识）得到 96 分（11+14+15+23+12+5+4+7+5=96）；
▷ Hard work（努力）也只得到 98 分（8+1+18+4+23+15+18+11=98）；
▷ Attitude（态度）才能左右你生命的全部，因为它能得到 100 分（1+20+20+9+20+21+4+5=100）——满分。

得出结论：态度改变一切。

拜托，讲点逻辑好不好？事实上，用这种方法计算，结果等于 100 分的单词多得是：

▷ Alienation（疏远）
▷ Apoplectic（中风患者）
▷ Boycott（联合抵制）
▷ Cacophony（杂音，刺耳的音调）
▷ Chimpanzee（黑猩猩）
▷ Connivance（纵容）
▷ Coyness（羞怯）
▷ Flurry（慌张）

▷ Frisson（颤抖）

▷ Impotence（阳痿）

▷ Inflation（通货膨胀）

▷ Pussy（小猫，阴户）

▷ Socialism（社会主义）

▷ Status（身份、地位）

▷ Stress（压力）

▷ Surcharge（超载，追加罚款，额外费）

▷ Syndicate（财团）

▷ Tuppence（微不足道的东西）

▷ Turkey（火鸡，无用的东西）

▷ Wednesday（星期三）

▷ Wholesale（批发）

以上罗列的只是我在大不列颠语料库英文词汇表中找到的 1000 多个词中的一小部分名词。如果按照这种算法，形容词 useless（无效的）也是 100 分。对此，网上有人不客气地写道："So, it stands to reason that hard work and knowledge will get you close, attitude will get you there, but bullshit will put you over the top.[1]"——因为 bullshit（胡说八道）这个单词按照这种算法得到的分数是大于 100 的 103！

---

[1] 所以说，勤奋工作与知识会让你靠近顶峰，态度则可以让你到达顶峰，而"胡说八道"却可以让你超过顶峰，这个论断是顺理成章的。

9. 辨析感悟

反思能力是人类独有的能力之一，尽管如此，我们还是常说"光想是没用的[1]"，因为反思的结果不一定有价值，很可能顶多是"感悟"，离"道理"还差十万八千里。

生活中这样的现象俯拾即是。举例来说，有个女人怀孕了。消息一传出，她就将开始获得来自四面八方各种各样的"忠告"、"建议"或者"指导"。她很是慌张，毕竟这是她第一次怀孕，尽管之前她也曾想尽办法学习、准备，但还是无法避免慌张。而那些忠告、建议和指导都听起来很有道理，起码至少有一定的道理，可要命的是，其中有一些实际上相互冲突但好像各自有些道理……最终，她是否听取了那些忠告，是否落实了那些建议，是否接受了那些指导，都不重要——无论有没有那些东西，孩子终究是要出生的——他可不管妈妈慌还是不慌，懂还是不懂……而在孩子出生的瞬间，母亲会突然意识到，之前那些令她无所适从的各种忠告、建议、指导的绝大部分并未在她身上应验。这是为什么呢？

很简单，这位母亲之前听到的大多数消息其实不是"道理"，只是"感悟"。并非只有科学家才要遵循"大胆假设、小心求证"的原则，也并非只有专家级别的新闻工作者才需要分清"看法与事实之间的区别"，其实每个人都需要清楚地认识"道理"和"感悟"之间的巨大差异[2]。

并非所有的"感悟"都不是"道理"，但确实在更多时候，"个体经验"往往存在这样或那样的偏差。分不清"感悟"和"道理"是很危险的，不仅误己，还可能误人——好心办坏事的往往都是那些分不清"感悟"和"道理"的人。

然而，分清"道理"和"感悟"并不容易，尽管原则相当简单明确："道理"应该是普适的，而"感悟"只来自个体经验。请不要误会，我并不是说"感悟"都是没用的，我是在说，"感悟"不一定是普适的，非普适的"感悟"与普适的"道理"不一样，很多"感悟"是有局限的，甚至可能是有很大误导性的。

举一个常见的例子。每个人都渴望成功。基于某种原因，所有被认为成功的人也都乐于分享他们成功的经验。当那些衣着光鲜的人站在台上侃侃而谈的时候，哪怕他们事实上相貌平平，也会让听众觉得光彩照人。他们说的每句话、每个词，都仿佛饱含深意，掷地有声，字字珠玑。台下的人，尽管脑子里浮想联翩，但还是有意挣扎着聚精会神，恨不得把每个字都记下来，再回去"反刍"。

可是，听众应该有自己的智慧。只有了解了沟通的基本原理，才能避免沦落到"人家说什么就信什么"的境地。一方面，我们倾听任何人讲话时都不应该带着防备、质疑的心态，那样可能会让我们遗漏重要的信息，因为心态会成为有色眼镜，使我们只能收到过滤后的信息。另一方面，我们最终若是对获得的信息不加分析、不加思考地全盘接受，也是危险的、有害的。

首先，成功者其实没有必要、没有义务，也往往没有足够的时间去讲述所有的细节。相信我，如果仅仅用财富、权力、地位来衡量成功（世俗意义上的成功），那么所有的成功背后都有数不尽的磨难，也往往充斥着不可告人的细节。例如，某大企业的老板肯定不会对所有人说他在受到各个方面的巨大压力之后才作出某些决定。追求巨大财富的人是如此，追求巨大权力和至高无上地位的人更是如此。

在某些事情上，每个人都应该有沉默权。那些正在分享所谓"成功经验"的人，也应该享有这样的权利。就好像美国警察经常说的那样："你有权保持沉默。你所说的一切都将作为呈堂证供。[3]"只要不是在特殊的极端情况下，任何人都没有权利要求其他人讲述事情的全部细节。但是，如果某个人把他们说的当作全部，把他们没说的当作没有，那么这个人的智商就跟寓言中那个掩耳盗铃的家伙属于同一水平了。

其次，几乎所有的成功者在讲述自己成功经历的时候，都会有意无意地夸大自己为成功付出的代价，夸大自己曾经面临和已经战胜的困境，夸大自己最终成功的难度。他们不是故意的，只是因为他们也是人，他们和所有的普通人一样，有不同程度的虚荣心需要获得满足。他们现在的成功是已经确定的了，所以，这成功荣耀的程度就取决于其难度——起点的条件越差，成功显示出的难度就越高；难度越高，获得的掌声就越多，被其他人认可的程度就越强烈。最终的目的，就是让尽可能多的人对他们佩服得五体投地。

他们这么做还有一个潜在的原因：保护自己。每个获得巨大成功的人，最为紧迫的任务就是保护自己的既得利益。这跟下棋没什么区别，不仅要不停地"进攻"，还要稳固地"防守"。他们如此夸大自己为成功付出的代价，想表达的潜在含义是：要知道，成功可不是说来就来的，是需要付出很大代价的，你还是好好想想吧。这是另一种形式的"恐吓"，和"欲练神功，必先自宫"的警告在本质上没有什么区别。

他们这么做的原因，还有来自观众或者听众的支持。大多数人喜欢听成功者讲述他们的艰苦经历——越艰苦越好，越"苦大仇深"越喜闻乐见。绝大多数人的一生都是平淡的，甚至包括那些成功者中的很大一部分——如果我没猜错的话。电影之所以精彩，有两个原因：一是艺术加工，二是压缩时间——把一生的故事用一两个小时讲出来，不波澜起伏、惊险刺激才怪。然而，真实的生活却不可能天天波澜壮阔、大起大落、惊天动地。事实上，没有谁的心脏可以承受这样的生活。

一方面，大多数人一生都不会领悟"平平淡淡才是真"的道理。另一方面，很多人在潜意识里希望所有的成功者都是通过艰苦奋斗才获得成功的，因为他们觉得只有这样才能解释自己的"不成功"，才能更为自然地接受自己的"不成功"。他们潜意识里的想法如果表达出来，可能是这样的："看，成功多难呀！要付出那么多代价才可以呢！我还没付出那么多代价，没成功很正常嘛……"要知道，对那些渴望成功而尚未成功的人来说，成功人士"苦大仇深""血泪斑斑"的经历是多大的安慰啊！

另外，更为重要的是，就算那些成功者并非有意隐瞒或者有意夸大，他们在讲述自己的真实经历时，依然可能产生种种偏差。成功者，或者那些被认为成功的人，依然是人，不是神。既然他们还是人，就很可能有认知偏差[4]，例如人类大脑具有的一个自我保护功能——遗忘痛苦。

所以，成功者在给他人讲述自己的经历时，往往会有意无意地掩盖那些令他们追悔莫及的错误。因为那些经历太痛苦了，以至他们的大脑自动把那些记忆抹掉了——如果他们的大脑功能健全的话。对于"掩盖错误"这件事更为合理的解释是：他们不是故意的，只是不知道每个人固有的认知偏差给他们造成了怎样的影响而已。他们当然会讲述自己曾经遇到的困境，但你有没有注意到这样一个有趣的现象：在他们的讲述中，他们最终会用无比顽强的精神摆脱那些看似不可逆转的困境——这样的讲述换来的当然是热烈的掌声。那么，他们有没有到现在都无法解决的困难呢？我不相信他们没有，除非他们活在另一个世界。

还有，一定要了解这样一个事实：有些时候，"成功者"的经验没什么用，因为那些经验根本就是错误的，而对这一点，"成功者"自己可能也不了解。例如，成功者们遇到了一个经济飞速增长的时代，无论做什么都赚钱，并且赚得很多，所以从宏观上，根本就不是他们自己认为的宝贵经验在起作用，而是宏观经济给了他们这样的机会。但是，有谁愿意承认自己的成功和自己的经验无关呢？人类普遍拥有的一个认知偏差就是：把成功揽到自己身上，把失败归咎于别人或者坏运气。这在心理学上有个术语——自利性偏差[5]。从这里我们就可以知道，那些"成功者"在这么做的时候往往不是有意欺骗，甚至出于好意。

最后，要知道，有些"宝贵经验"即使正确，放到别人身上也可能不那么灵验。最可能让一个人误入歧途的，就是他对自己的了解。长辈们总对我们说"人贵自知"，他们忘了说的，甚至可能完全不知道他们真正应该说的，其实是"人贵自知——难哪"。回想一下上一次听完成功故事不由得心潮澎湃的状态，你就知道有自知之明是多么难能可贵了。当然，你没必要为自己那么容易心潮澎湃感到自卑，因为所有的人都会这样，只不过程度不同罢了。

例如，成功者们常说，他们并不在意钱，他们知道人格的可贵。但是，大部分听众和他们不一样。大部分听众现在没有足够的钱！相信我，绝大多数人，在没有钱的时候，对"人格可贵"的理解很难非常深刻。人活着是要吃饭的，一个人的家眷是不应该被饿着的，在基本条件都得不到保障的时候，"人格有个屁用"就成了很多人的选择。崔健是这样描述的："若是为了爱情，歌曲算个屁；若是为了生命，爱情算个屁。"[6] 这是大实话，而大实话往往不可能动听。其实，这并不是玩世不恭或者愤世嫉俗的说法，只是有勇气接受现实的人对生活的平静描述。

这里提供一个实用的建议：与其关注成功者，不妨反其道而行之——努力从失败者身上汲取经验。

不要说模仿成功者，就算观察成功者也是很难的。这世上的成功者很多，我们身边真正的成功者却很少。成功背后的东西很难看清楚，所谓成功的真实性也很难判断，成功者们又会有意无意地美化和包装他们的经验，而这一切，都在干扰我们的判断。不过，观察失败者相对容易，因为失败者的失败往往是明显的、确定的，失败的真正原因往往很容易查实（尽管失败者会找各种各样的借口）。并且，我们身边失败者的数量显然要多于成功者的数量。如此，我们也就有了更多的观察机会。

有了这样的认识，我们就会经常碰到所谓的"幸运"——当你马上就要犯错误的时候，有人先犯了同样的错误。不过，就算是"专注于汲取教训，而不是幸灾乐祸"这件事本身，也不容易做到。

经过这些分析，可以知道，有一句话值得牢记：人家说什么你就信什么，挺傻的。只有经过自己的仔细分辨，真正成功者的宝贵经验才是无价的。需要额外注意的是，一方面要多花心思分辨，另一方面要多花时间真正了解自己，以便避开"一概而论、生搬硬套"可能带来的灾难。

---

1 "光想是没用的"对应的英文大概是"ideas are cheap"。
2 这一节所讲的内容与本章"案例局限"一节非常类似。它们的区别在于，"案例"往往来自别人的经历，而"感悟"往往基于自己的经历。如此，人们在分析自己的感悟时，更难排除安慰剂效应（可参考本章"因果关系"一节中关于双盲测试的内容）。
3 源自"米兰达警语"（Miranda Warning）。参见链接 5-33。
4 认知偏差：Cognitive Biases，一个心理学上经常提到的概念，后面还会详细论述。
5 自利性偏差：Self-serving bias。
6 参见崔健 2005 年专辑《给你一点颜色》中的歌曲《红先生》。

10. 克服恐惧

"道理都明白，可就是做不到"也许是无数人在生命中无数次遭遇的尴尬。在日常生活中，那些原本是讨论者，后来却变成了"为争而争"的争辩者的人，常常并非故意。他们只是像醒过来后最终还是要咬农夫的蛇一样，展现出了自己难移的本性而已。

人性中究竟有什么东西如此"邪恶"（这里并非贬义，只表示负面），如此顽固，如此普遍，如此让我们无可奈何呢？答案很简单——恐惧。而恐惧会带来一个更有杀伤力的品性——懦弱。思考训练书籍里总是提到阻碍人们正确思考的诸多障碍，例如我的更好、死要面子、拒绝改变、顺从多数、简单粗暴的分类、自我欺骗[1]……所有这些最终都可以归结于人性中根深蒂固的恐惧和由恐惧带来的懦弱。

人们总是喜欢用善恶区分一切，但这其实是一件很无聊的事情，没有什么实际意义。更有意义的区分是"强"与"弱"。在很多时候，所谓的善良，只不过是懦弱的表现。人们说高耀洁[2]很善良，肯帮助那些"艾滋病村"的村民，我却宁愿说，高耀洁老奶奶是个坚强的人，因为她的坚强，使她有真正善良的资本。还有人说那些"赚了黑心钱"的人捐出大量金钱给慈善机构是伪善，我却宁愿说，不得不承认，这样的人实际上确实很"强"，因此他们有资本做出"伪善"的事情。"强"与"弱"才是自然界中真正存在的本质，"善"与"恶"往往只是弱者一厢情愿的定义。

人类作为注定会老死的物种之一，天生就充满了恐惧。因为害怕自己的死亡，所以人们宁愿相信某个叫作天堂的地方是存在的；因为害怕失去亲人的痛苦，所以人们宁愿相信转世投胎、轮回再生；因为害怕强者无疆而又不愿面对自己的懦弱与无能，所以人们宁愿相信"恶有恶报、善有善报"。成功者害怕自己的既得利益受到损害，于是在"分享"成功经验时着了魔一样夸大自己遇到的各种障碍，却对起决定性作用的"运气"绝口不提；碌碌无为者如饥似渴地享受成功者的"分享"，在听到成功者遇到难以逾越的困难九死一生的时候，潜意识里暗暗欢喜——原来我没成功是有原因的啊！

小时候，我不理解为什么《圣经》里反复提到"七宗罪"（贪婪、淫欲、饕餮、嫉妒、懒惰、傲慢、暴怒），却绝口不提人生最大的敌人"恐惧"，以及"恐惧"这个恶魔的小鬼"懦弱"？那根深蒂固的恐惧才是一切"恶"的根源，那懦弱才是"原罪"啊！后来我明白了，宗教最需要的实际上是"恐惧"。为了让人们向往天堂，便设计了一个令人生畏的地狱。没有令人恐惧的地狱存在，天堂又如何令人向往？

人人都有弱点，因为人人都会有恐惧。恐惧需要克服，勇气需要培养。事实上，"勇气需要培养"这句话里面的"培养"可以换成一个更朴素的词——积累。勇气与智慧一样，是依靠积累获得的。当一个人只有一点点勇气的时候，就期望他可以"除暴安良""替天行道""匡扶正义"，是非常幼稚且不现实的想法。一个人的强与弱，实际上相当于他的勇气减去他的恐惧之后的分值——如果是正数，那么他是强的；如果是负数，那么他是弱的。所有人的起点都是负数。但凡是人，都要经过很多的挣扎才能使这个算式的结果变成正数。而且，无论是谁，无论多强，都不可能完全消除恐惧。勇气可能等于零，恐惧却将永远大于零。

古人说，人贵自知。摆脱"自以为是"陷阱的一个重要前提就是正视自己的恐惧，因为恐惧永远存在。尽管现今的自然界中绝少有动物以人为主食，但还是经常出现人被其他动物咬伤或吃掉的事情，这主要是因为那些动物被惊着了、害怕了，才主动出击。同理，那些突然放弃讨论，转而"变"得不理性的人，只不过是因为在那一瞬间让恐惧占了上风，而勇气消耗殆尽。不要以为自己拥有无比的勇气，不要以为自己没有恐惧，总有一个时刻，我们的勇气不能抵御我们的恐惧。所以，我们有什么理由不能理解别人的恐惧呢？

---

1 我的更好：Mine-is-better；死要面子：Face-saving；拒绝改变：Resistance to change；顺从多数：Conformity；简单粗暴的分类：Stereotyping；自我欺骗：Self-deception。
2 高耀洁：1927 年 12 月 19 日—，中国河南中医学院退休教授，妇科肿瘤专家，河南省第七届人民代表大会代表，河南省文史研究馆研究员，九三学社成员，艾滋病防治工作者，被誉为"中国民间防艾第一人"。

11. 辅助工具

尽管我们用来表达思维的工具是语言，但是，思考和表达并非总是一前一后。有些时候，我们的思维会因我们使用的语言（表达手段之一）而受到各种各样的影响。恰当而又正确地使用语言，可以帮助修复思维漏洞。一旦明白个中道理，我们就会发现，**语言就是一个便宜（甚至免费）而又有效的辅助工具**。

在我的成长过程中，父亲常常帮助我纠正不良的语言习惯。有一次，他看到七八岁的我指责别人说脏话，就告诉我："其实有时候有些话'话糙理不糙'……其实不说脏话的人不一定不'脏'；偶尔说点脏话有助心理健康。"这事我就不多作解释了，相信读者很容易明白这是多么真实而又健康的教育。我印象最深刻的，是父亲禁止我在任何情况下说类似这样的句子：

……本来（原本）就是嘛！

现在回忆起来，真的要感激父亲，他就那样简单而又"粗暴"地用几个星期的时间使我一生不再使用这种句式。这种句式在生活中只有一个用处——找（最后的）借口。

长大之后，我在一部关于某重大新闻事件的电影里看到报社老板语气严厉地对一位刚入行的记者说：

永远不要再跟我说"我认为……"了！你的看法关我屁事？我要的是事实……

从那之后，那个毛头小伙就刻意在写句子时用"事实上"开头，而为了配得上这个开头，在后面的陈述中，他真的在不知不觉间剔除了很多"偏见"。直到被电影里的这个细节触动，我才明白，原来在很多领域，有些"思维训练"其实只是需要更改语言习惯。想明白这些，我再次在心里狠狠地感激了父亲。

以下一些句式最好经常使用，因为它们对独立思考习惯的养成特别有帮助，并且有刺激思考的作用：

▷ ……是一回事，……是另一回事。
▷ ……和……其实根本不是一回事。
▷ ……不一定……
▷ ……可是，这并不意味着……
▷ ……也许还有一种可能（解释）。
▷ ……看起来像……，可是……
▷ ……而事实可能远比看起来的复杂（简单）。
▷ ……然而，（这个论断）反过来（陈述）不一定成立，因为……
▷ ……其实很可能与……没有任何关系。
▷ ……和……之间不一定是单纯的因果关系，它们也可能互为因果。
▷ ……和……之间的比较也许没有任何意义。
▷ ……其实是表面现象，其背后的本质是……
▷ ……有一个常常被忽略的前提。
▷ ……尽管听起来很有道理，但完全不现实。
▷ ……也许有人会说……但是这种质疑……

这些句式看起来简单，却往往能带来不同凡响的思考结果。

平时在遇到任何问题的时候，都不妨把这些句式套进去填空——就当想着玩儿了。要不了多久，我们就能体会这种游戏的有趣之处。不出意外，我们会发现自己的思维因为这些句式的运用而不由自主地发生了转变。例如，"……和……其实根本不是一回事"这个句式往往瞬间就能使一个人的脑子更清楚。

另外一些句式，则要刻意回避，例如：

……难道就没有一点可取之处吗？

当我们试图批评一个错误立场的时候，即便是在完全正确地批评的情况下，也总是会遇到这样的抵抗（往往来自那些不知其所以然的所谓"同情者"）："……难道就没有一点可取之处吗？"

这样的诘问常常会奏效，只不过奏效的方向并不是驳倒批评错误立场和观点的人，而是让发出这样诘问的人自己据谬而喜，让被批评的人错上加错（很多人分不清"自己的观点被批评"与"自己被批评"之间的重大差异），让更多不明就里的人受到更严重的误导。

几乎没有什么立场和观点能像单细胞动物一样纯粹——每个立场和观点都是由许多其他的立场和观点构成的，或者受到许多其他的立场和观点影响，就像"多细胞有机体"。哪怕是由成千上万个对的立场和观点拼成的立场和观点，也不见得在整体上是正确的，更何况那些确实有一点可取之处，但其他地方千疮百孔的立场和观点。

如果"……还是有一些可取之处"可以成为我们必须拥护或者不得反对某个立场或观点的可成立的理由，我们就几乎必须拥护所有立场、不得反对任何立场了。例如，已经被废除的一夫多妻制就真的一点可取之处都没有吗？从某种意义上讲，无论从经济学还是从生物学的角度，一夫多妻制可能比一夫一妻制更有利于资源有效分配。但是，就是因为一夫多妻制也有这样的可取之处，所以，我们就要拥护它，就要退回去而取消现在的一夫一妻制吗？

"……难道就没有一点可取之处吗？"这个常见的句式还有一个变体："我发现……还是很有一些道理的！"唉，那不是废话吗？就算是在希特勒的《我的奋斗》里，也有很多相当有道理，甚至相当精辟的观点，但为什么全世界都要禁掉这本书呢？就算是跳大神的，也有可能说中那么一两次，但为什么我们一次都不能信呢？闭上眼睛蒙对一次一点也不难——即便是一只坏掉不走的表，一天之中起码还能对两次呢。

"我发现……还是很有一些道理的！"常常成为很多人把垃圾当宝贝的唯一理由。可是何必呢？那些真正有道理的部分，不一定只在那里存在啊！垃圾里当然也可能有些宝贝，但是在宝贝已在眼前、用都用不完的时候，为什么还要跑到臭气熏天的垃圾堆里淘换呢？这道理尽管简单，但总是被很多人忽视，小则误导自己，大则误导别人，巨则误导至少一代人。三叹。

再看一个最浪费时间的，也因此必须回避的句式："要是……就好了！"这个句式是用来表达后悔情绪的，而"后悔"是最浪费时间的——无论如何都于事无补。

当人们在生活中遇到尴尬时，脑子里会不由自主地冒出用这个句式表述的念头：

▷ 我要是孙悟空就好了！

▷ 我要是有钱就好了！

▷ 我要是没结婚就好了！

▷ 我要是当初多读点书就好了！

▷ 我要是在美国就好了！

之所以会在遇到尴尬时会冒出这样的念头，是因为大多数人早就朴素地明白一个简单的道理：我们所面临的今天，很大程度上取决于我们的过去。可是，时间的固有属性决定了被它穿透的一切都将凝固成历史，无法更改——无论后悔的程度多么强烈，都无济于事。

冒出这样的念头的另一个原因是我们无法接受自身的现实局限。每个人来到这个世界的时候，都不是完美无缺的，并且，无论怎么努力，也注定不会有完美的人生。于是，个子矮的人希望自己高一些，丑陋的男人希望自己帅一些，难看的女人希望自己漂亮一些，老去的人希望自己（起码显得）年轻一些，肥胖的人希望自己苗条一些，骨瘦如柴的人希望自己健壮一些……当然，我们还是需要努力，因为努力可以使我们达到相对完美或者接近完美。

过去的事情是无法更改的，现在的烦恼是无济于事的。所以，只要我们是一个旁观者，就会无比容易地看出这些想法是多么不现实。把这些不现实的句子转换成现实的版本，就是这样的：

▷ "我要是孙悟空就好了！"——可是你不是孙悟空。所以，你没有72根毫毛变出72个你帮你写作业，你也没有金箍棒，不能招惹面前这个大块头。

▷ "我要是有钱就好了！"——可是你没有钱。所以，用钱能解决的问题不是你能解决的问题。

▷ "我要是没结婚就好了！"——可是你已经结婚了。所以，无论你多么喜欢面前这个女人，只要你开始采取行动，麻烦就会接踵而至。

▷ "我要是当初多读点书就好了！"——可是你当初没有多读书。所以，现在你追悔莫及也没什么用。

▷ "我要是在美国就好了！"——可是你还在中国。所以，美国的那些好事大多跟你没有一丁点关系。

过去的事情是无法更改的，现在的烦恼是无济于事的，但是将来的尴尬也许是可以避免的——如果现在的行动没有出错的话。换句话讲，为了避免将来的尴尬，必须在今天采取正确的行动。所以：

▷ 改掉直到交作业期限的前一天晚上才写作业的偷懒习惯，先做完作业，再去使劲玩。

如果你确定对方不是一个好人，就趁早离他远一点，最好不要让他知道你的存在。
▷ 不要为现在没钱而烦恼。打起精神来，从今天开始想办法赚更多的钱。如果赚更多的钱很难，少花一点、多省一点，也是一个很好的途径。
▷ 想想看，离婚是不是一件可行并且容易的事情。如果不是的话，就算你顺利离婚了，将来万一又要与面前这个女人离婚，可能仍然非常不容易、不可行。
▷ 从今天开始多读一点书，多学一点东西。尽管学东西对任何人来讲都不容易，但只要坚持，大多数技能都可以比较熟练地掌握。
▷ 先解决目前的麻烦。然后，如果真的觉得美国更好，那就从今天开始准备移民——需要做的事情非常多，努力吧！

很多时候，一个人不现实，主要是因为他的想法不现实。而一个人的想法不现实，往往是由他使用的句式决定的——无论怎么替换，都只能造出不现实的句子。另外，"要是……就好了！"这种念头，不仅无益，甚至可能是有害的，因为它会衍生出一个很恐怖的句式："要是……就好了！但……"

▷ "我要是孙悟空就好了！"——可是我不是孙悟空。但我可以要赖不交作业！我也没有金箍棒。但我可以弄一把刀……
▷ "我要是有钱就好了！"——可是我没有钱。但我可以去借，借不着还可以骗，实在不行就去偷、去抢……
▷ "我要是没结婚就好了！"——可是我已经结婚了。但管它呢，反正面前这个女人也不知道……
▷ "我要是当初多读点书就好了！"——可是我当初没有。但我可以去弄个假毕业证，反正现在用假证的人多了去了，要不然那些卖假证的怎么赚那么多钱啊……
▷ "我要是在美国就好了！"——可是我还在中国。但我可以想办法偷渡，或者做点什么事，然后去美国使馆寻求庇护，说不定还能混张绿卡……

所以，当脑子里闪出类似"要是……就好了！"的念头时，要马上提醒自己"停！这个念头最耽误事了！"或者"停！这个念头最没用了！"要想知道类似"要是……就好了！"的念头有多么可笑，不妨想想我们常听到的一句话：

要是我不浪费那么多时间就好了！

可是，我们已经浪费了那么多时间，现在竟然还在浪费时间！

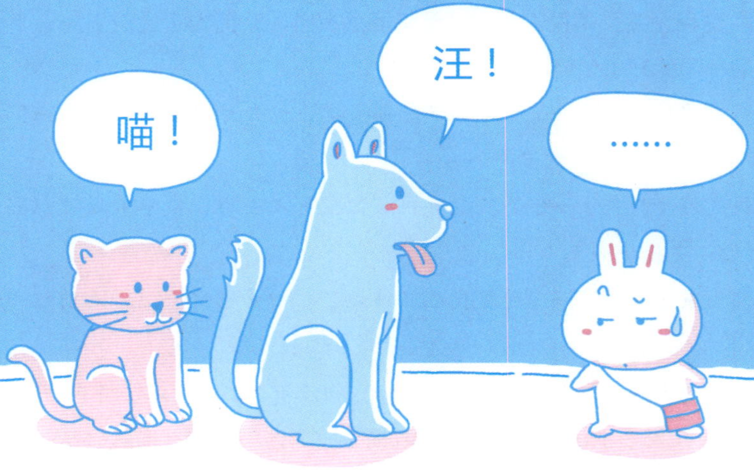
喵！
汪！
……

第6章
交流

须知参差多态,乃是幸福的本源。

——伯特兰·罗素

1. 学会倾听

正如没有人认为自己不会说一样，几乎没有人认为自己不会听。可事实上，大多数人并不懂得应该如何有效地倾听。从某种意义上，交流的有效与否往往取决于听者而非说者，反过来说，失败的交流往往源自听者的疏忽。不夸张地讲，倾听能力的强弱，几乎能够决定一个人的命运，因为在绝大部分时间里，任何一个人的生存和发展都依赖听某些人的话，或者反过来说，依赖某些人听他的话。

人们总以为倾听能力是与生俱来的，并且自然而然地认为阅读能力比倾听能力更难养成（也就想当然地认为阅读比倾听更重要）。这种认识导致正规教育体系在10多年的教育过程中从未有过针对母语的"听力"课程。教师在课堂上对一届又一届的学生重复教授同样的内容，而台下的学生只有少数能够全面把握教师讲述的信息——倾听能力的巨大差异也许是这种永恒尴尬产生原因的最好解释之一。

人类讲话的速度通常远低于思考的速度，所以，我们在倾听过程中经常会出现走神的现象。刚开始走神的时候，持续时间不会太久，也许只有几分之一秒，但就在这一瞬间，大脑也能处理许多信号。因此，当大脑"神游"归来之时，我们往往发现自己并未错过什么重要的东西。于是，大脑又开始自动走神，这一次可能要比之前更久，因为大脑早已"证明"自己"游刃有余"。而当再次"神游"归来之时，大脑也许还会"印证"自己并未错过什么……于是，走神的次数越来越多，时间越来越长……

如此这般，终究会出现真正错过重要信息的情况。

另外，说者为了讲解清楚来龙去脉，往往不得不把重要的信息，例如重要的事实、迂回的说理、意味深远的结论，放在后面。从总体看，说者发出的信息越来越重要，听者接收的信息却越来越少、越来越零散。

经过一次又一次的走神，听者"印证自己并未错过有效信息"的判断就很可能只是幻觉。我们的大脑有一种模式拼接能力：在处理零散信息的时候，会不由自主地将它们按照某种曾经遇到的模式拼接起来——总是以一种我们自以为有意义的模式。当9·11袭击事件[1]发生时，人们在双塔烟雾中看到的"魔鬼面孔"就是个典型的例子。

双塔烟雾中的"魔鬼面孔"

这也可以解释生活中经常出现的一种情况：当甲向乙提起"你当初不是说……"的时候，乙大惊失色地喊"天哪，我什么时候说过……"尽管不排除乙记忆力差，连自己说过的话都不记得的情况，但另一种情况发生的可能性更大——甲把乙说的话完全理解成了另一个样子，甚至可能与原意相反。这也导致了另一种让人无奈的现象：人们只能听到自己想听到的，只能看到自己想看到的。

然而，模式拼接能力并不是全然无用的东西，否则我们的大脑就不会进化出这种能力了。但是，它有相当大的副作用：很多人并不是"不懂装懂"，而是"真诚地相信"自己确实懂了——托模式拼接能力的福。

另外，并非每个人都需要同等的倾听能力。如果我需要获得更多信息甚至更多知识，倾听能力就非常重要，对未来的影响也相当大。而如果我是"独行侠"，那么就算我是聋子又如何呢？反正我连话都不用说。但是，一旦我需要与他人协作，那么，无论是作为团队成员还是团队领导，都马上会极度依赖倾听能力——自己的和他人的。

人并不是天生就有模式拼接能力的，这种能力依赖一定的已知信息。如果一个人从未在其他地方见过所谓的"魔鬼面孔"，他就不会在浓浓的烟雾中"识别"出那张"魔鬼面孔"。从某种意义上，模式拼接能力是学习的副产品，它会随着已有信息的增多而越来越强大，马尔科姆·格莱德威尔说的"闪念[2]"其实指的就是这个东西。

尽管这种模式拼接能力与世间万物一样有固有的局限，但它也跟世间万物一样，能够被"有心人"主动利用、主动控制。对"有心人"来说，几乎一切问题的解决方案都源于"自知"。要想摆脱局限，首先要了解局限、了解它的根源，而除了时间，人生中的局限大多来自自身。

以"自知"为起点审视模式拼接能力的运作机理，我们很容易得出结论：**必须想办法获得一种或者一些能够用于鉴定已知信息有效性的知识**。我把这类知识称为判定类知识，以区别于其他知识（我将其称为概念类知识）。在生活中，一些人比另一些人更懂得"眼见不一定为实"的道理——这就属于判定类知识。20世纪50年代之前，人们还不懂得双盲测试的重要性，所以基本上不具备鉴定一些特定信息的有效性的能力。

不得不慨叹，从某个领域诞生的重要理念传播扩散到生活中其他领域所需要的时间，往往长得超乎人们的想象。例如，计算机领域的"面向对象程序设计[3]"是一个革命性的概念，尽管目前各个领域的精英们都已经开始使用这个概念（如《无间道》[4]这类剧情复杂的电影就是运用这种概念才拍出来的），但所有人都能理解这个概念的那一天还遥遥无期，若是等，不知道要等到哪辈子（如亚里士多德2300多年前提出的"三段论[5]"到今天也不是所有人都能理解）。再如，双盲测试目前普遍被认为是一个医学概念，可事实上，这个概念可以应用到几乎所有涉及认知的领域——教师群体中普遍存在的各种各样的（甚至相互矛盾的）教育方法、秘诀，甚至所谓的"理念"，大多经不起双盲测试的考验，可是这个群体中的大部分人根本就没听说过双盲测试的概念，更不消说理解它的重要性了。

有了一些判定类知识后，我们在日积月累的过程中，要尽量用这些知识可靠地鉴定自己大脑中存储的已知信息（大多是概念类知识）的有效性。这并不是要在交流时做的事情，但是在交流进行的每时每刻，这些已知信息都在起作用，而这些信息的有效性决定了交流过程中"理解"的质量——因为人在理解一样东西的时候，都会不由自主地调动一切已知信息去和它进行匹配。

这个提升倾听能力、改善交流状况的解决方案并不直观，也因此经常被拒绝，或者干脆被忽略。人类就是不喜欢不直观的东西，不喜欢，自然就不能接受，反过来说，对不能接受的东西，自然就不喜欢。这种倾向究竟有多严重，从一件事情可见一斑：直到大学阶段，学校才开始正式教导学生"写论文之前要做研究"，可是最终大多数学生还是反过来写论文——先随便弄出个结论，再去做能够印证那个结论的研究工作。

然而，对"有心人"来讲，这是一场正常的、必须的、不可回避的、旷日持久的，甚至最终是有趣的、一个人的战斗。不断收集、整理、修正自己的判定类知识，就好像是为自己编织一张"滤网"，以阻止无效的概念类知识的进入。同时，这张"滤网"应该是双向的，可以把概念类知识中有效的部分留下，把无效的部分排除。所谓"有心"，其实就是指有这张"滤网"。人与人"滤网"质量的区别，很可能就是人们所说的思考能力的区别。

听者走神更重要的原因在于他们并不知道听的时候可以用多余的脑力做什么——既不知道正确的是什么，又会不由自主地去做些什么，最终的结果当然就是做错。

在了解"应该做什么"之前，有必要了解一下"最不应该做的是什么"。

为了真正做到有效倾听，最需要克制的就是"过早质疑"。尽管我们都知道不应该不假思索地全盘接受对方所说的一切，人们总是在提倡的"质疑精神"也是非常可贵的，但是，在倾听的过程中不善于控制自己、随性发出质疑，是最妨碍有效倾听的行为和心理。

说者不可能一下子把所有的必要信息讲完，尤其是在说者必须展示一个复杂的说理过程及其烦琐而又重要的细节、事实、证据之时。打断对方的讲述，提出自己的质疑，不仅提高了说者有效表达的难度，更增加了自己获得对方讲述全貌的难度。这并不是偶然的：不成熟的人、思维简单的人更倾向于频繁地插话，并且他们总是认为"我已经了解你要说什么了……"。没有人从一开始就成熟、强大，但只要有一两次能够真正忍住自己发出质疑欲望的经历，就可以得到足够的教训，并进一步养成耐心等到最后再发出质疑的习惯。事实上，如果真的能把这种欲望克制住，人们往往会惊讶地发现：在听到最后一刻时，自己对说者论述内容的理解发生了变化，自己的疑问也发生了本质上的变化——不管是好还是坏。

"过早质疑"同样会造成幻觉——觉得对方的论证不堪一击。可是，事实总是与此相反。道理很简单，说者开始自己的论述时，驳斥他的难度是最低的，于是"过早质疑"的人总会产生自以为是的幻觉，进而落入自己设置的陷阱，同时自我感觉良好。

"过早质疑"的另一个副作用是让听者不由自主地进入排斥状态。尽管我们并不能像闭上眼睛一样合上耳朵，但我们确实可以像"视而不见"一样做到"听而不闻"。大多数人在未经训练的情况下，在听的过程中只有两种状态——接收和排斥。总有一些人更易盲从，那是因为他们在听的过程中更多地处于接收状态；总有一些人更加顽固，那是因为他们在听的过程中更多地处于排斥状态。

稍加思考就会发现，排斥状态更应该被提防。接收状态本身不一定是有害的——除非要"接受"一切"接收"进来的东西。但是，排斥状态会使一个人处于永无进步的状态，因为拒绝接收，所以无法接受——"接收"并不等于"接受"的道理，不是每个人都懂（这也是一个简单而又实用的判定类知识）。

为了让自己听得更有效率，我们要牢牢记住这个简单又实用的原则：就算需要质疑，也一定要等到对方把话说完。

那么，应该做的是什么呢？

在倾听的过程中，我们可以利用多余的脑力处理两个方向的信息："回顾"与"预期"。

所谓"回顾"，即使说复杂了听起来也很简单：说者刚刚都讲了些什么？

可是，相对于阅读过程，倾听过程的记忆难度要高许多，因为在阅读过程中可以随时返回重读，而在倾听过程中往往需要打断说者才能"回顾"。问题在于，打断说者几乎总是"不好"的——要么不礼貌，要么不恰当，要么不可能……在遇到"长篇大论"（不含贬义）的时候，随着倾听时间的延长，记忆的难度将会不断增加。"发现自己遗忘了太多信息以至于无法理解"会造成巨大而又无法解决的压力。当这种情况出现时，几乎所有人都会产生"见鬼去吧"的情绪——这是唯一看起来"无害"的出路。

大多数人会过分高估自己的记忆力。这个幻觉来自每时每刻都有一些确实可以记住的东西，而记不住的东西恰恰因为没有被记住所以看上去"并不存在"。换言之，每时每刻都有"我记得住"的证据，而"我记不住"的证据基本上难觅其踪——这也能说明为什么总有那么多人真诚地相信自己考试成绩差是因为"没发挥好"。

相信自己的记忆力比自己估计的差（甚至差很多）是去除这一幻觉的一个行之有效的方法，因为只有相信这个事实，才能在倾听时有意识地为了真正记住而反复（认真）回顾，在一些重要场合（课堂、会议等），也会因此真诚地借助辅助工具（笔记、照片、录音等）来帮助记忆。很多人从小就对老师"一定要记笔记"的建议置若罔闻，准确地讲，这种行为并非出自对老师的忽视或者鄙视，而是出自对自己记忆力信任的"幻觉"。

只有记住要点，才能够理顺要点之间的逻辑关系。但在更多时候，理顺逻辑关系本身并不难，因为说者总是会用"因为……""所以……""其次……"等语言线索来组织自己的内容。可是，有效倾听、有效理解的关键在于那些隐含的信息。准确地讲，那些隐含的信息不是"听"到的，而是"想"到的——动用自己"多余"的脑力想到的。

说者的语篇内容可以分为两类：事实和看法。如果是事实，我们就要花时间想想"他所陈述的内容真实性如何"。如果是看法，我们就要花时间想想"他的这个看法/意见的根源在哪里"。再讲下去好像就是逻辑学的内容了，可绝大多数人之所以逻辑混乱，并不是因为逻辑这东西太难学，而是因为他们根本就不愿意去"想"——他们觉得"想"太麻烦。

其实只要肯花费时间和精力去"想"（不过是用前面的两个"提问"作为起点而已），很多原本不可能"听"到的内容就会"自动"浮现，而这样做的人最终几乎都会发现自己"逻辑能力超强"——起码比自己想象的强。人真是奇怪的存在，要么错误地高估自己，要么错误地低估自己——也许这恰恰是"估"这个动作的必然结果。

如果能够记住要点，并肯花时间和精力搜寻隐含的信息，听者便有能力去做下一件更重要的事情：预期。

所谓"预期"，只不过是猜想"说者下一步可能会讲什么"。这个运用"多余"脑力做出的动作有诸多好处。首先，它将自动集中听者的注意力；其次，它有助于听者正确把握和组织说者论述的内容；最后，它能使听者"听到"更多原本"听不到"的信息。

此外，我们要养成一个重要的习惯：一旦决定倾听，就要主动帮助说者进入"倾诉"状态。

在课堂上、会议中，打断说者往往不礼貌且没有必要，甚至会浪费他人的时间、分散他人的注意力。不过，作为听者，尤其是能被说者看到的听者，给予说者鼓励性的信号会使说者更容易地进入"倾诉"状态。尽管我个人极端反对欺骗，但我发现，即便遇到不喜欢的说者和内容（人们往往会因为讨厌内容而讨厌说者，或者反过来说，因为讨厌说者而讨厌内容），适度控制自己的反感情绪对获取信息也会有极大的正面作用——既然坐在那里，"听而不闻"就是浪费自己的时间。

然而，在面对面交流的时候，听者的反应会在很大程度上影响说者的状态。尽管人们讨厌自己讲话时被打断，但没有人喜欢对没有任何反应的听者讲话。从本质上看，倾诉其实只有两种：第一种是不顾一切地说出来，第二种是讲给喜欢听的人。所以，给予说者适当的反应，是听者为了有效倾听必须做的事情。

在自己状态不佳、心不在焉的时候，"马上停止谈话"是对双方都有利的事情。一旦听者决定倾听某人的话，就要想办法调动自己的所有感官去感受说者的一切表达方式，包括他的眼神、姿态、动作等，随时随刻尽可能地去想象说者正在经历的情绪状态。一旦听者开始有意识地做这些事，就会不由自主地真正进入"倾听"状态。然后，更重要的是，由于听者的专注，说者将不由自主地进入更深的"倾诉"状态。

有些人可能会觉得以上描述不知所云，这是正常的，因为绝大多数人误以为"听"是一个被动的动作，而"说"是一个主动的动作。可事实并不总是如此。善于倾听的人往往会付出很大的努力——因为他们早已习惯，所以不觉得也不可能觉得辛苦。另外，在很多时候，说者尽管在说，但他们的这个动作也许是被动的。回想一下，我们曾有多少次听到一个人在一口气说了很多话之后慨叹："我怎么会说这些？"

除了情绪上的反应，我们在更多的时候需要通过逻辑上的反应来实现有效倾听。如果一个人足够敏感，就能体会"那你的意思是……喽？"和"那你的意思是不是……呢？"之间的微妙区别——前者多少有些武断，容易导致误解；后者只是清楚地确认，没有任何副作用。为了做到清楚的确认，那些善于沟通的人往往会在恰当的时候使用这样的句式："那你看我这么理解对不对……"说者这时会自然而然地想尽办法表述清楚，甚至会在这个过程中突然发觉自己的疏忽之处，进而没有压力地进行自我纠正。

仔细观察一下就会知道，生活中有许多原本认真的交谈最终变成了激烈的争吵。发生这种情况固然有说者的问题，但更常被忽略却更为重要的是，听者没有给出恰当的反应——该确认的时候却武断地下了定论，该回应的时候却示以沉默；说者兴高采烈的时候听者却意兴阑珊，说者努力论证的时候听者却过早开始反驳……

---

1 9·11袭击事件：2001年9月11日发生在美国本土的一系列自杀式恐怖袭击事件，导致纽约世界贸易中心双塔倒塌，五角大楼部分损毁。包括恐怖分子在内，共有2996人在这次袭击中死亡。参见链接6-1。
2 参见《闪念》（*Blink: The Power of Thinking without Thinking*，2005），链接6-2。
3 面向对象程序设计：Object-oriented programming，缩写为OOP，指一种程序设计范型，也是一种程序开发方法。它将对象作为程序的基本单元，将程序和数据封装其中，以提高软件的重用性、灵活性和可扩展性。参见链接6-3。
4 《无间道》：*Infernal Affairs*，2002。香港犯罪悬疑电影。参见链接6-4。
5 三段论：在传统逻辑中，三段论是指其中一个命题（结论）必然从另外两个命题（前提）中得出的一种推论。参见链接6-5。

2. 说与不说

有一个极为常见却几乎总是被忽略的现象：明明是同样的话，自己说出来就不像那么回事。

每句话其实都是有归属的。"赶紧睡觉！"通常只有父母对不太听话的小孩子说。"好好干！"大多是长辈或领导说给晚辈或新人听的。"亲爱的"一般不是普通朋友之间的打招呼用语……

在更细微的地方，这种归属造成的扭曲感会更严重。例如，若不是班里学习最好的学生在大讲特讲学习方法，很多同学会不屑于听。再如，若某个人不是公认最冷静、最善于思考的人，那么他说出来的话就算是对的，也很可能会被低估。

一般来说，我们可能获得的建议是这样的：得知道什么话能说，什么话不能说。这个建议的意思是，要根据自己的情况选择能说的话、该说的话、说出来别人能听的话。

然而，更有效的建议尽管看起来与前面的建议差不多，实际上却有天壤之别：**通过努力、通过积累成为能说更多话的人**。之所以说这个建议更有效，是因为它比前者更主动、更长远。没有人从一开始就拥有一切，生活中的绝大多数东西要靠努力争取才能获得。

在我年纪很小的时候，父亲就告诉我：一定要想办法不时做出令人敬佩的事情，这样就会有人主动找你做朋友。我当时并不懂得其中的道理，直到自己过了30岁才意识到一直按他说的去做带来的巨大好处。"赢得尊重"是最不能急于求成的，也绝对不可能靠"临时抱佛脚"实现。因为每个人都有足够的观察能力，而且人会互相交流、互通有无——群众的眼睛是雪亮的。尊重只能靠积累获得，这是铁律。

有时，我们知道自己说的是对的，可还是没有人听得进去。绝大多数人面对这种情况会多少有些失落，甚至愤怒，可事实上，这往往只说明一个问题——还没有赢得足够的重视。

没有人会像我们自己一样了解自己，也没有人会像我们自己一样关注自己。所以，每个人其实都多少会高估他人对自己的重视程度，又因为这个结论，进而低估他人的评估能力。要知道，重视和尊重来得往往比我们想象的晚很多。绝大多数人因为不懂这个道理，所以总处在"等不及"的状态，反而弄巧成拙，一辈子不可能获得哪怕一点点的重视，更不用提什么尊重。

对那些听得进去并愿意认真思考这个看似简单的道理的人来说，"话说出来之后有没有人听"是一个极为有效的自我评估标准。有人听，就说明了自己所处的状态；话说了，别人却"听而不闻"，甚至有（对自己来说意外的）异常反应，就说明自己的积累还不够。积累不够就接着攒吧。我一直觉得"攒人品"的说法不仅是有趣的，还是相当精巧的。

对大多数人来说，"知无不言，言无不尽[1]"在大部分情况下是最浪费时间和精力的做法[2]。其实，苏洵[3]在说这句话时并非到此为止，而是有下文的："知无不言，言无不尽，百人誉之不加密，百人毁之不加疏。"当一个人不被认为是"能说那话的人"时，不大可能"百人誉之"，不是"百人毁之"就很好了。

不被理解、不被合理评估，对任何人来说都必然会带来巨大的烦恼和痛苦。情绪的波动必然会干扰理智，进而影响表现——无论是在学习上、工作上，还是在生活上。《论语》[4]里有一句话："可与言而不与言，失人。不可与言而与之言，失言。[5]"这是说要分辨谈话的对象。可事实上，在分辨谈话对象之前很可能要分辨自己，所以，"可言而不言，失人，不可言而言，失言"。

---

[1] 语出《衡论·远虑》（〔北宋〕苏洵著）。参见链接 6-6。
[2] 我个人认为，在分享知识的时候，"知无不言，言无不尽"是正确的，而在日常交流中，这个原则的适用性很差。
[3] 苏洵：1009 年 5 月 22 日—1066 年 5 月 21 日，字明允，中国北宋文学家，四川眉山人，"唐宋八大家"之一。参见链接 6-7。
[4] 《论语》：一本以记录春秋时期思想家、教育家孔子和其弟子及再传弟子言行为主的汇编，是儒家重要的经典著作。由孔子门生及再传弟子集录整理。参见链接 6-8。
[5] 语出《论语·卫灵公第十五》。

3. 交流守则

以下言论普遍存在于我们的生活之中：
- 每个人都有自己的真理。[1]
- 一个人的真理在另一个人那里就可能是谬误。[2]
- 真理是相对的。[3]
- 真理总是在不停地变化。[4]（或者：真理并非一成不变。）
- 任何观念都是平等的。[5]

从这些言论里可以看出，不同的人对相同事情的看法多少有些差异，然而，一个人并不是天生就知道这种情况存在的。一个刚出生的婴儿并不知道自己是谁，它甚至无法把自己与周遭的世界从意识上分离开来。它会以为自己就是一切，一切都是自己。它饿了就哭，哭了就有吃的。于是，它会觉得自己饿的时候全世界都饿，自己痛的时候全世界都痛，自己动的时候全世界都在动。心理学称这种状态为"共生"。据说这种状态大约会持续5个月，过了这个阶段，婴儿就可以逐渐把自己和这个世界分离开来。例如，它可以意识到妈妈与自己并非同一，开始慢慢知道什么是自己的手、什么是自己的脚……

脱离共生状态的过程非常痛苦。实际上，摆脱这种共生状态完全是不得已的，如若可能，每个人都有随时返回共生状态的欲望，因为在那种状态下，一切都好像由自己掌控。最无能的状态被理解为最自由的状态——这是多么可怕、可悲、扭曲的错觉？

然而，几乎没有人在意那种感觉是不是错觉，人们只知道那种感觉棒极了。所以，人们在年少时会为了遇到同生共死的"朋友"甘愿赴汤蹈火，在青春期会为了"爱情"不惜飞蛾扑火，在成年之后依然会为了遇到"知己"热泪盈眶、激动万分。"粉丝[6]"的狂热表现也出自共生状态。在看到对立球队的球迷吵架甚至大打出手时，我们就能清楚地观察他们的具体状态。他们原本都是理智的人[7]，可在那一瞬间，他们分不清自己和自己迷恋的对象——对他们来说没有区别，他们和他们迷恋的对象是一体的、荣辱与共的。也因为如此，才可能出现亲人竟然因为一个"外人"而反目的情况。

所以，不经教化、不经训练，或者不经自我挣扎，人有可能一生都无法从思想上摆脱共生状态。而在现实中，我们也确实可以看到很多人在思想上一生都处于共生状态。

我们必须让自己脱离思想上的共生状态。为了达到这个目的，我们需要不断寻求真相，而寻求真相离不开讨论。很多时候，我们必须与人交流、讨论。为了避免在讨论过程中出现不必要的麻烦、浪费不必要的时间[8]，我们必须深刻理解以下三个原则。

第一个原则：
有意义的讨论的前提是双方不仅要"相互竞争"，更要"相互合作"

有句歇后语：秀才遇见兵——有理说不清。为什么呢？因为讲道理是需要前提的。双方进行有意义的讨论，最基本的要求就是双方必须共同遵守"理性讨论基本原则[9]"。例如：如果没有确凿的证据，就不能随意作出判断；有了确凿的证据，就算结论令人难以接受，也必须接受；错了就要承认并改正；对了也好，错了也罢，不许对对方进行人身攻击，对事不对人；谁有道理就听谁的；如果双方都有一定的道理，就要看谁的理由更站得住脚，谁的结论更切合实际；如果双方的提案都不好，那么只好"两害相权取其轻"……可是，因为"兵"手里有枪，所以"兵"随时都可以不守原则，拒绝与"秀才"合作，哪怕"秀才"再有道理也没用。

在日常生活中，我们很少看到有意义的讨论。大多数人由于种种原因并不重视"共同遵守理性讨论基本原则"，动不动就忽视、放弃、违背这些原则。有多少次，我们会听到这样的话："本来就是这样的！""行行行，就你最聪明！""就算道理是那样，我也无法接受！""你自己看着办吧！""我不管了！""放屁！""滚！"……

我在很小的时候并不知道，当某个基本原则被忽视、被放弃、被违背时，是有明显信号的，就好像上面罗列的那样。等我有能力把这些原则想清楚并分类之后，我还在相当长的时间里天真地以为自己可以向那些忽视、放弃、违背基本原则的人清楚解释现状，再把讨论拉回正轨——当然，多年的挣扎被证明为徒劳。

如果我们作为讨论的一方，发现对方已经不再"遵守理性讨论基本原则"，那么马上停止讨论吧，因为我们已经失去了讨论的对象。就算对方不依不饶，我们也应该回避、回避、再回避，因为接下来的任何过程都已经不再是"讨论"，而更可能是仅仅为争而争的"争论"罢了。这种争论的害处很多：浪费时间，影响情绪，把对方变成敌人，失去更多朋友……

如果我们作为讨论的一方，突然意识到自己竟然不再"遵守理性讨论基本原则"，那么马上停止讨论吧，因为我们也已经不再是"讨论者"了，更可能只是一个为争而争的"争辩者"罢了。这并不说明我们傻，也不说明我们笨，只说明我们的提升余地还很大。

每个人最终拥有的能力都是依靠积累获得的。积累是一个过程，而不是结果。<u>想明白这件事，就很容易做到心平气和</u>[10]。强大是并且只能是依靠积累获得的——没什么可不服气的，回去继续修炼就好。

第二个原则：
真理是独立存在的，它从来不会依附于任何个人或者集体

一旦有人认为自己掌握着<u>真理</u>[11]，或者自己代表着真理，甚至自己干脆就是真理本身，那么，他可能已经陷入思维混乱的困境。不仅如此，他还会让身边的人遭受许多苦难。有人开玩笑说：地球上最虚伪的群体分别是神职人员、政客、律师和教师。这种揶揄事实上基于非常准确的观察——这几个群体中最不缺少的就是"经常认为自己掌握着真理，或者自己代表着真理，甚至自己干脆就是真理本身"的那些人。

我们经常用"自以为是"来形容前面提到的那些人。那种自以为是的人不仅存在于刚刚提到的几个群体中——他们几乎无处不在；他们每时每刻造成的"灾难"无法估量；更可怕的是，对这种情况，他们并不自知。《圣经》里提到这些人时只能这样慨叹："<u>父啊，赦免他们。因为他们所做的，他们不晓得</u>[12]。"

其实，"自以为是"是每个人成长过程中必须经历的阶段，原因在于每个人生来都是以无知为起点的，而成长之路原本就是求知之路。个中辛苦，世世代代都有人慨叹。庄

子有云："吾生也有涯，而知也无涯，以有涯随无涯，殆已。[13]"牛顿悲鸣："要学的东西太多，学会任何一样东西需要的时间又太长，等我学完了，我就该死了……[14]"求知的路不仅很长，而且很苦，要想走下去，不仅需要心智的努力，还需要勇气。所以，绝大多数人中途就会停下来，不再前行。他们安慰自己的方法是告诉自己："我知道的已经够多了。"很多时候，很多人只需要再向前跨一小步，就可以超越"自以为是"的窘境，只可惜，由于种种原因，他们一生都没能意识到自己原本可以跨出那一步。

难以跨越"自以为是"的一个可能的原因是整个过程充满曲折。我们为了变得"有知"而挣扎；然而，挣扎的结果是我们将面临更多"无知"。[15]这种绝望就像希腊神话中的西西弗斯[16]所面对的：他因为太过狡猾和机智而得罪了众神，在死后遭到审判，被罚将一块巨石推至山顶，但由于石头到达山顶后便会自行滚下，所以只能永远重复推巨石上山的动作。但是，如果用自己的"有知"去平静地接受自己的"无知"，我们就不会像西西弗斯那么倒霉了——一个人只要能够平静接受自己的"无知"，他的水平就已经接近苏格拉底了。

虽然这个过程无比曲折，但历史上所有伟大的教育者本质上都在为这件事情奋斗、挣扎，希求能够教会下一代跨越"自以为是"。苏格拉底的挣扎引发了恐慌：雅典法庭以"不信神"和"腐蚀雅典青年思想"的罪名判他死刑，令他饮下毒堇汁而死。尼采所说的"超人"指的也应该是跨越了"自以为是"这道障碍的人。托马斯·叟注意到，大多数人不经教化是很难跨越这个障碍的，但他也意识到，人若无法超越这个障碍会有怎样的后果，所以他发出了这样的慨叹："每一代的出生，从效果上看，都相当于野蛮对文明的侵略，我们必须在积重难返之前教化他们。"

看清了这件事，我们就可以得出这样的推论：如果我们在任何讨论中发现参与者里面有"自以为是"者存在，那么最好的选择只有一个——退出讨论。因为，只要他们存在，讨论就不再是讨论，也不会得出任何有意义的结果，继续下去只会浪费自己的时间。同时，我们千万不要自以为是到认为自己有能力、有时间、有责任、有义务教会他们"想明白"的本领，甚至带他们跨越那道阻挡大多数人的障碍——这任务几近不可能完成。首先，在绝大多数情况下，心智成长都是自己的事情，并且只是自己的事情；其次，这是几乎每个社会都想系统完成却从来没有成功完成的事情（因为每个社会中总是存在着其他强大的阻挠力量）；最后，我们应该考虑自身的安全，即不要被"吸血鬼"咬到，甚至最好不要被他们看到。

第三个原则：
真理不变，也不会因任何人而变；
不停变化的只是人们对真理的解释或理解

在交流的过程中，如果有一方抛出"每个人都（应当）有自己的看法，不是吗"这样的话，对话就应该结束了，因为说这样的话的人已经把自己的脑壳闭掉了，或者干脆毙掉了。

我们在讨论（甚至争论）时，原本的焦点在于"事实"，而非"看法"，因为"看法"无法争论——"看法"只是对事实的"理解"，而"理解"本身不一定可靠。尽管讨论都是从交流双方的"看法"开始的，但讨论的最终目的是剔除"看法"、萃取"事实"、把理解中不可靠的因素过滤掉。

一方若是用"我要保留我的看法"作为最后的挡箭牌，那么，他的意思其实是："去你的，别再入侵我的领域了……"事实上，如果交流从一开始就以"看法"为焦点，就没必要讨论甚至争论了——我把我的看法告诉你，你把你的看法告诉我，我们各自弄清楚对方的看法，然后各自考虑哪个更有道理或者这两种看法为什么可能共存……

对任何事实，每个人都有看法，这话不假，但"每个人都有自己的看法"这句话却是扯淡的——对很多人来说，那看法究竟是不是他的，他自己也不知道。大多数人根本不思考，而少数肯思考的人中的大部分不懂得应该如何思考，所以，绝大多数人只不过是环境的产物。在很多时候，所谓的"主流"观点并非因为"正确"才成为"主流"，而是因为它恰好适合（或者迎合）那些不善思考、不愿思考的人的感觉。

大多数人的大多数看法，基本上是被灌输的，只不过对他们来说，那些"想当然"的看法早已与他们共生多年，不分你我。

如果单凭麻雀的声音不够好听就让它闭嘴，
那么很快森林里就会只剩乌鸦在大声呱呱……

我们每天都在不知不觉地接受很多看法。这些看法，越是隐蔽，就越是稳固。最终，它们会形成一个缜密的筛子，使我们只接受符合这个筛子的看法，而筛掉不符合这个筛子的一切。一个人经历这个过程越久，就越分不清楚那些"已接受的看法"究竟是被灌输的，还是自己的。

当有人以"每个人都（应当）有自己的看法，不是吗"来维护自己的"看法"时，他其实早就坚信自己的这种手段是有效的，而事实也会证明这种手段确实是有效的：如果对方不是一个脑子清楚的人，他就会尝试进一步说服对方，最终导致不欢而散；如果对方是一个脑子清楚的人，他就会偃旗息鼓，因为他明白接下来的对话是没有任何意义的。无论在哪种情况下，这种维护手段都好像是成功的、达到了目的的，于是，使用"每个人都（应当）有自己的看法，不是吗"这种手段的人，对这种手段的看法将得到进一步巩固——这就是真理，这就是保护自己已有看法[17]的最佳手段。可惜的是，连这个想法本身都是他们的枷锁，而非他们的工具。

小结

前面的推理可以解释逻辑书籍、哲学书籍甚至心理学书籍从来都对人总是倾向于忽略以上第三个原则这一问题无能为力的原因，所有来自外界的教化与训练通常也了了之。要想解决这个问题，几乎只有一个手段——自我挣扎。

解决这个问题的力量若非完全来自自我，就根本不可能强大到能够忍受那种把自己与外界分离的痛苦。正因如此，我们才会说：心智成长是自己的事情，是一个人的奥德赛。这只不过是一个选择。是做快乐的猪，还是痛苦的苏格拉底？[18] 是甘愿享受虚假的欢乐，还是用长期的痛苦换取哪怕片刻的真正的幸福？子曰："朝闻道，夕死可矣。[19]"大抵就是因为他选择了沧桑的正道，体会了磨难，才肯为那"道"付出如此的代价吧！

然而，从另一个角度看，真正跨出这一步其实很简单。如果有一天你终于跨出这一步，就会理解为什么大多数已经跨出这一步的人从来都没觉得跨出这一步有什么痛苦，而且你也能很快体会跨出这一步之后的欢乐是怎样的欢乐。

如何跨出这一步？没有人能帮得上你，你只能依靠自己。并且，要牢牢记住：正如没有人能帮得上你一样，估计你也帮不上别人。你可以为之努力，就好像我现在做的这样，但，效果如何，不在于你。因为，你或许已经能够明白：很多时候，好的意图不一定会带来好的结果……

1 每个人都有自己的真理：Everyone makes his or her own truth。
2 一个人的真理在另一个人那里就可能是谬误：One person's truth is another person's error。
3 真理是相对的：Truth is relative。
4 真理总是在不停地变化：Truth is constantly changing。
5 任何观念都是平等的：All ideas are equal。
6 粉丝：英文"fans"的音译，指"爱好者"。参见链接6-9。
7 在足球（准确地讲是"看足球"）这方面，他们一直处于共生状态，只不过，在剧烈的冲突出现之前，共生状态对他们的影响处于"潜伏期"而已。
8 有时，这种麻烦造成的时间浪费是不可想象的。例如，你可能会因此得罪某个小人，他怀恨在心，在将来的某个时刻做出不利于你的事情，至于后果有多严重，不可估计……
9 参见瓦茨拉夫·哈维尔制定的《对话守则》：①对话的目的是寻求真理，不是为了斗争；②不做人身攻击；③保持主题；④辩论时要用证据；⑤不要坚持错误不改；⑥要分清对话与只准自己讲话的区别；⑦对话要有记录；⑧尽量理解对方。
10 如此看来，很多人所谓的"无法控制情绪"，其实只是想不明白而已。另一个说法很形象——想不开。
11 真理：此处指英文中的"truth"。"truth"所表达含义的外延大于"真理"，亦有"事实""真相"之意。下面使用"真理"一词指代"truth"。
12 语出《圣经·新约全书·路加福音》23:34，原文为"Father, forgive them, for they do not know what they are doing."
13 语出《庄子·养生主》。
14 参见《引爆点》（The Tipping Point，2000），马尔科姆·格莱德威尔著。
15 苏格拉底也说过类似的话："As for me, all I know is that I know nothing."（我唯一知道的，是我一无所知。）
16 西西弗斯：希腊文 Σισυφος，希腊神话中一位被惩罚的神。他受罚的方式是：奋力将一块巨石推上山顶，而每次巨石到达山顶后又会滚回山下，如此永无止境地重复下去。另外，在西方语境中，形容词"sisyphean"（西西弗斯式的）代表"永无尽头而又徒劳无功的任务"。参见链接6-10。
17 他们以为很多想法是他们自己的，殊不知他们是隶属于那些想法的。
18 参见《功利主义》（Utilitarianism，1861），约翰·斯图尔特·密尔（John Stuart Mill）著。密尔在这部作品中给出了一个重要论述：做一个不满足的人胜于做一只满足的猪；做不满足的苏格拉底胜于做一个满足的傻瓜。（it is better to be a human being dissatisfied than a pig satisfied; better to be Socrates dissatisfied than a fool satisfied.）
19 语出《论语·里仁第四》。

4. 正确复述

沟通在很多时候并不像看起来那么容易。事实上，在这个过程中，常常会因为某个参与者而导致"有效沟通根本不可能达成"。具体一点说，如果甲与乙两个人需要沟通，过程是：甲将自己的想法用自己的语言表达出来（编码），乙用自己的方式理解甲的语言（解码），然后，反过来再次进行。此过程可能重复数次。

但是，不同人的"编码 / 解码"机制常常不相同。每个人的"编码 / 解码"机制都是依靠长期积累获得的，而且深受环境的影响。例如，在一些地方，人们普遍认为"慷慨大方"是褒义词，"精于算计"是贬义词，在另一些地方，人们普遍认为"精于算计"才是真本领，"慷慨大方"可能往往是智商不够的表现。如果分别来自两个地方的两个人在相互沟通的过程中没有意识到这样的差异，那么即便他们使用的语言相同，沟通的结果也难免扭曲。

况且，发送者生成他的想法——所谓"想明白"——本身就不见得是一件容易的事，而"编码/传递/解码"的过程也不一定能够协调无误地实现。再加上，即便接收者"解码"正确，他也要把结果与自己的现有知识体系融合，而这不一定能顺利完成。正确、顺利、有效的沟通到底有多难？这样一说，就很容易理解了。

在这里，我们需要着重讨论"接收者"。假设我们扮演的是沟通中的"接收者"，并且除了我们的"解码"过程，其他的环节都没有问题。在这种情况下，无论如何我们都可以这样想：我们的"解码"结果不见得正确。所以，**为了保证沟通顺利，往往需要添加一个验证机制，或者说反馈机制。**

在沟通过程中，当我们听对方（这里仅限于面对面沟通，不涉及书面沟通）说完，应该自觉避免自以为是地认为自己肯定理解对了。我们不妨套用以下句式进行验证、反馈：

"你的意思是……，是吗？"

或者

"你的意思是……，我理解的对吗？"

如果对方表示没有问题，就说明讨论可以进行下去；如果对方有异议，就要等待对方重新表述或者我们重新理解，直至在这一点上没有异议。当然，这需要耐心，有些时候，需要无限的耐心。

我们经常可以看到沟通中的"接收者"使用的句型与刚刚使用的略微不同，他们说的是：

"那你的意思是……喽？！"

然后，不等对方有所反应，就（群）起而攻之。这样的"接收者"，或者无心，因为他们不曾仔细研究沟通的过程，不知道还需要通过"验证机制"保证沟通的有效性；或者居心叵测，利用对方表述中的漏洞；更有甚者，干脆使用"莫须有"的手段（这是一种逻辑谬误，叫作"稻草人谬误[3]"）。

在日常生活中，如果遇到这样的"讨论者"[4]，还是干脆避开为好。就算他只是无心的，也相当难办，因为我们没义务，更重要的是可能没有能力去改变他。进而，若他本就居心叵测，我们哪里有时间与他纠缠下去呢？

---

1 发送者：Idea sender；编码：Encodes messages；传递：Signal transmission；解码：Recipient interprets；接收者：Meaning reciver。
2 反馈：Feedback。
3 稻草人谬误：Straw man fallacy，也称"偷换概念"，是一种逻辑谬误。该谬误的使用者会用歪曲对手言论的方法攻击对手。参见链接6-11。
4 英文中有个描述这种人的表达法，特别生动——impossible person。

5. 勤于反思

在讨论问题时，我们常常会被对方的"固执己见"打败，但在对方眼里，我们可能也是"固执己见"的，只不过程度不同。事实上，每个人在各个方面都有局限，例如认知上的、经验上的。

举个简单的例子。下面两个深色的圆哪一个更大呢？[1]

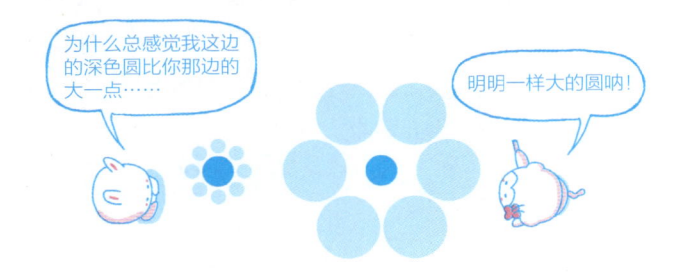

为什么总感觉我这边的深色圆比你那边的大一点……

明明一样大的圆呐！

答案是：它们的大小一样。如果你有兴趣，可以到 BrainBashers 网站[2]看看，该网站收集了 100 多幅这类可以证明我们的视觉不可靠的图片。当然，除了视觉，我们的听觉、嗅觉、味觉、触觉等各种知觉都不可靠。

再举一例。前些年，网约车尚未盛行，有一次我和一个朋友到某个商场里的餐厅吃饭，酒足饭饱，闲逛出来，站在路边打车。那条街上出租车不多，等了好一会儿，才看到马路对面右手边驶来一辆空出租车，我们招手示意司机掉头，那司机看到了，便准备掉头过来。随着出租车的路线，我注意到我左手边站着母子两人（显然他们刚从商场里出来，在此之前路边只有我和朋友两个人），也在向那辆出租车招手。那辆出租车掉头过来，我们上了车。当朋友坐上车的时候，我听到那个孩子说："咦？他们怎么抢我们的车？"当我跨上车那一瞬间，听到那个母亲对孩子说："他们有病！"

这样的经历告诉我们，每个人都可能出现"只看到部分事实"[3]的情况。"把部分事实当作所有事实"的情况在生活中比比皆是，它们也往往是各种冲突的根源。

所以，我们需要反思，并且要常常反思。下面列出几个反思的要点。其实，部分内容在前面提到过。

深刻了解经验的局限

摆脱经验主义的第一个技巧就是"了解经验的局限"。

尽管比例很难确定，但是很多重要的知识都具备这样的属性：了解本身已经基本等同于掌握。"经验存在局限"就是这样的知识。但是，许多人常常会因为恐惧而放弃这种知识，转而不顾准确与否，再次依赖"现有的、明知道并不完整的经验"。

举例来说，尽管每个人都明白"在游泳池里如果抽筋了，只需要仰在水中不动就肯定不会沉下去"的道理，可几乎没有人会那么做，因为那一瞬间的巨大恐惧会打败绝大多数人。同样，股票投资的道理[4]无论由多少人讲解过多少遍，无论受众在听的时候点了多少次头，当股市大跌时，绝大多数投资者还是会选择"割肉"而不是"补仓"。

所以，摆脱经验主义，不仅需要了解道理本身，还需要勇气。事实上，求知的路走到一定程度之后就必须依靠勇气，而非智商。

时刻保持警惕

深刻了解经验的局限之后，我们要做的就是时刻保持警惕。一般来说，每个人都会无比珍爱自己好不容易"归纳"而来的经验，以至很多人常常是"手里只有一把锤子，看什么问题都像钉子[5]"。

经验需要归纳，更需要通过演绎来论证。在很多时候，归纳经验需要很长时间，通过演绎论证归纳出来的经验可能需要更长的时间。在通过演绎论证确定之前，最好能意识到每次运用经验都可能存在风险。实际上，"确定"常常是永远都做不到的，所以，在运用已有经验时，怎么小心都不过分。俗语"小心驶得万年船"说的就是这个道理，只可惜，大多数人并没有真正理解这句话。

做记录，让自己能够记住更多经验

做记录是一个很好的习惯。

我在 26 岁之后才真正习得做记录的方法和习惯。在随后的 10 多年里，我日益体会到做记录的重要性。我原本以为，如果能够保持良好的记录习惯，自己就不会犯同样的错误，可我最终发现，有些错误是因习性甚至人性本身而生的，所以，即便保持做记录的习惯，也不可能完全避免。然而，毫无疑问，我依靠做记录的方法避免了多次犯同样错误的危险。举个例子，在海上求索的探险家们，不仅要详细书写航海日志，还会将日志公开分享，这是他们避免在未来遇到危险的最重要的手段。今天，所谓的网志，在一些人的手里也有同样的功用。[6]

通过观察和阅读汲取他人的经验

观察和阅读是扩充有限的自我经验的最好手段。

每个人每时每刻都有观察的机会，但是，绝大多数人仅仅因为自己的态度问题就失去了积累、成长的可能。要想解决这个态度问题，只需要在平时多琢磨一下"他们为什么那么想""他们为什么那么做""他们为什么那么看"，避免用"傻屄"来评价那些与自己的想法、做法、看法不一样的人，就可以了。读书，其实不见得一定要有目的，随意闲翻同样有益——有用的知识经常是偶然获得的。时间久了，我们就会发现，读书偶得的知识不仅多，而且非常重要，只不过很多人因为片面而又肤浅地理解"人生应该有目标"这句话而失去了这些机会。

试用类比，跨越未知与已知之间的障碍

类比思考几乎是跨越已知与未知之间鸿沟的唯一手段。

我在第 4 章"经验局限"一节里举过两个例子：小学老师说"其实地球的构造跟煮

熟的鸡蛋差不多",就是用类比的方式让学生从已知(煮熟的鸡蛋)跨越到未知(地球的构造);中学老师说"原子的内部构造跟太阳系差不多",学生们能瞬间理解,也是同样的道理。所以,我经常鼓励学生只要有时间就去读杂书——越杂越好,多多益善。为什么呢?因为读杂书可以大幅提高一个人接受新事物的能力(这种能力也是一种理解能力)。阅历丰富、博览群书的人,肯定拥有更强的理解能力,因为他们在遇到未知的时候更有可能迅速在自己已有的知识中找到可以用来类比的信息。

耐心等待,拥有不能快速获得的经验

遇到不理解的问题,遇到不确定的想法,最好马上记下来。不一定非要急着获得答案——马上获得答案往往是不可能的。

前面曾经提到,"很多时候,归纳经验需要很长时间,通过演绎论证归纳出来的经验可能需要更长的时间。"所以,一定要保持足够的耐心。要知道,有些阶段是无法跨越的。一个比较生动的类比是"十月怀胎"就是需要 40 周左右,谁也改变不了——再聪明的人也需要 40 周左右才能把孩子生下来,再有力气的人也肯定不能提前生下孩子。很多人不懂等待的必要性,结局是:同样等了,因为不等也得等,时间才不管你究竟是谁,但等来的结果是另一个——反正不是通过耐心等待应该获得的那一个。

1　此处为艾宾浩斯错觉(Ebbinghaus Illusion),参见链接 6-12。
2　BrainBashers 网站,参见链接 6-13。
3　其实"盲人摸象"的故事天天都在发生。
4　这个例子显然会引起争议。看不出道理在何处的读者请自行忽略这个例子。
5　To a man with a hammer, everything looks like a nail. —Mark Twain. 参见链接 6-14。
6　大多数人的网志只不过是记录一下心情,发布一些自恋的照片而已(我个人认为自恋并不见得是缺点),但即便如此,他们的网志也有文中所述的这种功用。

每天看看书,
不亦爽乎?

PS. 竹简还有强身健体的妙用!

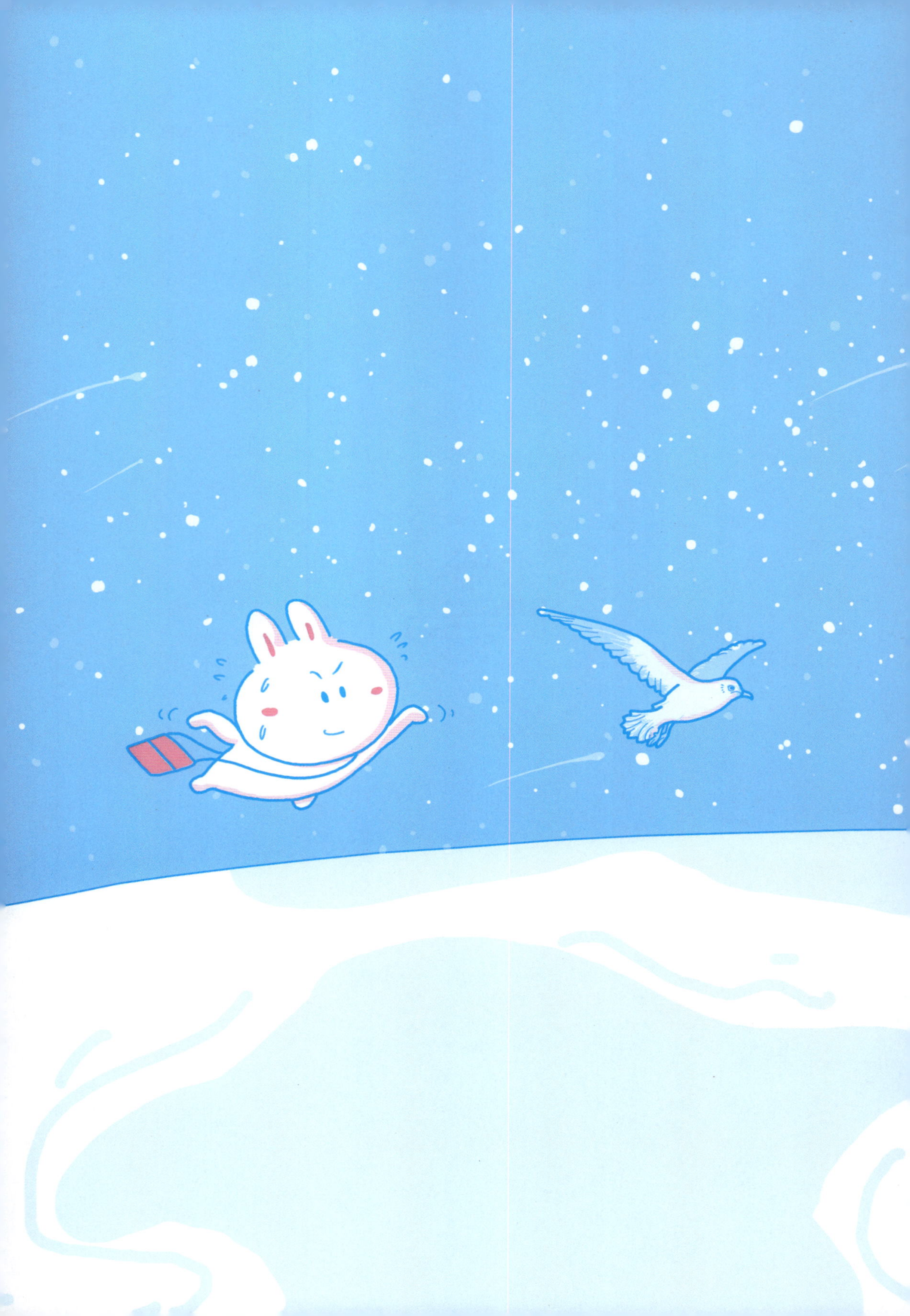

第7章
应用

要不断地寻找你自己,那个真实、无限的"自己",才是你的导师。

——理查德·巴赫

1. 兴趣

经常有学生向我表示他对目前的专业没有兴趣——他真正感兴趣的是某某专业。看得出来，这些人常常不快乐，因为他们（觉得）正在做自己不喜欢做的事情。然而，事实果真这样吗？不客气地说，在 99% 的情况下，并非如此。

首先，这些人其实不是对自己正在做的事情没有兴趣，而是没有能力把目前正在做的事情做好。几乎没有人会喜欢做自己做不好的事情，每个人都会不自觉地尽量回避自己的短处：跑调的人通常不大喜欢与朋友一起去唱歌；牌技差的人往往不情愿被叫去补缺；不擅交往的人通常开会的时候选择坐在角落……当然，有少数人例外，大多是因为他们不自知：跑调的居然是麦霸；牌技很差的总是组织牌局又无牌品；不擅交往的又爱出风头招人厌烦。但不管整体怎样，对一个人来说，一定要问自己这个问题：我不喜欢做某件事情，是不是仅仅因为这件事情我没有做好？若是因为没有做好而不喜欢，就要考虑另一个问题：做好这件事情究竟对我有没有意义？如果有，那就努力去做，直到做好为止，没有其他选择。反过来，自己做得挺好，但就是不喜欢，那件事对自己确实没有什么吸引力——事实上这种情况少之又少——直接换一件事情做吧。谁能逼你去做一件你确实不喜欢做的事情呢？退一步说，如果你被逼着去做自己能做好的事情，应该也会有些兴趣的。

其次，人们总说他们真正感兴趣的是其他事情。可事实上，出现这种感觉应该只是因为还没有开始做那件事情，也没有在那件事情上遭受挫折而已。其实，当很多人真的放弃原来做的事情，转去做新的"真正感兴趣的"事情时，往往会发现，想要做好这件事情同样困难重重，挫折不断。没过多久，这些人又会因为做不好这件事情而对其失去兴趣，然后开始幻想做另外的事情，并且将这一行为"合理化"："我（才知道自己）真正感兴趣的并不是这个……[1]"

综上所述，我觉得，兴趣并不是很重要，至少没有我们想象的那么重要。对一个人来说，某件事情只要能做好，并且做到比大多数人好，他就不会对那件事情没兴趣。我有时会看到某些父母打着"培养孩子兴趣"的旗号教育孩子，面对这种情况，我能做的只有赶紧闭上眼睛——不愿意看到孩子就这样被"害"。但是，闭上眼睛却看得更清楚，因为我太容易想象出那需要很多年才能最终显现的，且由于早已逝去多年而遗忘了原因的最终结果。培养孩子的兴趣，不是买来一架钢琴或者一本书就可以的。正确的做法是：根据孩子的情况，选出孩子最可能做得比别人好的事情（这很可能已经是极其耗时费力的了），然后绞尽脑汁让孩子学得会、做得好、做得比一般人好、做得比谁都好——兴趣就自然出现了。

说来说去，是顺序出了问题：**往往不是有兴趣才能做好，而是做好了才有兴趣**。

人们总是搞错顺序，并对这样的错误毫不知晓。虽然并非绝对，但完成大多数事情确实需要熟能生巧。做得多了，自然就能擅长；擅长了，自然就做得比别人好；做得比别人好了，兴趣自然就浓了，然后就更喜欢做、更擅长……进入良性循环。可是，做得多需要大量的时间投入，所谓"没兴趣"往往是结果，如果将它当作"不去做好"的理由，最终的惩罚就是大量时间白白流逝。

---

[1] 这种"合理化"的做法在心理学上有个专门的概念，称为"Rationalization"。参见链接 7-1。

2. 方法

经常有学生提出这样的问题："老师，这个方法真的有用吗？"其实，学生的问题不止如此，他们还有更进一步的问题。当然，关心方法没什么不对，只有聪明的人才会关心方法。可是，学生们总是过分关心自己正在使用的方法是不是正确；仅仅正确还不够，还要考虑这方法够不够巧妙；更进一步，除了正确与巧妙，还要有效率——人生苦短，如果成功太慢，那么幸福必然减半。

然而，这些貌似出于"理智"的想法还是有局限的，否则，有一种现象根本无法得到解释：很多人通过非常笨拙且低效的方法实现了自己的追求。这样的人很多，我的父亲就是一个。我的父亲20世纪60年代毕业于黑龙江大学俄语系，文革期间在五七干校开始自学英语。文革结束后，国家落实政策，父亲获得平反，自20世纪80年代初开始在东北的一所高校任教，担任英语系主任，直至退休。那个时候没有多少参考书，学习方法也没有特别之处。我曾经特意问过父亲很多细节，可以确定的是，他是从我的嘴里才知道这世上还有个什么"艾宾浩斯遗忘曲线"的。我常常惊讶于父亲没有"金山词霸"，没有真人发音的《韦氏字典》电子版，没有背单词软件，更没有超炫的秘籍，怎么就能把英语学得那么好！

另一个相当能说明问题的例子涉及一位我敬重的教授钟道隆[1]先生。钟先生以他的"逆向法"[2]著称。请读者注意，后面的描述没有任何冒犯的意思，我只是尝试述说事实。

钟先生的方法不仅不新（其中的精髓——"听抄"或者"听写"，几乎是所有大学的外语系最常用的基础训练手段），也不特别高效，但是，不仅钟先生本人通过这种方法把英语学得很好（据说他从 45 岁开始学习英语，一年后成为高级翻译），很多使用"逆向法"的学生同样也获得了很好的学习效果。这是为什么呢？

最夸张的例子涉及另一个人——大名鼎鼎的、"疯狂"的李阳。他操着一口让人折服的漂亮发音，用"疯狂"到让很多人为之震惊的态度，征服了大江南北无数学生。无论有多少争议，有一点是可以确定的：在他自己通过"疯狂"获得成功的同时，很多学生确实因为使用了他的方法真正提高了英语水平。这又是怎么回事呢？

还有，我一度打工的地方叫"新东方学校"。那所学校的创办人俞敏洪[3]是从托福和美国研究生入学考试培训发迹的。他讲授的背单词的方法，就是流行的"词根词缀记忆法"。其实这个方法不是什么灵丹妙药，只是一个辅助手段。但可以确定的是，俞敏洪本人确实有很大的词汇量，他的学生也确实用他的方法记住了单词并考出了好成绩。经过多年发展，新东方学校已经成长为"新东方教育科技集团"——国内英语培训领域的巨无霸，同时，它成功地在纽约证券交易所和香港联合交易所上市，其中获益学生的口碑起了决定性的作用（新东方是很少拿钱在媒体上做广告的）。可是，俞敏洪起家的方法并不新鲜。

不知道别人怎么看，据我所知，我的父亲就不太欣赏词根词缀记忆法。有一次我跟他大谈特谈"词根词缀"，他的反应是："你是用偏旁部首背下所有汉字的吗？你忘了在学会常用的 3000 个汉字之后，再遇到不认识的字还是要去查字典吗？不查字典非要用偏旁部首猜测的话，难道不是一猜一个错吗？中文里有个专门的词告诫人们，切莫'望文生义'，难道你忘了吗？"我不知道李阳或俞敏洪当年在学习的时候，是不是也运用了钟先生"逆向法"的精髓——"听抄"，就算用了，估计也不是跟钟先生学的，但我可以确定：钟先生和俞敏洪校长都不"疯狂"，却都很成功。

这是一个不争的事实：他们都很成功，更准确地说，他们自己都很成功。但是，他们使用的方法并不相同，甚至可能相左。不过，如果仔细观察，我们就会发现至少有一点是完全相同的——他们都是非常用功的人。其实，我一直想说的是：**方法固然重要，但是比起"用功"，方法几乎可以忽略不计**。说清楚一件事不容易，说清楚这件事尤其不容易。直到有一天，在跟健身教练闲聊的时候，我突然获得了灵感，才有能力把这事说清楚。

我的教练臂围是 43 厘米，几乎和常人的大腿围一样。有一次，他告诉了我他练习的诀窍——握哑铃的时候，一定要把手掌边缘贴到靠体侧的那个哑铃片上，这样，哑铃的另一端将自然地向外翻转一个很小的角度，手臂屈伸的时候恰好可以使肌肉获得最大的曲张刺激。他介绍这些心得后得意而灿烂地笑着说："多简单啊！"而我突然明白了：他的成功并非来自这个"简单而神秘的技巧"，因为我认识的另一位健身教练的臂围是 45 厘米，我却从没看到他用这种方法握哑铃。

超出常人的臂围是这样练出来的：二头肌的常用练习动作只有那么三五个，每周专门针对二头肌练习一次，每次 3 个动作，每个动作至少做 5 组，每组动作重复 8~12 次，哑铃的重量要计算到恰好再也做不动了，这样的练习要持续 54 周以上。至于如何握哑铃，关系并不大。最重要的只是——重复，不间断地重复，重复 54 周以上。

由此可见，所有学习上的成功，都依靠两件事——策略和坚持，而坚持本身就是最重要的策略。

坚持，其实就是重复；重复，说到底，就是时间的投入，准确地说，是大量时间的投入。据我的母亲讲，我的父亲学任何东西时都可以做到在并不"废寝"也不"忘食"的情况下利用所有的时间。钟道隆先生曾非常坦率地说[4]："为了学会英语，我下的功夫是很大的。下面举几个具体的例子：坚持每天听写 A4 的纸 20 页，不达目的决不罢休，晚上开会晚了也要补上。从 1980 年 1 月 31 日到 1983 年 2 月我调离沈阳为止，3 年内写了一柜子的听写记录，用去了圆珠笔芯一把，听坏电子管收音机 9 部，半导体收录机 3 部，单放机 4 部，翻坏词典 2 本（因为我不断地在上面写和画）。"俞敏洪也是一个做他想做的事情时超常用功的人。他是怎么学英语的我不知道，但我知道他为了把新东方做大，要提前一年安排下一年的时间表，如果把他的日程表打印出来，每天都是满满一页纸。即便是李阳，我相信，他的漂亮发音并不仅仅来自天分或者所谓的"疯狂"，而是来自他"疯狂"了太多太多年。

相对于坚持，方法有多重要呢？很多时候，哪怕说"方法不重要到几乎可以忽略不计的地步"，其实也不是特别过分。更何况，所谓的"好方法"实际上是因人而异的。适合这个人的方法，放到那个人身上，很可能适得其反。换言之，适合所有人的方法很可能根本不存在。所以，有那么多的人将宝贵的时光虚掷在不停地寻找方法上，是一件非常可笑却又不得不令人扼腕叹息的事情。

与其不停地寻找"更好的方法"，不如马上开始行动。

1　钟道隆：1934 年 12 月 31 日—，中国浙江省浦江县人，中国人民解放军少将，中国人民解放军通信工程学院少将副院长（教授），通信工程专家，逆向英语创始人，复读机发明人。
2　参见《逆向法巧学英语》，钟道隆著，清华大学出版社，2001。
3　俞敏洪：1962 年 9 月 4 日—，中国江苏省江阴市人，北京新东方学校创始人、校长，现任新东方教育科技集团总裁。参见链接 7-2。
4　参见《逆向法巧学英语（第三版）》。

3. 痛苦

　　情绪有很多种，最需要控制的大概只有一种——痛苦。无论是谁，他的一生中都会充满各种各样的痛苦，包括肉体上的、精神上的，甚至同时来自两个方向的，还可能是莫名其妙的，逃不脱，挥不去。从小时候害怕打针的痛苦，到被小朋友们孤立的痛苦；从欲望无法得到满足的痛苦，到精神上不被理解的痛苦；包括但不限于自己躺在病床上承受痛苦的同时还要忍受被护士们的欢声笑语放大的痛苦……

　　对痛苦的深刻感受，会扭曲或者抹杀人们感知其他事物的能力。当一个人身处极大的痛苦之中时，甚至可能完全丧失对外界的感受。如果孟姜女真的曾将长城哭倒，那么我猜，在她面对长城痛哭的时候，用针去扎她，她都可能体会不到皮肤上的刺痛。

　　即便是在正常情况下，我们对自身的痛苦也往往并不十分了解。最常见的误解是：当我们觉得痛苦的时候，总是不自觉地把自己想象成全世界最痛苦的人。这是非常自然的，因为我们的痛苦我们已经体悟，而别人的痛苦我们很难真正做到感同身受。所以，如果不去努力分辨，我们当然会认为"自己最痛苦"。

　　了解这种关系的好处在于，如果我们真的明白自己面临的痛苦其实没有自己感受到的那么强烈，我们就很容易——或者起码比较容易——忍受那些痛苦。我经常这样提醒自己：即使我再痛苦，在目前这种状况下，我也肯定不是最痛苦的人。我会想到几个人，然后再问自己："你比他们还痛苦吗？"在这里，可以举两个例子。

有这么一个人，也许你知道他。1818 年，他的母亲过世，那年他才 9 岁。1831 年，他失去了工作，这显然使他很伤心。他下决心要当政治家，但糟糕的是，1832 年，他竟选州议员失败。他着手经商，可一年不到就难以为继。1834 年，他再一次参选州议员。这一次，他实现了理想。可紧跟着在 1835 年，他的女友不幸去世。1838 年，他尝试成为州议会议长，可惜失败了。直到 1860 年，在历经了更多的起伏与磨难之后，他当选了美国总统。他的名字是亚伯拉罕·林肯[1]。可是，他的霉运并没有结束[2]。1865 年，他被暗杀了。

还有更夸张的。心理学家斯科特·派克[3]曾有这样的记录[4]：

最富戏剧性的案例之一是我接触过的一个 14 岁男孩。在他 8 岁那年的 11 月，他的母亲突然去世；在他 9 岁那年的 11 月，他从梯子上掉下来，摔断了胳膊；在他 10 岁那年的 11 月，他骑自行车时发生车祸，造成头骨断裂，还伴有严重的脑震荡；在他 11 岁那年的 11 月，他从天窗上跌了下来，造成臀部骨折；在他 12 岁那年的 11 月，他从滑板上摔下来，导致手腕骨骨折；在他 13 岁那年的 11 月，他被汽车撞伤，造成骨盆断裂。

每当我觉得痛苦时，我总是会从笔记本里翻出这两条记录读一遍。直到现在，我也从没像那个男孩一样不幸——他太不幸了，甚至是有规律地不幸！一年冬天，我患了重感冒，躺在床上，突然有点心烦，就把笔记翻出来看。在翻阅的过程中，我尽管知道自己这么做有点不厚道，但还是不由自主地看了一下墙上刚刚翻到 11 月的挂历，心想：那男孩现在也躺在病床上吧……

痛苦就是这样。一旦我们学会在痛苦出现的时候运用心智把自己的注意力转移到其他地方去，痛苦就几近自动消失，而且在它被我们重新注意之前绝不会回来。

我们不必过分害怕痛苦的原因在于，心理学研究发现，人类的大脑有一种自我保护功能——遗忘痛苦。如果想对这个结论进行确认，做个简单的实验就行：拿出纸和笔，罗列昨天曾使自己觉得痛苦的事情、前天曾使自己觉得痛苦的事情、上周曾使自己觉得痛苦的事情、上个月曾使自己觉得痛苦的事情、去年曾使自己觉得痛苦的事情……一步步写下来就会发现，能列出来的内容越来越少。如果我们不努力回忆，10 年前的痛苦是几乎想不起来的。更有趣的是，就算我们想起来了，可能都会觉得不好意思——因为我们现在无论如何也想不明白，自己当初怎么会为那么一件小事痛苦到那个地步？

其实，我们的大脑需要遗忘痛苦。想想看，如果某个人的大脑不具备这个功能，那么，他的生活将会多么凄惨！正因为人类大脑具有这个功能，上了岁数的人往往会产生怀旧情绪，慨叹"世风日下"，可这明显不是事实。因为在过去的几千年间，每一代老年人都觉得"世风日下",这种感觉如果是真实的,那我们现在应该活在地狱中才对。但是,我们现在生活的这个世界,就算不怎么样,也没有那么差吧!狄更斯说得好:"这是最好的时代,这是最坏的时代。[5]"

当上了岁数的人回望过去时,那些曾经让他们痛苦万分的事情早就被他们忘干净了,或者,他们早已无所谓了,然而,那些美好的事情他们却记得清清楚楚——他们当然会怀旧!所以说,怀旧是一种错觉,甚至可能只是幻觉。曾有人这样比喻:"如果说记忆本身是葡萄,那么回忆的过程就是发酵。每个人都有努力使自己的历史变得更加清白、更加美好的倾向,所以,人往往会不自觉地给自己的记忆进行各种形式的修补,甚至进一步的加工,然后才会觉得心满意足。"

再举一个例子。统计表明,一个人不幸做了截肢手术之后,往往内心会极度痛苦。我们可以体会一下:闭上眼睛,想象一下自己的胳膊被切掉……在手术后 6 个月内,被截肢者会不停地产生轻生的念头。但是,如果过了 6 个月这个人还没有成功地自杀,那么他轻生的可能性已经不大了——痛苦正被渐渐遗忘,取而代之的是更多的希望。18 个月后,被截肢者自杀的案例少之又少,就算有,原因也往往不是截肢的痛苦。

大脑拥有遗忘痛苦的功能,这对整个人类顺利繁衍具有重大意义。可以想见,生育分娩是一个女人一生中可能面临的最大的肉体痛苦——只要她不是那么不幸地要面对刘胡兰[6]或张志新[7]所面对的境遇。然而,在体会如此惊人的痛苦后不到两年,她就会萌发生育下一个子女的愿望。人们往往对自己大脑的运转机制并无认识,所以,如果你有机会遇到这样一位女性,可以试着好奇地问她:"你不记得那有多疼了吗?"她保准会愣一下(因为她突然意识到那时确实疼得要死,现在却无所谓了,可是也没仔细想过为什么),然后在下意识的慌乱中给你一个莫名其妙的答案:"你又没生过孩子,你不懂啦!"

作为一个可以运用自己心智的人,在了解我们的大脑所拥有的这种遗忘痛苦的机制后,就可以摆脱另一类因为反复出现而无法被遗忘的痛苦。

这类痛苦的一种常见的表述就是:"怎么道理全明白,但就是不行呢?"谁都不愿意犯同样的错误,也很容易想明白发生这类事情是非常愚蠢的,但是,很多人怎么又在同样的地方跌倒了呢?无数人为此痛苦,夜不能寐,一遍一遍地骂自己。可是,大多数人经历了深刻的反思,却在第二天一觉醒来(其实只不过是几个小时),再次回到从前的状态,没有任何变化。这些人甚至"在深夜里暗骂自己许多遍"之后才会想起,不久之前自己也这样骂过自己。一旦他们意识到这种情况,就不禁会长叹:"怎么就这么没出息,怎么会好了伤疤就忘了疼呢!"

我在教书的时候也曾观察到一个令我非常惊讶的现象：

为了真正解决学生的问题，我不得不重复其实已经有无数老师早就"前仆后继"地给他们讲过的道理。在这个过程中最要命的是，我的重复在被部分学生认为是有必要的同时，再次被更多的学生视而不见、听而不闻。我有时会禁不住绝望地想象，这些学生将来某一天还是会遇到同样的尴尬：他们会交钱去读另一个学习班，然后由另一个可能和我一样绝望的老师重复一遍我们都重复过的道理，而他们根本没有意识到自己其实只是又一次浪费时间，因为他们还是听不进去，或者干脆"没听到"。

现在你可以明白，为什么许多人总那么"没记性"了吧？因为在他们遇到挫折或者面对那些由自己曾经的错误决定带来的惩罚时会非常痛苦，而这种程度的痛苦，必然被他们的大脑自动列入"遗忘"的序列，并在他们的大脑里彻底消失。

大脑的这种自我保护功能在每个人身上表现出来的强度不同。一些人比另一些人更难遗忘痛苦，甚至一些民族比另一些民族更有能力记住痛苦。第二次世界大战过后，犹太人全球追捕甚至追杀纳粹成员就是一个很好的例证——他们甚至有一套牢记痛苦的办法。

通过前面的论述我们可以看出，这种自我保护功能是很有意义的。但是，如果不对这种功能加以控制，我们就会遇到尴尬——"重复犯以往错误"的尴尬。所以，虽然我们不是犹太人，但我们也要想办法，尤其是当我们意识到自己遗忘痛苦的能力特别强的时候。一个人遗忘痛苦的能力特别强的一个具体表现就是：这个人会轻易原谅自己。

要解决这个问题，有两个很简单却非常有效的办法。

一个办法是，在面临尴尬的时候，一定要用文字、图画等形式把自己遇到的尴尬记录下来——当然，最好是记录在同一个地方。这样的记录是非常有意义的，因为它会提醒我们：这是你曾经遇到的尴尬。如果不做这样的记录，那么"遗忘"肯定会发生。还要养成习惯，定期拿出这些记录回顾一下。这个习惯往往会使我们很有成就感，因为它会让我们知道，甚至可以清楚地看到，自己已经进步了——记录中的很多错误我们都没有再犯——当然，不再犯那些错误的原因是我们在不停地提醒自己！

另一个办法是，在面临尴尬的时候，尽量弱化痛苦，控制自己的情绪，不要被大脑的直接反应左右。客观地说，我们面临的所有尴尬，肯定有一部分是自己造成的，所以，没必要找借口，没必要抱怨别人，没必要认为这世界就对自己一个人不公平，要记得"你并不孤独"——肯定还有人在

请高举
乐观之箭

不同的地方、不同的时间遭遇过同样的尴尬和痛苦。但是，有多少人能既平静地对待痛苦，又清楚地意识到"我不能被大脑的直接反应左右"呢？这样一想，我们也就释然了。只要我们认为某件事情没那么值得痛苦，大脑就很难主动遗忘这件事情——何况我们早就把这件事情和由此获得的经验记录在案了！

想象一下吧，这两个简单的方法会在未来帮我们减少多少麻烦、节省多少时间！

另外，尽管"遗忘痛苦"是大脑的自我保护功能，但是这种"善意"的功能也会有副作用。在生活中，有些时候我们肯定需要牢记某些信息，甚至牢记大量信息。举一个背单词的例子。一个人若准备留学美国，就要参加托福、美国学术评估测试[8]、美国研究生入学考试或者研究生管理科入学考试[9]之类的考试（英联邦国家可能需要相当于托福的雅思[10]成绩），而这意味着，他要牢记起码12000个英文单词——这是很多人一辈子也不可能完成的任务。

很多人并不了解自己大脑的机制，所以，他们不由自主地被自己的感觉控制。他们把背单词当作一件特别痛苦的事情，以至于书店里总是有一大堆乱七八糟的、年年改头换面的所谓"趣味记忆法"的书来满足他们想要摆脱痛苦的需求。实际上他们不知道，正因为他们把背单词当作痛苦的事情去处理，所以他们对每个单词的记忆都包含痛苦，而大脑为了保护自己，最直接的方法就是把这些单词遗忘！

因此，在背单词的时候，或者更一般地说，在做任何一种必须记住大量信息的工作的时候，一定要想办法由衷地把这件事情当作一件快乐的事情来做。我的一个朋友曾跟我分享他的做法：当他终于搞明白自己要拿到奖学金就得有美国研究生入学考试高分的时候，他被单词量要求吓了一跳。他说，他用了两天时间才想出办法说服了自己：这应该是件快乐的事情。

他是这么算的：一共要搞定20000个单词，而因此可能获得的奖学金是每年40000美元左右，并且连续5年没有失业的可能；当时美元兑换人民币的汇率差不多是1比8，所以这大约相当于每年320000元；如果一年的税后收入是320000元，就相当于税前赚了差不多400000元；这样一来，每个单词大约值20元——只算了一年的收入而已。

想到这些，他终于让自己明白：背单词是非常快乐的。于是，他每天强迫自己背200个单词，在晚上验收成果，每当在确定自己已经记住的单词前面画上一个勾的时候，他就想象自己又拿到了两张10元钞票。他每天睡觉的时候总是心满意足，因为今天又赚了4000元！

我的这位朋友显然是一个有能力运用心智的力量控制自己的人。尽管在许多人眼里，他的想法实在是天真可笑，但这恰恰是他最终比别人获得更多成就的根本原因。他不仅是个有能力自律的人，还是个有能力控制自己情绪的人。他用自己心智的力量给抽象的目标赋予了实际的意义，并从此拥有了比那些无法感知抽象事物的人更多的动力。坚持不懈是什么来着？策略加上重复。他的策略使他比别人重复得更轻松、更愉快，所以，最终他属于那些成功的少数派。

---

1 亚伯拉罕·林肯：Abraham Lincoln，1809年2月12日—1865年4月15日，美国政治家，第16任美国总统。在其总统任期内，美国爆发内战，史称"南北战争"。林肯击败了南方分离势力，维护了国家的统一。内战结束后不久，林肯遇刺身亡。他是第一个遭到刺杀的美国总统。参见链接7-3。
2 关于林肯一生的曲折故事有多个版本，且其中有很多以讹传讹的内容。事实上，除了挑拣出来的挫折经历，林肯也经历了很多次成功。参见链接7-4。
3 斯科特·派克：Morgan Scott Peck，1936年5月22日—2005年9月25日，美国著名作家，医学博士，心理医生。参见链接7-5。
4 参见《少有人走的路》(The Road Less Traveled，1978)。
5 原文为"It was the best of times, it was the worst of times"。参见《双城记》(A Tale of Two Cities，1859)，链接7-6。
6 刘胡兰：1932年10月8日—1947年1月12日，女，中国山西省人，在中国第三次国内革命战争中因被叛徒出卖被捕，壮烈牺牲，时年14周岁。后中共中央晋绥分局追认她为中国共产党党员。参见链接7-7。
7 张志新：1930年12月5日—1975年4月4日，女，中国天津市人，在文化大革命中被"四人帮"残酷杀害。后被平反，并被追认为革命烈士。参见链接7-8。
8 美国学术评估测试：Scholastic Assessment Test，简称SAT，由美国大学委员会委托美国教育测验服务社定期举办的世界性测验。该测验的成绩是美国各大学申请入学的重要参考条件。参见链接7-9。
9 研究生管理科入学考试：Graduate Management Admission Test，简称GMAT，一项专门用于测试商学院申请学生能力的标准化考试，重点在于测试应试者在一般商务环境中的理解、分析和表达能力。参见链接7-10。
10 雅思：International English Language Testing System，简称IELTS，全称为"国际英语测试系统"，著名的国际性英语标准化水平测试，由英国文化协会、剑桥大学考试委员会和澳大利亚教育国际开发署共同举办。雅思成绩已被英联邦的许多教育机构、美国的许多教育机构及各类专业组织接受。参见链接7-11。

4. 比较

在很多人眼里，所谓的成功，不过是比较的产物，归根结底就 4 个字——"高人一等"，也就是市井语言中的"牛屎"。如果做不到比谁都牛，那么最好是"一人之下，万人之上"，再退一步，起码要比大部分人或者很多人更"牛"。容貌再好一点，能力再强一点，积蓄再多一点，权力再大一点，地位再高一点，人脉再广一点……欲望是无限的，现实却是残酷的，而人们"想要拥有未曾拥有过的物质或者资源"的强烈愿望，从未减少过哪怕一点点。

用这样的方法定义"成功"，从一开始就注定了尴尬的结局。财富也好，权力也好，地位也好，用这些东西去定义成功，只不过是说法不同，绝大多数人的追求不过如此。要是"比谁都牛"就是成功的话，这世界上就不会有成功者了——上帝最"牛"——如果祂真的存在。而且，上帝不是人，是神。然而，大多数人从来不觉得他们的定义有什么问题，不然怎么会有人为了做奴才甚至连阳具都肯放弃呢？这种例子古今中外到处都有，随手一抓，从指缝里都能漏出无数个。

事实上，被基督教定义为"七宗罪[1]"之一的"嫉妒"也是这样产生的。嫉妒源于对自己和他人之间差异的扭曲理解。大多数人一生无法摆脱由比较而产生的情绪——不管是正面的，还是负面的。有人说：幸福是一种比较。更有人开玩笑说：对一个男人来讲，幸福就是自己的收入总是比妹夫的收入多 20%。有句广告词颇为流行，其实也是基于一模一样的心理：没有最好，只有更好。

但是，比较是相对的，相对是永远没有尽头的。

由此，我们可以轻松地想象：对那些把自己的幸福建立在与他人比较的结果之上的人来说，幸福和快乐永生永世难以获得，就算偶尔产生了幸福和快乐的感觉，也必然是昙花一现，因为总有人会比他们更加年轻貌美、英俊潇洒，收入更高、权力更大，地位更尊贵、财富更雄厚。

很多时候，比较是一个坑，大坑。再干脆一点说，比较就是陷阱。

有些人看透了这一切，却选择了逃避。这些人认为"万事皆空"，一切都是幻觉。他们声称自己可以跳出红尘，远离喧嚣。其实，这也不过是心智力量太弱的表现而已。

还有些人也看透了这一切，却没有选择逃避，而是坦然接受。他们运用自己的心智力量去分辨哪些快乐或者幸福是必须建立在比较的基础之上的，而哪些快乐或者幸福是无须比较同样可以获得的。接着，他们把时间花在寻找甚至制造那些无须比较就可以获得的快乐与幸福上——当然，这同样要付出很大的代价——然后无怨无悔地生活，尽情地欢乐，平静地痛苦。

一位外科大夫感觉自己很快乐、很幸福，因为他刚刚从死神手里抢回了一个年轻的生命。一位中学老师感觉自己很快乐、很幸福，因为他刚刚给一群 15 岁左右的孩子讲清楚了感性与理性之间的微妙关系。一位生物研究所的研究员感觉自己很快乐、很幸福，因为她认为最近每天从床上爬起来一路小跑冲进实验室，观察、记录她培养的菌体，这实在是太美妙、太神奇了。一位母亲感觉自己很快乐、很幸福，因为她正坐在孩子的床边，孩子睡梦中的脸庞是那么安静，那么明亮，那么惹人爱怜……

尽管在生活中我们无法彻底回避比较，但是，无须比较就可以获得的快乐和幸福也有很多，只不过它们常常被人们忽略。于是，无数人花费大量时间去追求必须通过比较才能获得的快乐和幸福，而他们最终获得的只有更多的痛苦。可是，时间却不会仅仅因为结果无法被人们承受而倒流，时间的属性决定了每个人都不可能真正拥有从头再来的机会。有些人仅仅因为这样就开始寄希望于来生来世，这是相当可悲的。当然，还有更可悲的——有些人寄希望于下一代，而不顾自己的经验完全是"错误的经验"，只是单纯而又愚蠢地认为自己的经验毕竟是"多年的经验"……

其实，比成功更重要的是成长。如果"成功"是与他人比较的话，"成长"就是与自己比较——今天的我和昨天的我、明天的我和今天的我之间的比较。后一种比较显然比前一种对个体来说意义更大，也能够带来更加踏实的幸福感。

常常问自己这样一个简单的问题对成长很有帮助：我做完这件事之后所获得的快乐和幸福是不是一定要建立在比较的基础上？想清楚后，标记并优先实施那些无须比较就可以获得快乐和幸福的行动方案。时间会一如既往地流逝，但采用这个方案的人会惊讶于自己生活的变化。每一秒、每一分、每一天、每一年，时间的质量由于对幸福的追求和感知的差异，竟然会如此不同。

1　参见第 5 章"克服恐惧"一节。

5. 运气

运气究竟是什么？这是一个特别值得认真考虑的问题。如果我们不能把这个问题彻底想清楚，就很可能会因为错误的认知而不停地浪费时间。因此竟然浪费了一辈子的例子随处可见，无论古今中外。

首先，运气是确实存在的。有的人可以安全飞行二三十年后光荣退役，可有的人竟然第一次坐飞机就因事故丧生。当年泰坦尼克号[1]离港前，有的人因为突发事件而改变行程，躲过一次大劫，可有的人竟然是偷着混上船的，最终难逃一死。有的人买了一辈子六合彩[2]，中奖之后却发现那张彩票竟然丢了，可有的人一辈子第一次买彩票就中了头奖——那可是 $1/18000000$ 的概率！

而且，运气有好坏之分。如果六合彩中头奖的概率是 $1/18000000$，张三竟然中了头奖，那么他一定会"觉得"自己非常幸运。反过来，如果李四买下了全部 18000000 张六合彩彩票，竟然恰好不小心把中了头奖的那张弄丢了，那么他必然会"觉得"自己非常不幸。为什么同样是 $1/18000000$ 的概率，却让两个人的感觉天差地别呢？概率是一样的，不一样的是人的欲望。一个人觉得"幸运"，是因为他的欲望得到了满足；而一个人觉得"不幸"，是因为他的欲望落空了。

从理性的角度出发，我们能体会的所谓的运气，只不过是因小概率事件发生而产生的感受而已。虽然概率有些时候是可以计算出来的，但肯定不是一个普通人能控制的。

欲望尽管不可能总是被满足，却是我们能够控制，甚至有可能完全控制的。浪费时间、虚度年华的人，有一个共同特征——拼命想控制自己完全不能控制的事物，却在自己真正能掌控的地方彻底失控。

一定要想清楚并牢牢记住：**相信运气其实是缺乏自制力的表现。**

我一直觉得，自己在大学期间不小心认真学习了概率论和统计学，是使我一生受益无穷的偶然。在那期间的阅读和思考，使我确定并且坦然接受一个现实：概率是独立于任何人存在的，因此它绝对不会仅因为我的期望就发生任何变化。李宗盛[3]在《凡人歌》里唱："问你何时曾看见这世界为了人们改变？"听得我心惊胆战。我认识到，本质上，运气不过是与我完全无关的一种现实存在。换句话讲，尽管运气确实存在，但我不能相信运气，或者完整地说，我不能相信运气与我有关。

这样的认知会使人变得越来越理性。看到足球场上裁判投硬币决定谁先开球的时候，我们知道这是公平的；而瞥见双方队员中的一些人竟然闭目祈祷的时候，我们知道他们的行为是可笑的、无效的，并且是无关紧要的。得到了这样认知的人，一定会永远清楚地记得那个时刻——他第一次意识到原来自己可以仅仅通过接受现实、控制自己就比大多数人强大。他开始理解为什么那么多的人迷信血型、星座，翻查黄历决定自己的运程，偷偷献祭求吉兆，或者背地里诅咒自己或讨厌或憎恨的人"不得好死"。以上行为无一例外，不过是人们在面对自己完全无法控制的现实时表现出来的软弱和无奈而已。

有些人不喜欢甚至害怕自己控制不了的事情，而且，越脆弱的人越希望获得控制权。同时，他们越是意识到自己没有控制权就越害怕。电影里最好玩的相关场景是一个胆小如鼠的人哆哆嗦嗦地拿着枪，却对同伴大声喊："谁说的？我能搞定！"[4]所以，爱默生[5]说："弱者相信运气，强者只究因果。"[6]与此相关的一个有趣现象是，真正的"赌王"都不相信运气。他们不是因为"运气好"而常胜，他们之所以赢多输少，只是因为他们花了更多的时间和精力去研究并且计算概率。他们只想办法赢，从来不赌。反过来，那些相信运气又好赌的人，却永远得不到善终。

当好运气发生在自己身上时，我们应该非常开心；而当坏运气降临在自己身上时，我们也应该平静接受。无论怎样，我们都要继续生活，当然也要继续面对我们不能控制的事物。其实，这是苏轼[7]早就总结的生活态度："卒然临之而不惊，无故加之而不怒。"

用这样的认知去观察身边的人，我们很可能会马上达成共识：那些相信"好运气"存在的人，往往是为了逃避尴尬的现状，才寄希望于所谓"奇迹"的出现，以求轻而易举地"咸鱼翻生"[8]；而那些相信"坏运气"存在的人，常常是为了逃避过往的责任。如果一个人面对现有的尴尬不愿意承担责任，那么最方便的做法之一就是抱怨坏运气。相信我，如果一个人肯坦然面对真实的自我，他最终就会发现，他今天面临的所有尴尬或多或少都有自己的责任。相信运气存在的理由非常多，法国作家兼制片人让·谷克多[9]就戏谑道："我们必须相信运气。要不然怎么去解释我们不喜欢的人竟然会成功呢?[10]"

还有一个非常有趣的心理学现象：如果一个人相信好运气，他的生活并不会因此变得更好或者更差；可是，如果一个人觉得自己是个倒霉蛋，他的生活一定会因此变得更糟。所以，**尽管对生活不应该盲目乐观，但一定不能失望悲观**。神奇的是，乐观生活、坚持努力，往往真的会改变一个人的运气。大约 2500 年前，塞内卡[11]就把这件事说得非常清楚了："所谓幸运就是当你准备好的时候机会来了。[12]"

世间所有骗子在下手的时候，首先就是想尽办法让受骗者相信"机不可失，时不再来"；而受骗者一旦相信这是一个"不可多得""不容错过"的机会，就会在这种想法带来的压力下作出非理性的选择。所以，千万不要相信"机不可失，时不再来"。在一个人还没有准备好的时候，对他来讲，不存在任何机会。机会时刻会出现在我们身边，关键在于，我们有没有付出足够的努力，做到"万事俱备，只欠东风"。而当一个人准备好以后，随处都是机会，而且所有的机会都是切实的、可以把握的。

我们也恰恰因此而崇尚努力。尽管法兰克·奈特[13]曾提出一个相当正确的观点："努力"相对于另外两个因素——出身和运气——是最无足轻重的。[14]但是，我们仍然可以看到很多现实的例子：有相当数量的人确实通过"努力"改变了自己的"运气"，进而改变了自己后代的"出身"。

抢跑！等不到万无一失的准备！

1 泰坦尼克号：RMS Titanic，一艘奥林匹克级邮轮，由位于英国北爱尔兰首府贝尔法斯特的哈兰·沃尔夫船厂兴建，是当时最大的客运轮船，于1912年4月10日首航，从英国南安普敦出发，途经法国瑟堡-奥克特维尔及爱尔兰昆士敦，计划中的目的地为美国纽约。由于人为错误，泰坦尼克号于1912年4月14日船上时间夜里11:40撞上冰山；2小时40分后，即4月15日凌晨2:20，船裂成两半并沉入大西洋。泰坦尼克号海难是和平时期死伤极其惨重的海难之一。参见链接 7-12。
2 六合彩：香港唯一的合法彩票。参见链接 7-13。
3 李宗盛：1958年7月19日—，中国台湾词曲作家，华语乐坛最具影响力的音乐人之一。参见链接 7-14。
4 电影《低俗小说》(*Pulp Fiction*，1994)的片尾就有这样的桥段。参见链接 7-15。
5 爱默生：Ralph Waldo Emerson，1803年5月25日—1882年4月27日，美国思想家、文学家。参见链接 7-16。
6 Shallow men believe in luck. Strong men believe in cause and effect.
7 苏轼：1037年1月8日—1101年8月24日，字子瞻，一字和仲，号东坡居士，眉州眉山（今中国四川省眉山市）人，中国北宋大文豪。其诗、词、赋、散文均成就极高，且擅长书法和绘画，是中国文学艺术史上罕见的全才，也是中国数千年历史上被公认文学艺术造诣最杰出的大家之一。参见链接 7-17。
8 咸鱼翻生：来源于粤语想象词"咸鱼返生"（是指死过返生的想象，由于"死过"读起来不吉利，所以"咸鱼"代替）。又因为读音问题，所以"返"常写作"翻"或"番"。
9 让·谷克多：Jean Cocteau，1889年7月5日—1963年10月11日，法国诗人、小说家、剧作家、艺术家和导演。参见链接 7-18。
10 We must believe in luck. For how else can we explain the success of those we don't like?
11 塞内卡：Lucius Annaeus Seneca，约公元前4年—公元65年，古罗马时代著名哲学家。参见链接 7-19。
12 Luck is what happens when preparation meets opportunity.
13 法兰克·奈特：Frank Hyneman Knight，1885年11月7日—1972年4月15日，美国经济学家，曾提出"奈特氏不确定性"。参见链接 7-20。
14 Ownership of personal or material productive capacity is based upon a complex mixture of inheritance, luck and effort, probably in that order of relative importance.

6. 人脉

  有一次在北大举办讲座的时候，我遇到了一位学生，他问我："老师，你说是认真学习重要，还是经营人脉重要？"看着他一脸"大杂烩"，我先拿出本子记下这个问题，然后对他说，这是一个比较大的话题，我会仔细写篇文章放在网上的，紧接着给了他我的网志地址。最后，我补了一句："相信我，所谓的人脉就算重要，也根本没有他们说的那么重要。"

  到书店里看看吧！在某个专柜或者专区里，有多少书的书名中有"人脉"这两个字？太多了。《人脉：关键性关系的力量》《人脉圈：人脉决定输赢，人脉决定命运》《人脉是设计出来的》《赢在人脉》《打造黄金人脉》《90秒建立职场人脉》……书名中有"人际关系"的就更多了。在我写这段文字的时候，在"当当网"上搜索"人脉"，可以找到521个结果，搜索"人际关系"，可以找到4949个结果，搜索"成功"，可以找到53879个结果……

  可这些书中有比例不小的一部分充斥着逻辑混乱的论证和推理，这些随处可见的胡言乱语基本没有区别，反正都是胡说。以下从某本书里摘录的文字还不算是最过分的：

    中国，一个奇妙的现实问题是讲"面子"，这种典型的例子不但在政治界经常可以看到，在商业界更是多见。比如说，你想把商品推销给客户时，另外一家公司也在作同样的竞争，估计胜负情势是四比六，对我方不利，在这种情况下，如果你有一位支持者，而其"面子"能够通达客户的高层，那么只需凭此人的一句话就可转败为胜了。我们再举个例子，假如你想向公司提出一个方案，而意见是不是能够被采纳，就要看公司里有多少人愿意帮你的忙，愿意支持你，即可大致估算出结果。这就是人类社会的现实面。如此看来，"由支持者的多寡可以判定其是否为能干的生意人"的说法并不为过。事实上，被称为"办事高手"或是"能干"的人都具备一个条件，就是在公司内外有许多人事"通道"，也就是说，他的人脉很广，"面子"很大。

而在一小段文字里面可以做到谬误连连，其实也不是很容易。

……如果你有一位支持者，而其"面子"能够通达客户的高层，那么只需凭此人的一句话就可转败为胜了。

除了"腐败"，在正常的世界里，这种情况可能发生吗？

……假如你想向公司提出一个方案，而意见是不是能够被采纳，就要看公司里有多少人愿意帮你的忙，愿意支持你，即可大致估算出结果。

"意见是否会被采纳"，在正常的世界里，关注点应该是那个意见本身吧！如果那个意见考虑得非常周全、有明显的好处，会有那么多人反对吗？

用"面子"就可以获得一切，想得美！

让我们从头细说。

先动脑思考一下：我们愿意与什么样的人成为朋友？从幼儿园开始，每个人就已经有了一些选择朋友的原则——尽管并不自知。事实上，资源分布的不均匀，必然造成人与人的某种依附关系。观察一下就可以发现：在幼儿园里，玩具多的孩子更容易被其他孩子当作朋友。那么，玩具最多的孩子朋友最多吗？答案并非肯定。

我曾有机会也恰好愿意多花一点心思与我遇到的那个"玩具最多的孩子"交谈。没过多久我就发现，在他的心目中，与所有成年人一样，"朋友"被划分为"真正的朋友"和"一般的朋友"。为了行文方便，我姑且把那个玩具最多的孩子称作"小强"。

我发出询问后很好奇，但也耐住性子等待小强告诉我谁是他"真正的朋友"。最终，他告诉我，他真正的朋友有两个，一个是男孩，一个是女孩。然后，我问他："为什么你认为那个男孩是你真正的朋友？"小强一点都没犹豫："他从不抢我的玩具，他跟我换。"我又问他："为什么你认为那个女孩是你真正的朋友？"这次小强踌躇了好一阵子，在确定我会给他保密之后，磕磕巴巴地说："她好看……我把新玩具全都先给她……"我笑了。过了一会儿，我问："她觉得你好看吗？"小强愣了一下，满眼的无辜："不知道……"我又问："那她现在手里的玩具是谁的？"小强突然显得很紧张："不是我的。"我决定不去问那女孩问题了。

基于种种原因，生活中广受欢迎的人总是少数。但同样基于种种原因，大多数人并不知道那些少数派是如何理解他们的行为的，从小强的这个事例就可见一斑。刚才小强说他那个"真正的朋友"从来都不"抢"他的玩具，而是跟他"换"——注意这两个词。

我们暂且不讨论所谓的"心计"。确实，有些人有很深的城府，他们可以用常人想不出来的，或者常人就算想得出来也做不到的手段，达到自己的目的。在这里，我们只讨论普遍的情况。

所有的人都喜欢并重视甚至偏爱一种交换——公平交换。小强也许没有意识到，他所拥有玩具的数量使他从概率的角度出发很难遇到可以和他"公平交换"的人，因为绝大多数孩子没有多少玩具，甚至干脆没有玩具，这些孩子实际上没有机会也没有能力与他进行"公平交换"。对他来讲，不公平的交换，等同于"抢"，但是，没有人喜欢"被抢"。而与小强交换玩具的那个男孩，让他感受到公平。小强也有自己想要但手里没有的玩具，所以，他也愿意去"换"，而不会去"抢"，因为他自己就不喜欢"被抢"——然后，把最新的玩具都给那女孩先玩……

尽管绝大多数人不愿意承认，但是他们的所谓"友谊"只不过是某种意义上的"交换关系"。可如果一个人拥有的资源不够多、不够好，那么他更有可能变成"索取方"，做不到"公平交换"，最终成为其他人的负担。这个时候，所谓的"友谊"也就慢慢无疾而终。当然也有持续下去的情况，但是，与其说这是由于另一方珍视友谊，不如说这是另一方在耐心等待下一次交换，以实现"公平"。电影《教父》[1]里就有这样的桥段：当棺材铺老板亚美利哥·勃纳瑟拉[2]决心找教父柯里昂[3]替自己出气并为自己的女儿讨回公道时，亚美利哥就是"索取方"。许多年后，教父柯里昂终于在一个深夜敲开了亚美利哥的门……

可以想见，拥有资源多的人更喜欢也更可能与拥有资源数量或者质量与自己对等的人进行交换，因为在这种情况下"公平交易"更容易产生。生活里随处可见这样的例子，哪怕是在校园这个"交换"本质体现得不是那么明显的地方，同样性质的行为也不鲜见。例如，某系公认的才子与其他系公认的另一个才子会"机缘巧合"邂逅并成为"死党"，俗话说的"英雄所见略同"可能就是他们一见如故的原因。如此，他们之间的谈话及任何其他活动，往往会让他们觉得非常"投机"。仅举一例。

在1982年第一届全国中学生计算机竞赛上，沈南鹏[4]和梁建章[5]这两个"数学神童"同时获奖。当他们相识时，这两个懵懂少年绝不会意识到，17年后他们会联手创造中国互联网产业的一个奇迹。

不是因为他们要好才各自变得优秀，而是因为他们都很优秀才会非常要好，进而碰撞出绚丽的火花。

反过来说，这些公认优秀的人，往往并不"低调"，也不"平易近人"。他们不是故意这样的。他们无意惹恼身边那些在他们看来"平庸"的人，只不过他们无形中有这样的体会：与这些人交流，沟通成本太高。这些人当中不多见的那些心态平和者，一般都是经历了波折，才终于意识到自己应该保护自己。他们发现，有些误解根本没有机会解释。于是，他们开始"谦虚"，他们学会了"低调"，他们显得"平易近人"。

许多年前我就注意到一个现象：我会在别人向我求助，而我内心非常抵触的时候，因为怕别人说我是"不够意思的人"，硬着头皮去做自己不想做的事情。我在一次深感受伤的时候有了一个闪念：原来这种尴尬并非来自我没有"乐于助人"的品性，其原因是我的精力并不足够旺盛，无法在将自己的事情处理得井井有条的同时，拿出大把的时间和精力帮别人做事——事实上，我自己已经是个正在"过河"的"泥菩萨"了。这是那天晚上对我来讲非常惊喜的一件事——我发现我正在独立思考。

承认自己能力有限是保持心理健康的前提。从我思考这个问题那天起，我就主动挣扎着去学习如何做事量力而行。说起来好笑，我自己的智商实在有限，有限到过去竟然没想过"量力而行"是难度如此之高的行为模式：第一，承认自己能力有限；第二，不怕在别人面前露怯；第三，敢于不去证明自己是"好人"……

从这个层面看，往往只有优秀的人才会拥有有效的人脉。而且，正因为这些人随时随地都可能要回避"不公平交换"的企图，所以，他们会更加注重自身的质量，知道"不给他人制造麻烦""独善其身"是美德，这也体现了常言说的"事多故人离"。而那些不

优秀的人，往往并不知道这个貌似简单的道理，他们甚至没有意识到，他们的状况使他们只能扮演"索取者"的角色，进而把每一次"交换"都变成"不公平交换"，发展到最后，极有可能导致交换落空——毕竟没有人喜欢"不公平交换"。他们每次落空的交换都会进一步给自己造成损失，导致他们的资源不是数量减少，就是质量下降，使他们沦为"索取者"的可能性变得更高——恶性循环。

还有一些人，由于过分急于建立所谓的人脉，甚至全然不顾自己的实际情况。人们常用一些专门的词来描述这样的人，例如"谄媚""巴结""欺下媚上"甚至"结党营私"。这样的人，往往也不是他们自己非要如此，他们只是朦胧地意识到一个人的力量过于渺小，所以才希望借助其他力量。而一个人的能力越渺小，他的欲望就显得越强烈。这些人的特征非常明显，其中之一是：他们会在生活中经常有意无意地用亲密的方式提及大家仰望的人物，无论他们与这些"大人物"是否真的有私交。在中文语境里，他们就会只说名字而不说姓氏：李开复[6] 在他们嘴里是"开复"；李彦宏[7] 在他们嘴里是"彦宏"；沈南鹏在他们嘴里是"南鹏"；还有更恐怖、更令人毛骨悚然的——"小俞"（俞敏洪）、"小邓"（邓峰[8]）、"大想"（李想[9]）……

从整体看，人脉当然很重要。不过，对某个个体来说，比人脉更重要的是他所拥有的资源。有些资源很难靠白手起家获得，例如金钱、地位、名誉。然而，有些资源却可以轻易从零开始积累，例如一个人的才华与学识。才华与学识，是一定可以通过努力获得的。一个人的心智能力一旦正常开启，他就会发现，自己在这个信息唾手可得的世界里，只要正常地努力并且有耐心和时间做朋友，很容易就能成为至少一个领域的专家。努力并不像传说中的那么辛苦，说起来只不过是——每天至少专心学习、工作 6 小时。可是，努力需要的耐心，却远比多数人想象中来得巨大，"要与时间相伴短则 5 年，长则 20 年"。

经过长时间的观察，我又发现了一件多年前智商平平的我不是很容易就能想明白或者轻易预见的事情：如果一个人的身边都是优秀的人，就往往会出现没有人求他帮忙的景况，因为优秀的人几乎无一例外，都以耽误别人的时间为耻，同时，这些人恰恰因为能够独立解决遇到的问题才被其他人认为是优秀者。

如果有一天，某个人经过长期积累，真正成为某个领域的专家，那么他必会惊喜于真正意义上的、有价值的、所谓"高效"的人脉居然破门而入。他遇到的人将来自与以往完全不同的层面和意想不到的方向，而他自己也不再是过去一无是处的"索取者"，他扮演的将是"乐于助人"的角色——很少有人讨厌善意的帮助，何况这个人是被我们找来提供帮助的。

甚至，这些优秀的人会获得意外的帮助。一个优秀而有价值的人，自然会引来其他很多优秀而有价值的人主动为其提供帮助，而这些帮助往往是"无私"的。正如没有哪个医生会在救死扶伤之后仅仅因为酬劳太少而恼羞成怒，那些品质磨炼到一定程度、境界豁达到一定层次的人，往往真的可以做到"施恩不图报"，因为对他们来讲，能够有机会"验证自己的想法"就已经足够重要、可以让自己愉悦了。同时，被帮助的一方正因并非寻常之辈，所以一定懂得"滴水之恩，涌泉相报"的道理，最终的结果自然是皆大欢喜；又因为"沟通成本几近于零"，所以整体效果自然是"交流收益相对无穷放大"——良性循环。个中生活智慧在于：集中精力改变那些自己能够改变的事情，暂时忽略那些自己不能改变的事情。专心打造自己，让自己成为一个优秀的人、一个有用的人、一个独立的人，比什么都重要。打造自己，就等于打造自己的人脉——如果人脉真像传说中那么重要的话。其实，我总觉得关于人脉导致成功的传说虚无缥缈，不过是些不明真相的人臆造的幻象罢了。

特别澄清一下，我的意思不是我们从此就不用关心身边的任何人了，或者说，从此就无须与任何人打交道了。与人交往也是一种需要学习，并且需要耗费大量时间实践的技能。我只想说：别高估自己，误以为自己有足够的时间可以妥善地处理与身边所有人的关系。浏览一下手机通讯簿里的名字吧！有多少人我们已经很久没有联系了？我至今只听过两三个人这样回答："最长时间没联系的，也不超过两个星期。"而这些人中还有一个是特别固执且特殊的人——他的手机通讯簿里总共才有22个名字。

毕淑敏[10]在小说《女心理师》的自序中曾经提到：

……我学心理学课程一事，纯属偶然。朋友××摔断了腰椎骨，打了石膏裤，瘫躺床上三月。我在自家墙上的挂历上写了一行字："每周给××打个电话。"我当医生出身，知道卧床不起的病人非常寂寞，希望能躺着聊聊天。后来我就按照挂历上的提示，每周都给这个人打电话，有一句没一句地闲聊。尽管我很忙，还是会多磨蹭一点时间，让她开心。后来有一次，她随口说香港中文大学心理学教授林孟平到北师大带学生……我问，我能跟她学习吗？朋友说，那可不知道。后来感谢那位朋友说，我能学心理学，多亏你摔断了腰。

我由此领悟，真正的关心最终只有一种表现：为某人某事心甘情愿地花费时间，哪怕"浪费"时间。这也很容易理解。当我们把时间花到一个人身上的时候，相当于在他身上倾注了自己生命的一段——不管最终结果如何，那个人和那件事都已经成为我们生命中的一部分。每个人的时间都是有限的，所以，"真正的好朋友"谁都只有几个而已。

这实在是一个大到足以写两本书的话题。限于篇幅，我只能提供两个简单但实践起来并不那么容易的建议：

▷ 专心做可以提升自己的事情，学习并拥有更多、更好的技能，成为一个值得他人交往的人。
▷ 学会独善其身，以不给他人制造麻烦为美德，用自己的独立赢得尊重。

---

1 《教父》：The Godfather，1972。美国犯罪剧情电影。参见链接 7-21。
2 亚美利哥·勃纳瑟拉：Amerigo Bonasera。
3 柯里昂：Don Vito Corleone。
4 沈南鹏：1967 年 12 月—，毕业于耶鲁大学，曾在花旗银行等国际银行工作，于 1999 年与梁建章一起创办了携程网。沈南鹏曾先后担任携程网的执行董事、首席财务官。参见链接 7-22。
5 梁建章：1969 年 12 月 16 日—，生于上海。1984 年就读于复旦大学第一届少年班。1989 年获美国乔治亚理工学院计算机系硕士学位。1990 年成为美国管理会计协会和美国生产制造协会的注册会员。1999 年参与创立携程网。参见链接 7-23。
6 李开复：1961 年 12 月 3 日—，计算机科学研究者、企业家、作家。曾在苹果公司、硅谷图形公司、微软公司、谷歌公司担任要职。现为创新工场的创始人、董事长兼首席执行官。参见链接 7-24。
7 李彦宏：1968 年 11 月 17 日—，中国山西阳泉人，百度公司的创建者，现任百度公司董事长兼首席执行官。参见链接 7-25。
8 邓锋：1963 年 4 月—，中国北京市人，北极光创投公司创始人之一，在风险投资、计算机、通信和数据网络产业有数十年的技术和管理经验。
9 李想：1981 年 10 月 5 日—，中国河北省石家庄市人，理想汽车创始人。曾任汽车之家首席执行官、澳信传媒副总裁。他在高三时退学创业，现已身价过亿。参见链接 7-26。
10 毕淑敏：1952 年 10 月 10 日—，中国当代女作家，注册心理咨询师。参见链接 7-27。

7. 自卑

每个人都有一个"愿望中的自己",同时还有一个"感觉中的自己"。最佳状态貌似是:

$$愿望中的自己 = 真实的自己 = 感觉中的自己$$

然而,通常的情况远非如此。其实,很多时候,一个人如果处于这种状态:

$$愿望中的自己 \approx 真实的自己 \approx 感觉中的自己$$

已经是相对非常幸福和快乐的了。许多人在某些方面可能处于这种状态:

$$愿望中的自己 \neq 真实的自己 \neq 感觉中的自己$$

愿望中的自己 ≠ 真实的自己 ≠ 感觉中的自己

于是，生活中充满了这样或那样的扭曲。这些扭曲，往往会使我们作出莫名其妙的、违背理性的决定或者选择。然而，时间才不管谁的选择或者决定是否理性，无论怎样，它都一如既往地流逝。

所有可能的扭曲，几乎全部来自那个实际上最不可靠的，而我们又必须依赖的"感觉"。我们的"感觉"是非常不准确的，且是特别容易受到影响的，甚至是最可能被误导的。最明显的例子就是魔术。所有的魔术，都是通过并利用我们感觉的缺陷或者盲区达到神奇效果的。

一个人的外表，即相貌与身材，是其最容易产生感知扭曲的方面。原因也简单——人与人之间最容易被分辨的就是外表。可是，通过感觉没那么容易获得关于外表的真实信息，原因在于，在外表审美的过程中，每个人或多或少会受到"补偿心理"的影响。例如，胖男人往往更喜欢所谓的骨感美女，瘦女人也常常更容易对体格粗壮的男人产生好感。这种扭曲直接产生的一个有趣现象是，在明星圈子里，那些被普遍认为相貌出众的人之间所谓"美"与"丑"的差异，并不比普通人之间的小，甚至可能更大。

简单分类讨论一下。

如果一个人真的帅，而他又觉得自己帅，那么，当他"感觉中的自己"等于（或者误差很小地约等于）"真实的自己"时，人们很可能会认为他非常自信，他也会"觉得"自己非常自信。然而，当他"感觉中的自己"远远超过"真实的自己"时，人们会评价他"自负"，而他可能因为这种感觉上的误差，在其他地方或多或少地付出一些意想不到的代价。

如果一个人的相貌高于平均水准，那么他通常不太容易因此自卑，而他"愿望中的自己"就算可能超出"真实的自己"，一般也不会差于"感觉中的自己"。

但是，如果一个人的相貌高于平均水准，那么他就很可能因此自卑，因为他"愿望中的自己"有可能远远超出"真实的自己"，而"真实的自己"总是会通过各种方式纠正"感觉中的自己"——尽管他自己可能会有意无意地拒绝这种纠正。于是，"感觉中的自己"是有限的，"愿望中的自己"是"没有最好，只有更好"的，二者的差是一个非常大的负值——自卑形成了。

问题不止这么简单。

首先，**作为整个社会的一员，大多数人并没有意识到，有些时候，整个社会给自己灌输的观念可能是错误的**。道理也很简单：每个人都是通过自己的感觉感知这个世界的，而"感觉"本身非常不准确，且特别容易受影响，甚至被误导。显而易见，整个社会的观念不过是绝大多数人的观念的组合，其中必然包含未矫正的、粗糙并扭曲的所谓"真实的感觉"。

在几乎所有的社会中，来自整个群体的、对每一个个体的心理健康最不利的，也许就是"自卑"的定义了。古今中外，几乎在任何一个人类组织系统当中，"自卑"都被定义为负面的，"自负"也是负面的，只有"自信"才是健康的。其实这种定义没有什么价值。假想一下，人们若能生活在一个"感觉"可以准确反映现实的社会中，那么所有类似"自卑""自信""自负"的概念都没有存在的必要。但是，这样的社会并不存在，现实是，人们生活在一个由于"感觉"的偏差而自然扭曲的社会中。"感觉"本就不准确，再在其上进行价值定义，以图进一步改变感觉，更是大谬。

为了自己的心理健康，我们其实有必要选择性地漠视甚至忽略整个社会灌输给我们的观念——很多时候，那不过是"整个社会的扭曲的感觉"而已。所以，自卑不是缺点。该自卑的时候就要自卑，这才是正常的。如果谁在所有该自卑的时候竟然从不自卑，那就真的扭曲了自己。

其次，我在与学生的大量交流中反复发现这样一个现象：**优秀的人更容易自卑。**

我们往往认为一个人的优秀与自信成正比，可事实上并非如此。

让我们假设某人（姑且称他为"甲"）非常优秀。有一点是很容易想象的：甲与所有的人一样，不大可能是完美的。更有可能的是：甲在某方面非常优秀，而在其他方面的水平只是一般，甚至低于平均水平。但是，优秀的人往往会给自己制定过高的标准，甚至想当然地认为自己在各个方面都应该相当优秀。于是，甲的非常优秀的那些方面——假设可以打 99 分（100 分制，下同）——相对于他水平一般的那些方面——65 分——差距太大——高达 34 分。

另一个没那么优秀的人（姑且称他为"乙"）的还算优秀的那些方面——80 分——相对于他水平一般的那些方面——60 分——差距仅有 20 分。这样一来，从自我满意度的角度看，优秀的甲要比平凡的乙承受更大的落差。如果只考虑落差本身，那么甲明显会感受更多的痛苦——尽管他实际上比乙优秀。

从这个角度看，那些资质在各方面都处于平均水平的人更不容易自卑。通常，一个人差也差不到哪里去，因为差到极致的难度绝不亚于好到极致的难度。所以，资质处于平均水平附近的人，从概率的角度来看，几乎不会遇到极大的落差。

从这里就可以看出：完全从自我感受的角度出发，芙蓉姐姐是没有理由自卑的，而从客观的角度出发，芙蓉姐姐的自信甚或自负，其实与其他人完全没有关系，可是，她的行为竟然引来了愤怒。被芙蓉姐姐激怒的人心里可能是这么想的：我都没怎么样呢（我自认要比你强多了），你凭什么跳出来?!

症结就在这里：自信和自卑的衡量标准是在自己身上，还是要以别人为参照物呢？事实上，既不该在自己身上，也不该以别人为参照物。美与丑的分别、强与弱的不同、慧与痴的差异，不依附个人观点存在，也不会因为任何人的看法而改变。

分析清楚之后，我们就要着手解决问题了。要想达到"不以物喜，不以己悲"的健康状态，要迈出的第一步就是——**停止嘲弄他人**。

生活中我们很少真的遇到他人的"弱"影响了我们的"强"的情况。嘲弄别人"弱"往往只是为了证明自己"强"，而真的"强"是不需要证明的，需要证明的"强"其实是清楚自证的"弱"。通过嘲弄他人获得的"强"的感觉，必然是远离"真实的自己"的，在别人眼中，这种做法通常也只会被看作嘲弄者本身"自负"，而嘲弄者所体会的"自信"亦不过是严重扭曲的幻觉。从独立第三方的角度认真观察就会发现，结局总是：嘲弄他人最终收获的只能是对自己的伤害——常常是来自各个角度的全方位的伤害。

嘲弄者必被嘲弄——这简直是一个魔咒。我就有过一段类似的经历。在我上大学的时候，也不知道为什么，男生宿舍里流行一种低级的游戏——扒裤衩。动不动就有一群人用莫名其妙的理由对某个男生群起而攻之，最终令被攻击的男生下身赤裸，羞愧难当。那时（20世纪90年代初）我们宿舍一共住了12个人，其中只有我从来没有参加过这种游戏。甚至在他们所有人——包括那个被扒掉裤衩的——嬉笑一片时，我都笑不出来。也许是我实在看不出这件事好玩在哪里吧。大学毕业后，有一天我突然想到：整个宿舍里，只有我从来没有被扒过裤衩，也从来没有谁对我有过这种企图。我们宿舍的老三因为身体最壮，所以从未"失身"。然而，他在大学生活的最后一天"晚节不保"——10个人集体把他围了起来。几秒钟之后，他说："我自己来还不行吗？"听到的回答是："当然不行！"几分钟后，他被扒得精光，锁在宿舍门外。这段经历让我终生受益，没有什么比这段经历更能让我明白"己所不欲，勿施于人"的道理了。

另一个比较"技术"的手段是**忘记自己的优点**。

这是一个多少有点夸张的说法，因为自己的优点实在很难被自己"忘记"。然而，这不仅是有道理的，还是有必要的。克服自卑的正确方式往往被认为起码应该是"克服缺点"，但有很多所谓的缺点是不可能被克服的。如果"相貌丑陋"勉强可以花上一些钱去整容，那"五短身材"该怎么办呢？在任何竞技活动中，如果准备不足，且心肌不够强大、肺活量相对较差，又怎么可能仅通过"深呼吸"就改善运动机能呢？所以，那些与"克服缺点"有关的说辞，不仅愚蠢，而且可笑。

更准确地说，克服自卑只需要"尽量漠视自己的优点"就好了。在一个"自卑""自信""自负"几乎全部被扭曲定义的社会里，一个人"尽量漠视自己的优点"带来的最直接的好处就是他会被赞誉淹没，因为他太"谦虚"、太"低调"了。其实他也没做什么，只是做了一件所有成熟的人都善于去做的事情——让别人舒服。很多时候，所谓"谦虚"和"低调"其实是一种自我保护的优化策略。

"尽量漠视自己的优点"这一方案的意义并不仅限于此。如果一个人可以控制自己的感受，刻意做到"尽量漠视自己的优点"，那么他必会发现自身的一个重要变化：他的优点与缺点之间的落差被他人为地却同时自然地减小了，而这是一个貌似矛盾却非常合理的结果。这种落差的减小，必然会为他减少不必要的痛苦。

还有一个相当不错的手段，是我的一位朋友告诉我的。她的方法是：**在自己的语言中，把"优点"和"缺点"这两个词替换成"特点"。**

我在讲作文课的时候经常说："我们所使用的语言限制了我们的思维。"例如，在股票市场上，经常有人因为在思考时用词不当而损失大笔财富——当投资者持有的股票价格下跌的时候，他们描述缩水的市值时原本应该用的词是"账面损失"，而不是"损失"或"实际损失"，但是，有些人没有经过思考训练，在描述缩水的市值时用的词是"损失"或"实际损失"，于是，一些投资者承受不了心理压力（其实是自己吓唬自己），把手中的股票卖了出去，"账面损失"就真的变成了"实际损失"。反过来，在另外一些情况下，有些人因为误把"实际损失"当成"账面损失"而错失了减少损失的机会。

所以，我认为，这位朋友的方法是我见过的非常精巧且能从根本上解决问题的方法之一，原因在于，用"特点"这个中性词取代"优点""缺点"这种明显带有褒贬含义的词，她就能很容易地做到平静对待自己的各种特点，也平静对待他人的各种特点了。然而，这个方法背后还有更深的思考。其实，人们口中的"优点"和"缺点"往往是相对的——"调皮"的小孩子就算不被老师喜欢，也不能否认他们可能更有创造性；勇于冒险的人，在战场或者商场上可能成为英雄，也可能成为烈士；被称为"话痨"的人，也许平时挺讨人厌的，但是当老师就相对更有天分。

最后一个方法是"**适当地放纵一下自己**"。

承认自己是一个有缺点的人，是让心智获得解放的重要前提。前面说过，自卑原本是正常的感受，不过是被定义成负面的而已。与此相似，认真思考我们就会发现，所谓的"虚荣"也是每个人再自然不过的愿望，却同样被定义成负面的。其实，在不伤害他人情感、不减损他人利益的情况下，对自己身上的缺点大可不必苛求。"自卑"一下能怎么样？"自负"一下能怎么样？"虚荣"一下能怎么样？如果仅仅因为一个人"自卑"、"自负"或者"虚荣"了一下，他身边的人就受伤了，那么有问题的其实不是他，是他身边的人——他们太脆弱了。

所有的方法都需要花上一点时间和精力才能正确操作。

拿出一张纸、一支笔，在左边罗列你的优点，在右边罗列你的缺点——花上一天时间也不过分，因为我们需要分辨"这个真的是我的优点吗"和"这个真的是我的缺点吗"。完成这一步后，试着猜想别人是如何看待我们的优点或者缺点的。我们甚至可以旁敲侧击去了解一下——我相信，你会屡屡吃惊，甚至目瞪口呆。在这个过程中，你会了解"真实的自己"和"感觉中的自己"之间的差异，甚至还有"他人眼中的自己"。在此基础上，再仔细分析一下：在自己的缺点中，有没有可能会给其他人造成伤害的？如果有，请想办法克服。每个人都一定会有一些无伤大雅的缺点，适当地在这些方面放纵一下吧，相信我，这种适当的放纵对我们克服那些可能会给其他人造成伤害的缺点有巨大的帮助。

8. 灵感

我在读书的过程中发现的一个特别有趣的现象是，当我意识到自己需要找关于某个特定领域的书时，好书会自动出现——或者是朋友送的，或者是在书店、图书馆里随手翻到的，或者是在网上闲逛时看到不知道谁写的帖子里提到的，甚至可能是早就放在自己的书架上却一直没时间看的……

我最近遇到这种情况的次数非常多。在整理这本书的内容期间，我在朋友的书架上发现了一本连他都不知道从哪里搞来却从没打开过的、借到手之后给了我许多启发的托马斯·索尔的《学问与决策》英文原版；我在自己书架上早就看过好几遍的《引爆点》《本能》等书中，也"发现"了许多特别恰当的例子；我在书店闲逛时随手买了其中几乎随处有内容可以验证我过去很多想法的《少有人走的路》；我在机场书店里看到了包装和设计都很差，但仅凭作者名气就可以保证读完不会后悔的毕淑敏的小说《女心理师》，里面有许多特别好的内容……

这样一说，好像例子和灵感随手可得，但在前些年我讲作文课的时候，总有学生向我抱怨："老师，我找不到例子，怎么办？"遇到这种情况，我会耐心地告诉学生："例子这东西跟钱一样，是攒出来的，不是想出来的。"还有学生问："老师，我怎么找不到像你上课时举的那样精彩的例子呢？"我当时的回答是："继续找。凡事都不过是靠积累。"

今天想来，这样的回答未免过于简单了，但这个认识我是在讲了好几年作文课之后才得到的。记得那天，我在讲一道美国研究生入学考试作文题时提到了这样一句话："我们的社会倾向于遗忘那些重要的人物——事实上，所有的社会都可能如此。"要讲清楚这个问题，我就必须向学生举例说明"哪些重要的人物被遗忘了"。我问："有没有人可以说出3个对我们的社会来说非常重要却被遗忘了的人物呢？"课堂里几百人，只有几个学生犹豫了一下，举起了手，听我强调要"说出3个"，他们又慌忙把手放下了。

举例说明"哪些重要的人物被遗忘了"岂止不容易，甚至几近不可能。想想看，任何人都是整个社会的一分子，但如果整个社会都把这些人遗忘了，其中的一分子又如何得知呢？就算在互联网上搜索，也很难想出从哪个关键词开始。随后，我一口气说出了陈寅恪[1]、张志新、高耀洁等名字。每提一个名字，我就要请所有没听过这个名字或者听过也不知道那是什么人的同学举手，结果每次举手的都是绝大部分同学。

当即有同学发问："老师，那你是怎么知道的呢？"我回答："原本我也不知道，甚至我也不可能知道。但是，我有一点不一样。这些题目和刚刚那个句子，'我们的社会倾向于遗忘那些重要的人物——事实上，所有的社会都可能如此'，是我在很久以前记到笔记本上的。所以，在记下这句话后的某一天，当我读到关于刚才那些人的文章时，就算当时的阅读基于其他的原因或者目的，与写作文无关，我也会一下子想到那个曾经记在笔记本上的句子。于是，那个句子旁边就多了一个'被整个社会遗忘的重要人物'的例子。"

我记得，小时候读那些博学之人的书时，常常深感自卑。我在很长的时间里都很纳闷：他们究竟是如何做到连这个都知道的呢？！例如，有人提到那个说过"我自横刀向天笑，去留肝胆两昆仑"的谭嗣同[2]在100多年前还写过这样的文字："详考交媾时筋络肌肉如何动法，涎液质点如何情状，绘图列说，毕尽无余，兼范蜡肖人人形体，可拆卸谛辨，多开考察淫学之馆，广布阐明淫理之书，使人人皆悉其所以然[3]。"

另一个例子来自约翰·萨瑟兰[4]，他在《小说家生平：在294位小说家生平中的小说史》[5]中写道——以《了不起的盖茨比》[6]享誉美国的小说家斯科特·菲茨杰拉德[7]因为妻子抱怨自己的阳具尺码"太小"而苦恼。他跟自己的好友海明威[8]在巴黎吃午饭的时候把这事说了，海明威一听，拽着菲茨杰拉德到男厕所检验，得出结论"不算太小"。然后，带他去参观卢浮宫——两个当时最杰出的美国小说家在那里花了一下午时间严肃地测量古希腊男性雕塑的性器官尺寸——才打消了菲茨杰拉德的顾虑。

现在看来，这些博学之人不见得是在"什么都知道"之后才将其写出来的，他们很可能是为了写出来才去搜索、积累，并发现了那些令我们惊奇的内容的。当然，如果我没猜错，他们自己也会经常被自己的发现吓到，要不然怎么会有"文章本天成，妙手偶得之[9]"这样的慨叹呢？

所以，素材的积累固然重要，但是，如果提前确定一个方向或者目标，就可能会积累很多原本想象不到的素材——惊喜连连。我就有一段极富戏剧性的经历——在写现在这段文字前一个星期左右的一个下午，我闲来无事，拿出过去的读书笔记翻来翻去，突然发现里面有这么一则：

> 我们都可能有过这样的经历。在鸡尾酒会中，所有的人都在用差不多的音量三五成群地谈话。你正在与某个或者某些人交谈，在你们谈话过程的相当长一段时间里，除了与你交谈的人们所说的话，以及你自己对那些人所说的话，其他的声音事实上都被你忽略，等同于并不存在。但是，如果另外一群人的谈话中突然出现你的名字，甚至可能是在他们离你并不是很近的情况下，你都会瞬间捕捉到那个声音，就好像它突然冲进了你的耳朵一样。奇怪的是，在之前相当长的一段时间里，那些人一直在以同样的音量、在同样的距离外交谈，你却完全不知道他们在说什么，在你听到那个声音之前的部分全部被过滤了。这就是所谓的"鸡尾酒会效应[10]"，该效应是由柯林·奇瑞[11]于1953年第一次注意到之后命名的。当时，科学家们正在想办法为机场解决空中交通控制面临的各种问题。那个时候，控制员要从控制塔通过大喇叭获取飞行员的声音信息，并从众多飞行员嘈杂的声音中分辨出特定飞行员的声音，这种情况使空中交通控制中的通信问题非常棘手。

我终于有了对这个问题的更清楚的解释。"对特定信息的注意力"会使我们拥有神奇的能力——在哪怕是非常嘈杂的"噪音"中一下子挑出我们所需要的"被关注的信息"。

我索性在维基百科和Google上做了更多的功课。这下我才知道，现在科学家们对所谓的"潜意识"也有了更多简单明了的科学解释。在人类大脑灰质储存的各种信息里，只有很少的一部分（很难超过12%）是有序存储的，这些部分被人们称作"有意识"的。而更多的信息或者信息碎片是无序储存的，甚至是很难通过意识直接调出的，这些部分往往被人们称作"无意识"或者"潜意识"的。梦境就是潜意识存在的最基本的证据。

随着信息输入量的增加，大脑会因为需要而主动生成新的灰质细胞。科学家们已经发现，使用两种或者两种以上语言的人的大脑拥有更多的灰质细胞。而由于颅腔的大小是有限的，灰质细胞的增加会导致灰质的密度越来越高，这亦会令灰质细胞由神经元连接的可能性越来越大，人们所说的"融会贯通"现象也就有可能出现——那些原本貌似毫不相干的信息现在有机会被联系在一起了。所以，所谓知识渊博的人，就是那些大脑中存储的信息量超常的人。这些人总是可以"融会贯通"，所以看上去"智慧"超常。

这样看来，很多人讨厌死记硬背的想法是肤浅的。埃斯库罗斯[12]说过，"所谓智慧就是记忆力"，我相信，这应该来自他在当时无法全面解释却朴素而自然的体验。有些知识领域就是相对更需要所谓的"死记硬背"，例如历史、地理、外语等。其实，"死记硬背"有一个在人们的印象中含义截然相反的同义词——博闻强识。

我认为，以下这种情况是完全有可能出现的。每天我们都会有意无意地接收并在大脑的灰质细胞中储存大量的信息，尽管这些信息中很大的一部分以潜意识的形态存在，我们甚至无法用意识将其调出，但是，它们就像鸡尾酒会中无序而又嘈杂的"噪音"一样，有时"对特定信息的注意力"会让我们"神奇地"捕捉到与"我们所关注的信息"有关的某些信息——这很可能就是人们常说的"灵感乍现"。

所以，不要无谓地相信什么"突然闪现的灵感"的存在。灵感这东西，就算存在，也不会是平白无故出现的，而肯定是有来历的。灵感的出现，只不过是"量变到质变"的那一瞬间突然绽放的铁树[13]之花。

可能出于同样的感受，李敖曾戏谑道：妓女不需要靠性欲来接客，作家不应该靠灵感来写作。尽管李敖后来的为人让人颇有些失望，但是，他的博学却是实实在在的。李敖看书的方法虽然独特，但很容易就能看出其机理及优势。李敖在凤凰卫视 2006 年 1 月 19 日的《李敖有话说》[15]里是这样介绍他的读书方法的：

> 我李敖看的书很少会忘掉，什么原因呢？方法好。什么方法？心狠手辣。剪刀美工刀全部用到，把书给"分尸"掉了，就是切开了。这一页我需要，这一段我需要，我把它按类别分开来。那背面有用怎么办呢？把它影印出来，或者一开始就买两本书，把两本书都切开以后整理出来，把要看的部分分类存留。结果一本书看完了，这本书也被我"分尸"分掉了。这就是我看书的方法。
>
> 那分类怎么分呢？我有很多自己做的夹子，夹子我写上字，把我的资料全部分类。一本书看完以后，全部进入我的夹子里面。我可以分出几千个类来，分得很细。好比说按照图书馆的分类——哲学类，宗教类；宗教类再分成佛教类、道教类、天主教类。我李敖分得更细了，"天主教"还可以分，"神父"算一类。"神父"还可以再细分，"神父同性恋"是一类，"神父还俗"又是一类；"修女同性恋"是一类，"修女还俗"这又是一类。
>
> 任何书里有关的内容，都进入我的资料。进入干什么呢？当我要写小说的时候，需要这个资料，打开资料，我只是写一下就好了。或者发生了一个什么事件，跟"修女同性恋"有关系，我要发表对这个新闻的感想，把新闻拿过来，再把我的资料打开，两个一合并，文章立刻就写出来了。

换句话说，这本书看过以后，被我大卸八块，五马分尸，可是被我勾住了。这些资料我不凭记忆力来记它，我凭用细部的很有耐心的功夫把它勾紧，放在资料夹子里。我的记忆力只要记这些标题就好了。标题是按照我的习惯来分的，基本上都翻译成英文字，用英文字母排出来，偶尔也有些中文的。

今天我把看家的本领告诉大家。你看李敖知道那么多，博闻强记，记忆力那么好。我告诉大家，记忆力是可以训练的。记忆力一开始就是你不要偷懒，不要说躺在那里看书，看完了这本书还是干干净净的，整整齐齐的，这不对。看完了这本书，这本书就大卸八块。书进了资料夹，才算看完这本书。

今天我为大家特别亮一手，把如何看书的招告诉大家。不要以为这本书看完了，干干净净的、新的算看过。那个不算看过，因为当时是看过，可是浪费了。你不能够有系统地扣住这些资料，跟资料挂钩。可是照我这个方法，可以把你看过的书，把精华都抓出来，扣在一起。这就是我的这种"土法炼钢"的治学方法。

有了这样精巧的勤奋，李敖那火花乱溅的"灵感"从何而来，就清清楚楚的了。

按照这样的理解，所有的成功，在本质上都是一样的。首先要花相当的时间和精力去锁定一个方向或者目标。确定它现实可行之后，运用心智的力量，在这个方向上投入更多的时间，比更多再多一点的时间。把时间当作朋友，一路前行。当时间陪伴你足够久，它自会给你的耐心相应的回报。不知其所以然的人会说，那是"运气"，或者是走了"狗屎运"的人才会有的"天赐灵感"，而我们知道，如果那回报真的来了，那么它只有一个名字，叫作"必然"。

1 陈寅恪：1890 年 7 月 3 日—1969 年 10 月 7 日，中国江西省义宁州人。中国现代历史学家、古典文学研究家、语言学家。参见链接 7-28。
2 谭嗣同：1865 年 3 月 10 日—1898 年 9 月 28 日，中国清朝末年"百日维新四公子"之一。参见链接 7-29。
3 参见《仁学·仁学上·十》。
4 约翰·萨瑟兰：John Andrew Sutherland，1938 年 10 月 9 日—，伦敦大学荣誉退休教授。参见链接 7-30。
5 《小说家生平：在 294 位小说家生平中的小说史》：Lives of the Novelists: A History of Fiction in 294 Lives，2011。参见链接 7-31。
6 《了不起的盖茨比》：The Great Gatsby，1925。参见链接 7-32。
7 斯科特·菲茨杰拉德：Francis Scott Key Fitzgerald，1896 年 9 月 24 日—1940 年 12 月 21 日，美国小说家。参见链接 7-33。
8 海明威：Ernest Miller Hemingway，1899 年 7 月 21 日—1961 年 7 月 2 日，美国记者、作家。参见链接 7-34。
9 语出中国南宋著名诗人陆游（1125 年 11 月 13 日—1210 年 1 月 26 日）的《剑南诗稿·文章》。
10 鸡尾酒会效应：Cocktail party effect，是指人的一种听力选择能力。在这种情况下，人的注意力会集中在与某个人的谈话之中而忽略背景中其他的对话或噪音。参见链接 7-35。
11 柯林·奇瑞：Edward Colin Cherry，1914 年 6 月 23 日—1979 年 11 月 23 日，英国认知科学家。参见链接 7-36。
12 埃斯库罗斯：希腊文 Αισχύλος，约前 525 年或前 524 年—约前 456 年，古希腊悲剧诗人，与索福克勒斯和欧里庇得斯并称为"古希腊最伟大的悲剧作家"，有"悲剧之父"的美誉。参见链接 7-37。
13 铁树：指琉球苏铁（Cycas revoluta），常称苏铁，因为树干如铁打般坚硬，喜欢含铁质的肥料，所以得名。铁树开花常无规律，且不易看到，故有"千年铁树开花"的说法，言其开花较少。
14 参见凤凰卫视 2011 年 9 月 10 日《文化大观园·哈啰李敖》节目。为了节约篇幅，本书进行了缩写。相关视频参见链接 7-38。

9. 鼓励

我有一个尽量坚持的原则：**永远鼓励身边的人，哪怕多少有些盲目**。鼓励身边的人，是一种不被大多数人认为重要的美德。我这么做跟我的经历有关系。总有一些人在生活中经常被视为"异类"。也不知道是运气好还是运气差，反正我从小就一直遇到这个窘境，常常听老师和同学向我质疑："怎么就你一个人这样呢？"

从这个角度看，我的成长过程非常孤独。年纪不大的时候我就发现，我的脑子里要是蹦出了一个新鲜的主意，最好别说出来。一旦我忍不住说出来，就必然惨遭来自各个方向的"冷水"的"袭击"，并且是反复"袭击"。

在相当长的时间里，我曾因为自己跟大多数人不一样而痛苦。当老师带着一脸"恨铁不成钢"的表情，或者同学带着一脸"我早是钢了你还是铁"的表情，对我说"怎么就你一个人不一样呢"的时候，我就感觉自己一下子矮了一截，恨不得马上从所有人的视野中消失。

更令我自卑的是，我也没跟别人很不一样啊！我要是脸蛋很帅，估计我很难自卑；我要是长得很高、很壮，估计很少有人敢当着我的面那样说话。更重要的一点是，我从小就对自己的缺点格外敏感，而这导致我对自己的缺点几乎一清二楚，所以，我很难用幻觉支撑自信。

我为此痛苦了很久。终于有一天，我发现，大多数人是以"泼冷水"为乐的。

他们原本跟我一样——他们也"跟大多数人不一样"。[1] 他们或许也曾像我一样，挣扎着试图和其他人一样。结果，我们当然无一例外——失败了。但是，我比较老实（或者说情商不够），失败了就承认。而相当数量的人，失败了却假装成功，甚至假装到连自己都相信的地步。

所以，每当有人竟然敢跟他们不一样时，他们最直接的想法是"这怎么可能""你凭什么跟我们不一样"。他们甚至不惜花费时间和精力去搜索"你不可能跟我们不一样"的理由，然后试图以此证明自己的观点，而不管那些理由是否牵强。尽管他们不见得希望你跟他们一样，但他们一定不喜欢你跟他们不一样。他们心里想说的是："凭什么呀？"他们一定要给他们眼中的"异类"泼冷水。泼冷水的愿望之强烈，令人无法想象。那种强烈借助了太多的力量——怀疑、嫉妒、恐惧、愤怒，而在表现过程中披上了另一层"皮"——关怀、爱护、友好、帮助。

看清这些之后，我作了个决定：从此鼓励身边所有的人，哪怕他并不是我的朋友。支持我这么做的另一个理由也来自我的观察。我发现，敢做惊天动地的事情的人，不仅是少数，还是少数中的极少数。所以，鼓励一个人是没有什么风险的。一个朋友对我说他要开个小店，我说："好啊，我能帮你做点什么呢？"他愣了一下，说："他们都说不行呢……"另一个朋友告诉我她要学Photoshop，我说："好啊，能自己动手做出东西肯定会让自己心情愉快呢。"她愣了一下，说："……别人都在嘲笑我呢。"

也许是我运气好，我从来没遇到问我那些无论如何也不能表示支持的问题的人，例如"你说我是不是把他干掉算了"或者"你说我去抢银行行不行"。多年来，每当我给朋友一个正面回应，用简单的"很好啊"表示鼓励的时候，我看到的是几乎一模一样的先惊讶、后感激的表情。

当我们不停地鼓励所有人的时候，最大的受益者其实是我们自己，因为最终我们会发现，自己开始进入一种他人无法想象的状态，成为一个不需要他人鼓励的人。这一点很重要。很多人之所以做事裹足不前，浪费时间甚至生命，原因就在于他们是必须获得别人的鼓励才敢于行动的人。然而，我们能成为另一种人——我们可以不需要被别人鼓励——这是一种境界。

---

[1] 学习一下概率论是件好事，它会让我们明白这样一个结论：大多数人必然跟大多数人不一样。

10. 效率

每个人都想提高效率，可奇怪的是，那么多所谓的"专家"怎么会常常忽略一个很简单又很明显的事实：没有任何机器可以一直用 100% 的功率运转，人也一样。

记住，**任何人都不可能 100% 地有效率，至少不可能总是 100% 地有效率**。

有些时候，我们会非常有效率，但是，这种情况不可能永远维持。如果一个人强迫自己一定要如此，那么他必然会像那些始终用 100% 的功率运转的机器一样，由于损耗太大而提前报废。

我常常看到一些学生做出长达几页的任务列表，这实际上是在浪费时间——花了太多的时间去计划自己根本完不成的事情。每个人的能力、效率都有上限。让我们看看柳比歇夫这个一生有无数成就的人是怎么说[1]的：

纯时间要比毛时间少得多。所谓毛时间，就是你花在这项工作上的时间。

常常有人说，他们一天工作十四五个小时。这样的人可能是有的。可是拿纯时间来说，我一天干不了那么多。我做学术工作的时间，最高纪录是 11 小时 30 分。一般，我能有七八个小时的纯工作时间，我就心满意足了。我最高纪录的一个月是 1937 年 7 月，我一个月工作了 316 小时，每日平均纯工作时间是 7 小时。如果把纯时间折算成毛时间，应该增加 25% 到 30%；我逐渐改进我的统计，最后形成了我现在使用的方法……

当然，每个人每天都要睡觉，都要吃饭。换句话说，每个人都有一定的时间用在标准活动上。工作经验表明，约有 12 至 13 小时毛时间可以用于非标准活动，诸如上班办公、学术工作、社会工作、娱乐，等等。

从这里就可以看出，在做时间预算时一定要留有空间。一方面，我们必须清楚，肯定会有意外事件发生，所以，要留出时间处理这些意外事件；另一方面，我们必须使用适当的方法休息、放松，以便恢复精力，在良好的状态下做更多的事情。一个人除了工作、学习，一定要保证自己有足够的其他活动。例如，我常常劝大学生们一定要在大学毕业之前轰轰烈烈地爱一场，或者至少要偷偷摸摸地恋一次，就是这个道理。

要做一个正常人——这是每个人的权利。一个正常人，每天都要做很多工作和学习之外的事情，例如：喝点茶或者喝点咖啡，甚至有些人是必须喝点酒的；读读报纸、翻翻闲书，当然，更多的人喜欢看看电视剧或者电影；散散步、爬爬山，还有一些人会很规律地去健身房锻炼，以确保自己的身体一切正常；男人看看姑娘，女人瞄瞄帅哥，毫无疑问，对成年人来讲，保证规律而健康的两性交往，对心理健康很有帮助……

如果一个人把大部分时间花在工作和学习上，那么他是以工作成就为导向的人；如果一个人把大部分时间花在享受欢乐上，那么他是以生活满足为导向的人。每个人都不相同，有些人可以在工作和学习上获得更多的乐趣，有些人会在生活琐事中获得更多的幸福。

所以，你需要确定自己是一个什么样的人。很多时候，鱼和熊掌确实不可兼得——你必须选择。这也会让你明白一个简单的事实：选择意味着放弃。选择做某件事情，可能就不能去做另一件事情，哪怕你觉得你可以一起做两件事情——实际上你也已经不可能同时做第三件事情了。

这时，黄金分割率[2]可以作为一件趁手的工具。如果在一天里你可以规划的时间有 10 小时，并且你确定自己是以工作成就为导向的人，那就这样规划吧：用大约 6.18 小时去工作和学习，用剩下的大约 3.82 小时去享受欢乐——你毕竟是一个正常人。反过来，如果你确定自己是以生活满足为导向的人，那就这样规划吧：用大约 6.18 小时去享受欢乐，用剩下的大约 3.82 小时去工作和学习——你毕竟还要想办法养活自己。

每个人的专注点是不一样的。少数情况下，一个人可以专注到无以复加的地步——看看那些几天几夜打麻将的人，那些每天除了吸毒什么都不做的人，那些长时间坐在计算机前玩游戏的人就知道了。不过，这些都是负面的例子。通过前面阐释的那些道理，我们可以知道，这些人本质上应该是"被自己的大脑所控制"的人，而不是"控制自己的大脑"的人。某种意义上，我们不得不说，这样的人心智发育不是很健全，因为他们太容易满足并仅满足于简单的感官刺激了，很少甚至无法感知那种需要通过复杂的劳动才可以获得的心灵上的愉悦。

相信我，通过一定的练习，你肯定能做到摆脱你的大脑的控制，进而完全控制它，或者至少做到部分摆脱你的大脑的控制，进而拥有一些控制它的能力。我们通过什么方法确信自己做到了或者至少部分做到了这种控制呢？很简单：看看每天自己做的事情里，有多少是无趣却非常重要的，有多少是非常有趣却不重要的。如果我们一整天都在做那些非常重要但可能并无乐趣的事情，那就意味着，我们已经完全摆脱了大脑的控制，进而成为大脑的真正主人了。

在这一点上——其实这世间的绝大多数事情都是一样的——不见得一定要做到极致才可以。简单地说，如果满分是 100 分，那么，还是可以按照黄金分割法，做到 61.8 分就够了。因为 61.8 分以上的成绩，必须放弃很多才可以获得。不信的话，看看那些奥运冠军就知道了——他们的身体很少不带伤。当然，更多运动员会由于伤病或其他原因提前退出，一般人不可能认识他们——能够被人们记住的都是那些坚持到底并获得优异成绩的运动员。这里说的"坚持到底"，不是指他们的毅力，而是指他们的运气。要知道，那些不得不提前退役的运动员很可能有着超强的毅力，那些获得了冠军的运动员很可能根本就是在透支自己。还有一点很重要：他们不可能一辈子保持那种状态。

很多人半途而废，往往是因为把目标定得太高，又对达成那么高的目标要付出的代价缺乏清楚的认识。这足以体现"自知之明"的重要性。我常常觉得，很多快乐是建立在"自知之明"上的。我知道自己的优点是什么，也知道自己的缺点是什么，所以，在通常情况下，我不大可能做白日梦。例如，在我当英语老师这件事上，一方面，我知道我会成为一个很好的老师，另一方面，我知道自己的某些局限使我不会在这个领域成为俞敏洪式的人物。那又怎么样呢？我一样过得很好。平庸的人也有权利快乐。

当我开始定期去健身房锻炼身体后，我惊讶地发现自己的肌肉基因其实很好——我只要稍加锻炼，就可以使肌肉非常饱满。但我知道自己要的是什么。我不想练成健身教练那样，因为我知道，要想练成健身教练那样，需要每天训练两次，每次至少花费 150 分钟以上，一天至少五餐，睡眠时间不能少于 9 小时。我考虑了一下，认为我不能用我的时间和收入换取健身教练一样的身材。而且，我何必一定要在身材上拿 100 分呢？61.8 分就是我现在这样子：身高 1.72 米，体重 75 到 80 公斤，腰围 72 厘米左右——挺好。

讲到这里你应该明白，为什么许多人读过很多时间管理类的书却最终一无所获了吧！他们之所以觉得那些书没什么作用，其实不见得是那些书上写的道理不正确[3]，问题出还记得正态分布曲线吗？

走到这里，已经比大多数人强了

在他们自己身上——他们竟然每一次都给自己定下100分的目标！就算书上的内容是正确的，但由于实践的方法不合理，结果也很难让人满意。当然，很多时间管理之外的、原本应该特别有用的书，无数人读过之后并没有多少收获，也是基于同样的原因。

请再次拿出纸和笔，罗列一下那些尽管无趣，但实际上对你来说非常重要的事情吧！如果你是一名学生，那件事情可能是背英语单词；如果你是一名教师，那件事情可能是给学生批改作文；如果你是一名程序员，那件事情可能是给代码写详尽的注释；如果你是一名业务经理，那件事情可能是给你那挑剔的上司写下一年度的预算……

不管怎样，挑出一件你认为最重要的事情，然后给自己做个时间表，保证自己在未来的一个星期乃至一个月的时间里每天至少专注于这件事情2小时——当然，能做到专注3小时更好。相信我，在大多数情况下，2小时已经足够。如果有一件需要你每天专注4小时才能实现的事情你竟然坚持做完了，那么你肯定会被身边的人羡慕。比获得羡慕更重要的是，你会因此赢得尊重——他们知道自己做不到，尽管你并没有、也没必要提醒他们。

实际上，我敢打赌，在自己不喜欢的事情上专注2小时，未经训练的你肯定做不到，因为没有任何人不经训练就能做到。

最初的时候，可以参考"番茄工作法"[4]"。例如，你需要专注于这件事情2小时，即120分钟，那么你可以把当天的任务分解成6块，每一块用20分钟去完成，再把20分钟当作专注的基本时间单位，在每个时间单位过后休息5分钟，想办法犒劳一下自己——喝杯喜欢的饮料，或者给恋人打个电话说点肉麻的话……在休息时间的最后1分钟，重新振作，试着恢复状态，进入下一个基本时间单位——又一个20分钟。

显而易见，按照这样的设计，我们最终需要规划 150 分钟左右的时间开销，才能实现完全专注 120 分钟的目标。这个方法非常简单，却非常有效，很容易就能看到效果，相对来说也应该很容易坚持。当然，一个人经过一段时间的训练后，这种分割时间的方法对他来说就没什么必要了。因为，他应当已经可以比较自如地专注在他应该做的非常重要的事情上了——无论这件事情有趣还是无趣。

1　参见《奇特的一生》，外国文学出版社，1979。
2　黄金分割率：Golden ratio，又称黄金比，是一种数学上的比例关系。简单地说，就是将一条线段分割成两段，总长度 $a+b$ 与长度较长的 a 之比等于 a 与长度较短的 b 之比。应用时一般取 0.618 或者 1.618。参见链接 7-39。
3　当然，不排除那些书中的大多数确实是"垃圾"——精品永远是少数。
4　番茄工作法：The Pomodoro Technique，由弗朗切斯科·齐立罗（Francesco Cirillo）创立的一种任务处理方法。参见其官方网站（链接 7-40），以及相关著作（链接 7-41）。

11. 节奏

我们应该把自己的生活节奏调整得慢一点。

我从 32 岁时开始尽量规律地去健身房。我能坚持下来，并不是因为有毅力，而是因为恐惧——我得了中度脂肪肝。当时，大夫的话把我吓着了："才 30 出头，就中度，可惜了……"我明知道这不是什么绝症，但几个小时后回想起来，还是被大夫的这种说话方式弄出一身冷汗。我不信什么中医疗法，思考过后，我选择了去健身房锻炼。

健身房的商业模式有一个非常有趣的地方。它不同于饭馆。一家饭馆的收入规模可以大致通过菜肴的价钱乘以桌子数量再乘以一个叫"翻桌率[1]"的参数计算出来。可是，如果用同样的方法计算健身房的收入——会员年费乘以器械数量再乘以一个参数——任何一家健身房都必然亏得一塌糊涂。事实上，建造一个健身房投资不小，甚至很大，但很少有真正亏损的。

我通过跟健身教练聊天明确了健身房不亏损的原因。从数字上看，交了年费之后坚持不到 2 个月（其实只不过是 8 周）的会员占会员总量的 95% 以上——这已经是非常保守的估计了。而那些坚持了 2 个月的会员，也往往不会每天都去。

很多人去健身房交年费，只不过是在表达一个良好的愿望。这些人如果去的是中档健身房，按我写这些文字时北京的市场价格计算，支付的年费大约是 4800 元。结果，很多人到年底一算，总共去了 6 次，单次消费 800 元！便当即决定：再也不花这种钱了！

健身房的年费会员很少有第二年续签合约的，但是，健身房的销售代表们并不担心这个问题，因为同样的人一波接一波，永不断档。

在坚持下来的那 5% 的会员中，还有很多这样的人：每个月去上一两次，甚或每 2 个月去一次。而这些会员很少从健身上获益——因为去的次数实在太少——但他们通常会在第二年续约，不过，第三年续约的人数几近于零。

健身房里很多人来，很多人往，却只有很少的人在坚持。真实的数字相当惊人：在中等规模的健身房里，常年坚持的人数不超过会员数量的 2‰。那些常年坚持的人，在健身房里最常看到的是故作认真的面孔。以至于时间久了，他们若是看到谁摆出一副认真的表情，都会忍不住在心中发笑，因为他们知道，这是一张几乎注定再也看不到的脸。

在健身房里，你知道如何一下子看出哪个人是已经坚持了很久的人吗？最简单的办法是看他们的身材。不过，最有趣也最有效的方法是观察他们的表情。这些人脸上的表情是平静的、从容的、放松的、专注的。他们会做很长时间的准备活动，然后开始规律地完成当天的锻炼任务，并且补上相当长时间的放松活动。

我曾经认真观察过那些无法坚持下去的人——尽管他们和那些少数最终坚持下来的人一样，都有良好的愿望。最大的可能是，他们最初一下子练得太狠了，狠到任何人都坚持不下来的地步。例如，跑步是最有效的减脂方法，但是大多数人跑步时使用了错误的方式。他们一上跑步机，就把速度调到 65 以上，咚咚咚拼命跑，10 分钟内已经上气不接下气，跳下跑步机之后只剩扶着把手喘气擦汗。事实上，有氧运动的前 20 分钟消耗的主要是身体里的糖，30 分钟之后消耗脂肪的比例才会有较大幅度的上升。可见，他们这样的跑法，永远不会有效——除了让自己感觉很累。当然，"累"这个事实会给他们造成一种幻觉——我一直在努力。

正确的减脂跑步方式是——慢跑，到稍微气喘的时候改为快走，等气匀了再改为慢跑。这样就很容易坚持到第 30 分钟。在接下来的 10~15 分钟，如果体力允许的话（通常要经过一两个月的适应），就尽量快跑，或者至少强度比前 30 分钟再高一点，以便消耗更多的脂肪。

生活中的其他事情往往是一样的道理。很多人的计划之所以无法坚持，是因为他们的计划实际上是"超人计划"——不可能完成的任务。我经常看到学生的计划表上写着"每天背 200 个单词""每天写 5 篇英语作文"之类的内容，这种强度和节奏，对刚起步的人来讲只不过是"貌似可行"。在一个所有人都匆匆忙忙的世界里，想放慢节奏实在是一件非常难的事情。但是，我们应该记住的是：凡是值得做的事情，都值得慢慢去做，做很久很久。

这就像长跑。体育老师在我们很小的时候就讲解过长跑的技巧：到最后100米才开始冲刺。但是，这样的道理好像就算说清楚了也没用，仍然有无数人反过来做事——最初的100米冲刺，然后索性不跑了。

为什么有那么多的人会从一开始就"拼命"呢？我在健身房里看到的解释是这样的：这些人往往是到了不得已的地步才决定来锻炼身体的。我认识的教练，常常向我抱怨他们的会员想法太多却不切实际。教练们的说法是这样的："从理论上讲，一个人积累脂肪花了多长时间，想把那些脂肪消耗掉，大致也要花同样的时间。"所以，如果一个人25岁开始发胖，35岁来健身房的时候身上有40斤脂肪，要求教练帮他在3个月之内减掉脂肪、回归标准身材，简直就是痴人说梦。当然，努力一点，可以把10年缩短为5年，甚至两三年，但时间肯定要比那些打算一蹴而就的人想象的长许多。

这也解释了为什么有那么多人总是幻想"速成"的方法——他们前期松懈了太久，突然发现时间不够了，最后期限马上就到了，所以只能寄希望于"速成"。如果你曾有类似的幻觉，别奇怪，大多数人都是这样的，这几乎是人类的本性。这样的本性促使人们疲于奔命，于是，速食业间接因此蓬勃发展。这样的本性使无数的培训机构发展壮大，形成了一个与所谓正规教育平行的庞大产业。这样的本性亦使减肥药成为一个庞大的垂直产业——每年全球有上万种新的减肥药上市，在无一例外被证明为无效后，第二年仍然有更多的同类商品上市，且销售情况比上一年好……

所以，正确的策略应该是：想办法预知自己需要掌握哪些技能，然后确定它们是自己可以通过练习真正熟练掌握的技能，最后制定长期计划，一点一点稳步执行。这根本不是也不可能是我一个人的独特见解，同样的道理已经有很多人讲过——"不要等机会来了，才发现自己没有准备好""机会总是眷顾那些准备好了的人"。

切实懂得这样的道理之后，我们才会真正审视生活，然后开始醒悟。一旦醒悟，再去看身边忙忙碌碌却庸庸无为的人，就会知道他们其实有多可笑了——他们一生都在追求实际上根本得不到的东西。最后，他们只有这样的出路：要么对人生失望，要么选择某个宗教，然后寄希望于来世。

---

1 翻桌率是饭馆老板常用来描述"一张桌子每天接待多少次客人"的一个非正式术语，也称"翻台率"。

12. 物极必反

我们都知道，对任何一个营利组织来说，"开源节流"是非常重要的。但在现实生活中，有个值得玩味的现象：创业者在其创业的过程中往往更在意"开源"，也常常因此最终获得成功；后继的守业者却往往会把"节流"当作主要的工作内容，因为"开源"也许不是他们擅长的。然而，真正的成功者，在关注"开源"的时候，会不吝惜金钱，合理"节流"；在关注"节流"的时候，不会忘记"开源"的重要性。道理很简单：任何事都可能"物极必反"。

绝对不要盲目地试图减少睡眠时间

据统计，人类在不同的生命阶段，需要不同的睡眠时长：刚出生的时候，每天要睡 20 小时；3 岁之前，每天要睡 14~15 小时；3~6 岁，每天至少要睡 12 小时；7~15 岁，每天要睡 8 小时左右；15 岁之后，每天最好能睡上 6~7 小时。当然，有些人年纪很小就开始失眠——他们睡得很少，同时会因此不健康。

我见过几个天生睡眠少的人，他们告诉我，他们每天睡 4~5 小时就已经足够。在我看来，他们真的很幸运——相对于其他人来说，感觉上他们每天平白无故多出好几个小时。我的一位精力充沛的同事告诉我，他每天只需要睡 4 小时，而我，每天都要睡 8

小时以上。这样算下来，他每年的苏醒时间都比我多至少 1460 小时——大约 60 天！当我偷偷算完的时候，看着计算器上的数字发了好久的呆——1460 小时，能做多少事呢！

但是，我很快就作出决定：不减少自己的睡眠时间。因为人和人是有区别的，就好像车和车有区别一样。有的车耗油高，有的车耗油低。打个比方，一天需要 8 小时睡眠的人要比一天需要 4 小时睡眠的人"油耗"高 1 倍。而自己究竟是什么样的车，好像并不是我们可以选择的，就好像"当初姑娘生了我们，我们没有说愿意[1]"。所以，当我发现自己的"油耗"非常高的时候，只能接受现实。

不过，面对这个貌似"无解"的问题，我没有放弃尝试，并且最终开心地找到了可堪一用的解决方案：我把自己夜间的睡眠时间缩短到 4 小时；然后，在中午 12 点左右，想办法找个合适的地方打盹 30 分钟；到 18 点左右，再找个地方打盹 30 分钟。这样，我削减了 3 小时的睡眠时间，同样精力充沛。

实践这个方案的一个小窍门是：在打盹之前喝一小杯咖啡，然后迅速睡过去。这样，在 30 分钟后醒来时，大脑就会处于清醒的状态，这种感觉真的很棒。按时打盹，按时清醒，是需要训练的，我差不多花了两个月才学会了这种本事。关于喝咖啡的建议，也并不适用于所有的人，因为我知道有些人哪怕喝一点点咖啡，也会导致接连几天睡眠质量不佳。

尽量不要减少与家人交流的时间

对一个人来说，家庭是最重要的。因为最终有一天我们会发现，在极端情况下依然支持我们的肯定是也通常只是我们的家庭——无论我们认为自己的家庭是好还是坏。有些时候，你可能不太喜欢你的家人或者某些亲戚，但是，你有没有想过那可能是你自己造成的呢？就算不是你自己造成的，也请你认真想一下，你是不是也没有为改善与他们的关系而积极行动过呢？我们需要时刻牢记，血缘关系是我们唯一无法解除的关系。

现代交通工具的进步，在某种意义上使很多家庭的成员呈离散分布状态——可能你的父母在上海，姐姐全家在广州，而你独自在北京生活。在这种情况下，你要知道，哪怕偶尔打个电话问候一下，你的家人都会很开心——很多时候，电话里说的究竟是什么可能根本不重要。而打电话这件事，完全可

以在等车之类的时候去做。前文已经解释过，要学会"同时做两件事情"。

我的建议是，随身携带一个用于记录的工具，以便记录每次与家庭成员或亲属通电话的日期和时间——尤其是那些你不会经常联络的人。如果你出门在外，但天天跟你的父亲或者母亲通电话，自然不必记录。不过，要是有一天，你突然发现自己已经很久没有主动跟父母通电话了，就起码应该把当前的日子记录下来，然后想办法处理。在任何情况下，只要你发现自己正处于无所事事的状态（例如，在火车上，你已经把带的小说读完却发现还有 30 分钟的路程），就应该把这个记录拿出来，看看是不是要给谁打个电话问候一下。

如果你远离父母在外打拼的时候恰好遇到一个假期，可以回家与父母相聚，那么你可能需要调整自己的行为模式——一点小小的调整会带来令人惊诧的效果。例如，在和父母吃饭的时候最好不要看手机，但你可以在沙发上貌似陪他们看电视的同时，用你的笔记本电脑写点文章。再如，你可以在外面跟朋友们狂欢到很晚才回家，甚至干脆在外面过夜，但一定要在天黑之前告诉父母你的情况——虽然你早就是成年人了，但正因为你是成年人，才应该想尽办法不让你的家人为你操心。

最好不要放弃自己的社交时间

在这个社会里，确实有一些人可以彻底做到独来独往，完全不依赖其他人，并且非常快乐。我马上就能想到的一个例子是美国著名作家斯蒂芬·金。但他这么做是有缘由的——他是个天才，并且是个勤奋的天才，所以，他的稿酬已经给他带来一生都用不完的收入，而他的怪癖使他在与他人交流时体会不到任何乐趣。于是，他只好买了个城堡把自己关了进去。

我相信，这世界上的大多数人和我一样，都是非常平凡的。平凡的人，总有需要别人帮助的时候；就算不需要帮助，也偶尔需要安慰；就算连安慰都不需要，也可能偶尔需要陪伴。无论别人是在陪伴你、安慰你，还是在帮助你，他们都在主动花费自己的时间——任何时候你都不能强求，除非人家心甘情愿。可是，别人为什么会心甘情愿花费时间在你身上呢？因为你们之间有"相互"、有"交换"。

为了在需要别人帮助的时候不碰壁，我们要学会不停地帮助身边的人。帮助身边人的方法很多，而其中最有价值也最被重视的往往不是金钱方面的帮助。在我们决定是否要给某人提供金钱方面的帮助时，需要弄明白这样几件事：首先，我们可能并非真的有能力提供金钱方面的帮助；其次，需要金钱方面帮助的人很可能没有意识到，他最需要的不是金钱；再次，金钱方面的帮助说不定会带来负面效果，因为金钱可能有去无回；最后，对于那些因为我们没有提供金钱方面的帮助而心怀怨恨的人，就算我们为他提供了帮助，他最终也不见得会真的心生感激。

我们要想尽办法，运用自己的资源，为值得帮助的人提供帮助。例如，一定要尽量抽出时间详细地回答前来问你一道难题解法的同学——只要你确实知道正确的解法，因为知识往往会在传递过程中让交流的双方都发现新的意义。当身边的人向我们求助的时候，我们要做的就是尽量想办法帮助他们，如果确实无法提供帮助，也要当机立断告诉他们。

如果我们主动去帮助别人，那么接受我们帮助的人往往会加倍感激我们。主动帮助的基本方式就是共享。如果你发现某品牌的显示器正在做特价促销，那就不妨把这个消息告诉身边可能喜欢这个产品的人。

最后，我们要明白：在决定是否要给别人提供帮助的时候，要考虑他是否值得我们帮助。同理，当我们需要别人的帮助的时候，他们也会有意无意地如此判断。所以，我们现在就应该拿出一张纸，把值得自己帮助的人的特征写下来，看看自己是否满足这些特征。如果不满足，就想想自己是不是应该改进。另外，不要觉得优秀的人不需要帮助，其实我们总能发现，优秀的人往往会获得更多的帮助。为什么？因为所有的人在潜意识里都清楚，帮助优秀的人给自己带来的回报，很可能会比帮助一般的人高。相信我，要想提高自己的社交质量，最好将时间和精力更多地倾注在"把自己变得更加优秀"这件事情上——哪怕只在某个方面。

---

1 出自崔健的歌曲《投机分子》。

13. 自我证明

证明自己是大多数人自然的愿望。"证明自己"本身没有任何错误，但是，很多人实际上是挣扎着想"证明自己给别人看"。殊不知，"证明自己给别人看"恰恰是最浪费生命的一种行为。如果某个人本身是出色的，那么不需要他去证明自己是出色的，别人自然会看到。如果某个人本身是平庸的，那么也不需要他去证明自己是平庸的，别人同样会看到。如果某个人本身是出色的，却仍然要刻意证明，就可能招致不必要的麻烦，例如引来小人的嫉妒——天下最可怕的事情之一。如果某个人本身是平庸的，估计他也不愿意向别人证明自己有多么平庸——事实上，他更可能会想尽办法证明自己其实并不平庸，那么，别人看到的只是一个"小丑"而已。

为什么一个人明明比身边的人强，却得不到认可呢？

首先，很可能只是他"觉得"自己比身边的人强而已。每个人都有这种倾向。心理学家们早就观察到了这个现象，也从不同的角度设计了各种各样的心理学实验，验证了这种普遍存在的人类心理倾向。例如：当一个团队成功的时候，几乎每个人都倾向于把成功归因于自己的贡献而忽略别人的存在；当一个团队失败的时候，几乎每个人都倾向于把失败归咎于他人的过失而尽量把自己排除在外。这种现象称作"自利性偏差[1]"。

另外，人们普遍不自知。不自知到什么地步呢？心理学家做过一个调查：绝大多数司机坚信自己的驾驶水平处于中等水平之上。如果有条件的话，我们可以做个实验：让周围的人给他们自己的相貌打个分，最高10分，最低1分。我们往往会笑着发现，我们能看到的最低分数是6分，即便其中有些人的长相跟我一样惨不忍睹。有些心理学家辩解道，其实这是人类大脑所拥有的自我保护功能——我实在是同意这种观点。如果我们仔细观察，就会得到这样的结论：实际上，尽管我们总说"人贵自知"，但在很多时候，对很多人来讲，"自知"可能是非常残忍的。

所以，就算某个人确实比别人强，其他的人也可能真的没有察觉到，因为他们同样觉得自己比别人强——不管事实究竟怎样。如果我们能够想清楚这样的道理，就会明白自己的这类烦恼是多么没有意义了。

我常常劝告身边的朋友，不用花心思和时间去想办法让别人承认自己比他们强，这几乎是没办法做到的。如果你想不开，一定要让别人承认自己比他们强，那就听我的劝告，记住一件事：你比别人强一点根本没用，真正有用的是你比别人强很多。

可是，你是否知道，当你最终竟然在某个方面比别人强很多的时候会面临什么。哈哈，可能会出乎你的意料——你身边的人不再在这方面跟你比了，他们会自动转向，跟你比你不如他们的方面！还别说，他们这么做也有一定道理——根据木桶理论[2]，某一方面不能决定全部。

道理说起来特别简单，做起来就不那么容易了。

有的时候，我们被迫要去证明自己。观察一下周围吧——无论平庸还是出色，大多数人是有一定野心的。我们所使用的语言往往没什么道理——优秀的人的理想通常被称为"抱负"，平庸的人的理想通常被称为"野心"，其实都是一回事。人傻就不能有理想吗？奇怪。

问题就从这里开始出现了。简单分析就可以发现，人可以分为四种，如下图所示。

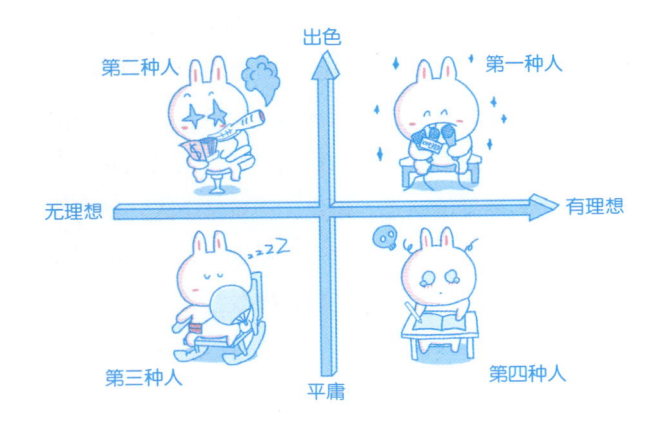

如果某个人是第一种人——真的出色，并且有理想，那么在通常情况下，他的生活不会太难过，因为谁都挡不住他。

如果某个人是第三种人——在平庸的同时没有太大的野心，那么他的生活会相对平静。人们和他相处久了，多少会有些羡慕他，因为他总是"心气平和""安于天命"。

这世界上数量最多的是第四种人——极为平庸却有伟大的理想。这种人往往要用特别诡异的方法才能出奇制胜。事实上，他们往往相对成功，就像劣币能驱逐良币[3]那样。而他们中少数失败了的，就会被人们贬称为"野心家"。

如果某个人是第二种人，那他可就倒霉了，原因在于第四种人会认为他是第一种人，亦由此把他当作自己的敌人或者竞争对手——第四种人是不会相信有些人确实没有"理想"或者"野心"的。于是，第二种人不得不证明自己，生活也因此平添不知多少烦恼。这只是初步分析，后面还有更复杂的。

事实上，了解自己是一个漫长而又艰难的过程。

我在这方面的经历就相当奇特：到了30岁，才惊讶而平静地接受了自己客观上心智平庸的事实；过了30岁，我才意外且惊喜地发现自己的肌肉基因出色得不得了。还有就是，随着年龄的增长、心智的成熟，我渐渐发现自己过去所谓的理想其实有太多无意义的成分，但绝对不是那些庸人所说的"理想幻灭"，恰恰相反，我开始有了"渐入佳境"的感觉。

进行区分很不容易。自己到底是真的出色，还是只不过自以为出色？以及，别人是真的认为你确实出色，还是误以为你很出色？抑或，别人只不过是为了迎合你才说你出色，还是你确实出色却被身边的人低估？……而关于"是否平庸"的问题，也有许多类似的情况需要分析。同时，我们也会看到，无论我们怎么做，都很难得到对方的承认，因为我们的想法和做法无法影响他们的判断。所以，想办法"获得证明"实在是没有意义的事情。不过，我也不认为这是什么"缺乏自信"的表现。

想明白这一系列的状况之后，再去面对现实，就要看我们自己的控制能力了。长久的观察和思考，有益于锻炼自己心气平和的能力，反正别人如何认为、如何评价、如何议论根本没办法影响一个人所处的状态。但是，一旦某个人开始为此心烦意乱、坐立不安，甚至为此有一些无聊的举动，那么他就不仅是倒霉，而且是可怜了，因为他已经被别人左右了。被别人左右，是一个人相当可悲的状态之一。

1 自利性偏差：参见第 5 章"辨析感悟"一节。
2 木桶理论：一个木桶能装的水量，取决于其中最短的一根木条。
3 劣币驱逐良币：Bad money drives out good，也称格雷欣法则（Gresham's Law）。该法则认为：当两种名义价值相同但实际价值不同的货币同时在市场上流通时，实际价值高的货币将被屯积并最终被实际价值低的货币取代。参见链接 7-42。

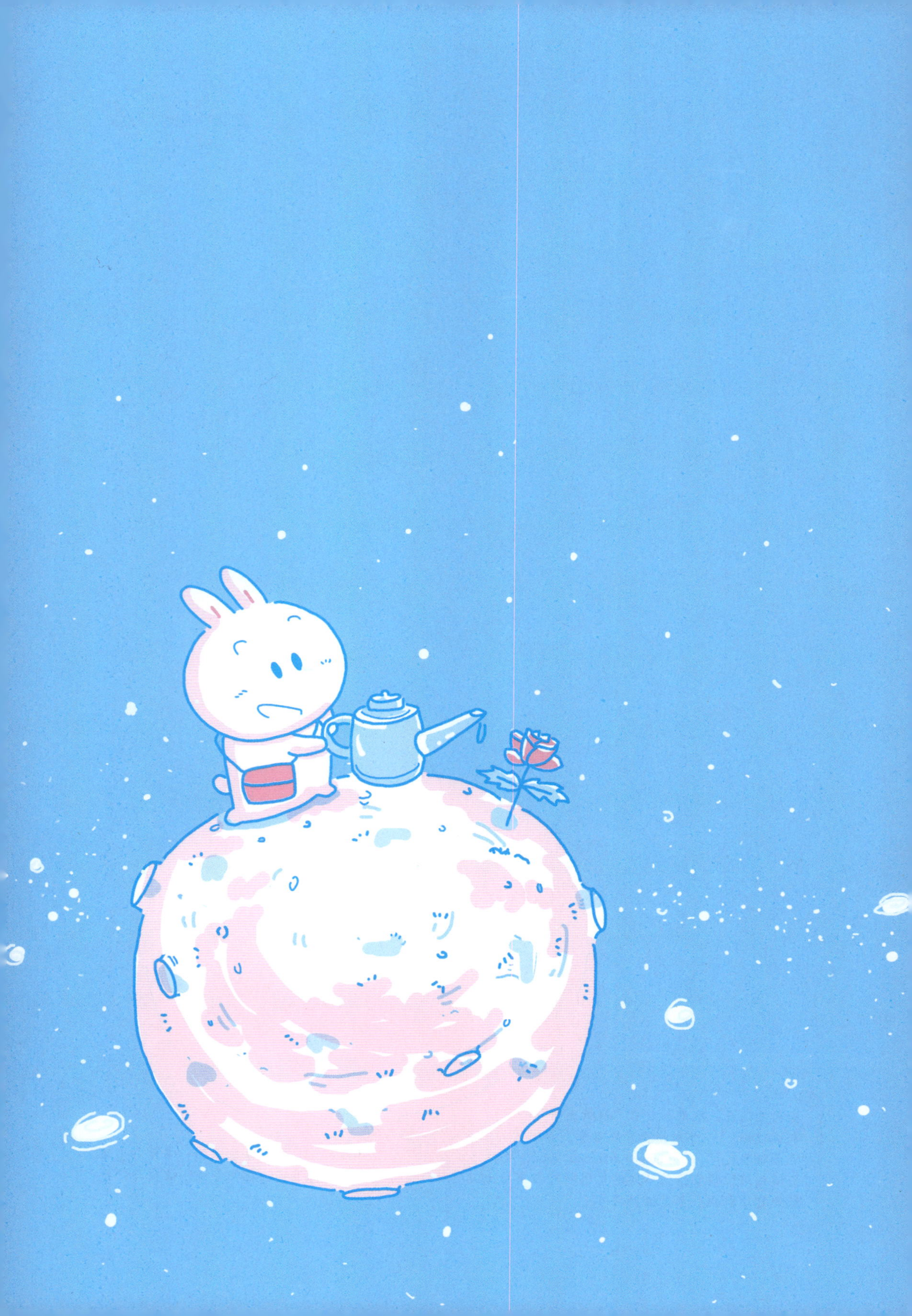

第8章
积累

靡不有初,鲜克有终。
——《诗经·大雅·荡》

1. 坚信积累

现状会影响一个人的心态。如若一个人的心态受到了现状的影响，那么他的行为和决策都会随之发生变化。进而，行为与决策的结果形成新的现状，再次影响其后的心态……如果一个人不能运用自己的心智控制这个过程，那么他必然会沦为恶性循环的牺牲品。

举个例子。甲和乙两个人，各自拿着10000元去股票市场投资。经过一系列的考察，两个人按照相同的标准在几千支股票中圈定了2支他们认为一样优秀的股票——"子"和"丑"。由于资金量有限，他们每个人只能选择1支股票，要么是子，要么是丑。最终，甲选择了子，乙选择了丑。10个月后，纯粹因为运气，甲的子股票跌了20%，乙的丑股票涨了20%。

在这种情况下，甲和乙的心态会有怎样的不同呢？

先看看获利20%的乙。乙是这样想的：哇，我现在已经有了20%的收益，我已经完成任务了。即使是这个领域的"神"——巴菲特，他30年的平均复合增长率也才刚刚超过13%[1]——我甚至可以暂时卖出所有股票，静等下一个机会！

再看看折损了20%的甲。甲想：晕啊！我现在只有8000元了。再有2个月，我就投资一整年了，我要以现在为起点增长25%才可以回本！要想达到巴菲特的水准，就是增长41.25%。而要赶上乙，则需要在2个月内增长50%——这还没有计算这2个月内乙的股票又增长了的可能性。若是接下来的 2 个月乙运气好，再涨个 5%，那么他就有 12600 元了，也就是说，我的股票要增长 57.5% 才行……

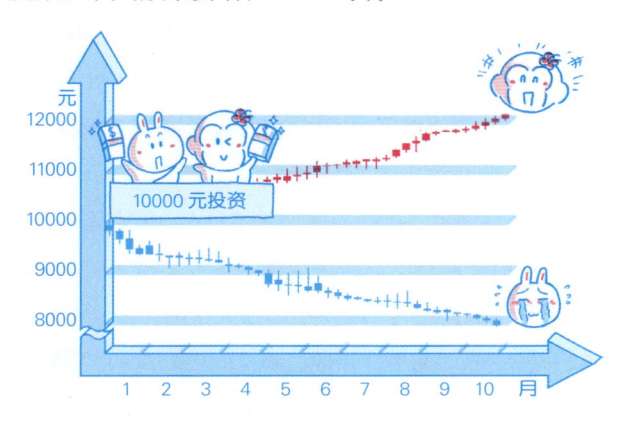

此时，甲的心态很难像乙那样平和。

但从另一个角度看，乙的所谓平和，也很可能只是现状的产物。其实，乙现在相对于甲的优势，不过来自运气。可是，没有谁能一直走运，乙在将来一样可能——实际上是一定——会遇到坏运气。而到了那时，乙也不见得能像现在这样平和。也许乙早已经不再与甲比较，甚至早就不再与甲生活在同一个环境里，可他依然有来自比较的压力，也就是与自己可能的最好结果比较——当然，没有人能比自己的最好结果更好。在这种情况下，如果乙没有良好的心智能力，那么他最终也会和当初的甲一样，陷入恶性循环。

其实，我们在生活中遇到的所有尴尬、浮躁、沉沦，从本质上看，和前面描述的境况没什么两样。正如前面讨论过的：一个人的现状越差，摆脱现状的欲望就越强，进而作出不现实决策的可能性就越大，如果不能控制这种焦虑情绪，他就很可能落入"万劫不复"的境地。

雷茵霍尔德·尼布尔[2]在他著名的《宁静祷词》[3]里说的话，可以说是一把帮助人们摆脱这种境地的钥匙。这些内容，在过去的一个多世纪里，曾使无数人动容：

愿上帝赐予我从容去接受我不能改变的，

赐予我勇气去改变我可以改变的，

并赐予我智慧去分辨这两者间的区别。[4]

我个人没有宗教信仰，也很难再有什么宗教信仰。对上面这句话，我是这样理解的：

愿我能从容接受我不能改变的，

敢于改变我可以改变的，

也愿我有智慧分辨这两者间的区别。

事实上，我倾向于"接受不能改变的"比"改变可以改变的"需要更多的勇气，因为只有接受不能改变的（例如，已经发生的就不可逆转），才能接受积累的本质——天长日久。

任何积累都需要时间，而且必然需要漫长的时间。也正因如此，大多数人才不肯积累，不愿积累，甚至不屑积累。

"积累"与"复利"有密切联系。复利的概念并不复杂，但它属于那类对一些人来说存在理解障碍的简单知识。对"复利"进行思考相当重要。从历史上来看，人们直到近代才开始逐步认识"利滚利"的合理性和必要性。在此之前，复利一直被视为罪恶的根源。《圣经·利未记》25:37 中就说："你借钱给他，不可向他取高利。"[5] 这里所说的"高利"[6]，其实并非说它"竟然要利息"或"利息过高"，而是说它"竟然利滚利"！莎士比亚在《威尼斯商人》[7] 中也清楚地表达了这种现在看起来极端无知的观念。事实上，即便在今天，大多数人对复利的观点依然如故。

复利的计算公式非常简单：

$$S = P(1+i)^n$$

i 代表利息，P 代表本金，n 代表时长，S 为本利和。举例来说，如果本金为 10 万元，年利息为 10%，那么 30 年之后，本利和大约为 174.5 万元——超过本金的 17 倍。

可是，这个计算结果没有给多少人留下深刻而又实际的印象，原因可能是：对大多数人来说，这只不过是个"假设"的结果。首先，自己不见得有足够的本金。例如，一个人只有 100 元本金，最终 30 年 10% 复利的结果约为 1745 元，尽管不少，可比起 174.5 万元，不过九牛一毛，"没啥意思"。其次，30 年，对绝大多数人来说是一个不现实的等待时间——谁知道这段时间会发生什么？最后，每年 10% 的增长太少，因为在很多人看来，11 万和 10 万没什么区别，110 万和 100 万就更没有什么区别了。所以，最终，复利，就成了学校里学过、考卷上答过、与自己没有任何实际瓜葛的概念。

复利的力量与神奇在于，尽管本利的增长在最初一段时间里相当缓慢，甚至让人感觉聊胜于无，可一旦经过长时间的积累（也必须经过长时间积累），就能产生令人惊诧的结果。

相信积累的力量，本质上就是相信复利的力量。不要以为"一年 365 天，每天进步一点点"，最终的收获就是 365 点，这是莎士比亚的算法——他认为应用简单的加法。而实际上，如若真的每天进步一点点，一年下来，收获最终很可能是 $P(1+i)^{365}$，其值取决于每天进步的量（i）和起步时的实力（P），这是夏洛克[8]的算法——指数级增长。

常言道"习惯决定命运"，说的就是这个道理。有些好习惯，养成得越早，一生的收益就越大。同理，坏习惯也是收复利的"高利贷"。

举一个重要的例子："怕麻烦"就是一种害死人的坏习惯。学习效果差，就是因为"怕麻烦"而造成了疏漏；工作成绩差，不过是因为"怕麻烦"偷懒导致的。甚至，可以说，只要仔细观察一下，我们就会得出这样的结论：很多人生活不幸，只不过是在作关键决策时因为"怕麻烦"而产生了失误……综上所述，无论做什么，要是怕麻烦就废了。因为麻烦就是麻烦，它不会因为谁怕它就饶了谁，也不会因为谁不怕它就躲开谁。麻烦无所畏惧，麻烦化身无数，麻烦无处不在。要想做成事，必须不断解决麻烦。

"怕麻烦"之类的坏习惯与其他好习惯一样，"利息"不高，甚至很低，只不过它"利滚利"。正因如此，坏习惯会在它的宿主身上"永垂不朽"。就像一个人得了慢性病，只是暂时看起来没事——"并不马上致命"是慢性病的最可怕之处，到本症和综合症一并爆发的时候就没救了。坏习惯的机理跟慢性病一模一样。当最终的恶果来临，"怕麻烦"的历史已经非常悠久了，它连本带利，要多高有多高，我们根本还不起。

千万不要跟怕麻烦的人在一起，也不要跟怕麻烦的人交朋友，因为这种人会把他们惧怕的所有麻烦甩给朋友，瞬间就把所有的朋友——当然包括你——变成另一个更大的麻烦……接下来，背叛是他们唯一可选的一揽子解决方案。不要给怕麻烦的人打工，他们就算做了老板也做不了几天。不要雇怕麻烦的人干活，他们会运用所有"聪明才智"迅速将工作任务分类，专门挑简单的事做并且拼命邀功，同时把他们认为麻烦的事甩给别人或者干脆藏起来不做。没有谁比这种人更会推卸责任、搬弄是非、胡搅蛮缠了，因为这是他们的特长。把怕麻烦的人剔出去，整个团队可能瞬间焕然一新。

养成不怕麻烦的性格，才可能拥有耐心。耐心是在工作、学习上获得成功的前提。哪怕是在生活中，耐心也很重要。例如，获得真爱是需要耐心的，因为真爱的定义就是你心甘情愿地在另一个人或另一些人身上投入时间和精力，甚至不计回报。

同样，不管我们的生活方式是健康的还是不健康的，都是积累出来的。无数人在20多岁的时候不在意自己的健康，经常熬夜，饮食不规律，却觉得没什么。随着时间的推移，到了30多岁，就发现自己得了至少一种慢性病，例如脂肪肝、糖尿病什么的。慢性病的本质就是"判处死刑，缓期若干年执行"，至于这个"若干年"究竟是多久，就要看"表现"了。可实际上，当"判决"来临，坏习惯早就有了难以动摇的势力，想要改掉，哪怕耗时费力也不一定能成功。很多人就是这样，以为自己在拼命提高效率，却暗中提前结束了自己的生命——效率再高都没用。

更重要的是,积累不仅需要一代人的努力,积累的信念甚至可能遗传——耐心的父母更容易培养出耐心的孩子,相信积累的父母更容易培养出相信积累的孩子。

生物心理学家马克·罗森茨威格[9]曾经做过一个非常著名的实验:

> 选择一批遗传素质差不多的老鼠,将它们任意分成3组。第一组老鼠处于"标准环境"中,被关在铁笼子里喂养,每笼3只。第二组老鼠处于"贫乏环境"中,单独喂养,每只老鼠只身处在三面不透明的笼子里,光线昏暗,几乎没有刺激。第三组老鼠处于"丰富环境"中,十几只老鼠一起关在一只宽敞明亮、条件优越的笼子里,笼子里设有秋千、滑梯、木架梯、小桥及各种"玩具"。几个月后,罗森茨威格惊奇地发现,处在"丰富环境"中的老鼠最为活跃,看起来非常聪明,而处在"贫乏环境"中的老鼠最为迟钝,几乎给人一种傻呆呆的感觉。实验人员将老鼠的大脑进行解剖分析后发现,这3组老鼠在大脑皮层厚度、大脑皮层蛋白质含量、大脑皮层与大脑的比重、脑细胞的大小、神经纤维的多少、突触的数量、神经胶质细胞的数量及与智力有关的脑化学物质等方面存在明显的差异。"丰富环境"组的老鼠优势最为显著,"贫乏环境"组的老鼠处于绝对弱势。

在今天这个相对更加公平的商业社会里,相信积累的人往往更容易获得财富和成就。先想象一下富裕家庭能给孩子创造的环境,再对比一下贫困家庭能给孩子创造的环境,足以看出,从整体上(注意,个别反例并不能说明整体问题),贫与富的区别可能造成巨大的智力差异。

哪怕是在一些看起来不太可能的领域中,积累也起着不可或缺的巨大作用。亚伯拉罕·林肯曾经说过:"男人要为自己40岁之后的长相负责。[10]"这其实不无道理。人到了一定的岁数,长相就不那么重要了,甚至会被其他东西完全代替——表情和神态。表情和神态是一个人内心的折射,几十年的积累足以使一个人的内心变得"不俗",于是,表情跟着"从容"、神态跟着"睿智"。[11]甚至不夸张地讲,连男人的性能力都可能被同样的道理影响。男人所谓的性能力,与其心肺功能紧密相关。如果一个男人在20多岁时不管从什么渠道得知了这一点,他就应该坚持每周至少3次有氧运动。几年之后,他就会发现,在他的朋友、同事被工作压垮了身体、了无生活乐趣的时候,他竟然可以通过积累做到一枝独秀。

如果能够彻底理解积累的重要性,相信积累的力量,再进一步,就只有一个结论:**越早醒悟越好**。

我们遇到的尴尬，大都是自找的。过去犯错误，现在就要承担后果。这就好像黑帮片里的常用台词："出来混，迟早要还的。"为了将来不再面临尴尬，必须改变今天的观念和行为。**要坚信积累的力量**，即便遇到了尴尬，即便感觉"没时间了"，也要选择积累。如果觉得积累已经来不及了，那么采取积累的策略是唯一的方法。每个人都必须为自己的过去埋单。

　　爱因斯坦说过："用当年我们制造麻烦的思路，我们根本无法解决它们。[12]"所以，别再跟时间较劲了。看清楚、想明白，问题出在自己身上。将来，时间既可能是我们的敌人，也可能是我们的朋友——时间究竟是敌是友，就看你的了……

1　巴菲特的 30 年指 1975 年至 2005 年。
2　雷茵霍尔德·尼布尔：Karl Paul Reinhold Niebuhr，1892 年 6 月 21 日—1971 年 6 月 1 日，美国神学家。他最出名的工作是试图将基督信仰和现代政治外交联系起来。他为现代"正义战争"思想作出了很大的贡献。参见链接 8-1。
3　《宁静祷词》：*Serenity Prayer*。参见链接 8-2。
4　God, grant me the serenity to accept the things I cannot change, Courage to change the things I can, And wisdom to know the difference.
5　Take thou no usury of him.
6　高利：usury。
7　《威尼斯商人》：*The Merchant of Venice*，莎士比亚的喜剧作品。可能写于 1596 年至 1598 年，首演于 1598 年，出版于 1600 年。参见链接 8-3。
8　夏洛克：Shylock，莎士比亚的喜剧《威尼斯商人》中的角色，以放高利贷致富的犹太人。
9　马克·罗森茨威格：Mark Richard Rosenzweig，1922 年 9 月 12 日—2009 年 7 月 20 日，美国研究心理学家。他通过动物实验发现了神经系统的长期可塑性，推翻了认为大脑在童年期就已经完全成熟的传统观念。参见链接 8-4。
10　After 40 every man gets the face he deserves.
11　这方面，我觉得中国香港演员曾志伟就是个很能说明问题的典型例子。
12　We can't solve problems by using the same kind of thinking we used when we created them.

2. 越早越好

越早开始越好的事情没几个，理财排在第一位

理财是人生最重要的技能——没有"之一"，可大多数人就是不会。很多人想学却没学明白，有人干脆拒绝理财——觉得费那劲根本没用。全球都一样。

美国 2021 年的调查统计数据是这样的[1]：

- 43% 的人没有为自己存一笔"应急钱"。
- 37% 的人没有通过雇主给自己准备任何退休计划。

这说明，**大部分人是没有理财准备的**。

中国的调查统计数据是这样的[2]：

- 家庭总资产中住房资产占比高达 77.7%。
- 家庭总资产中金融资产占比仅为 11.8%。
- 家庭金融资产配置中银行存款占比高达 42.9%。
- 家庭金融资产配置中理财产品占比为 13.4%。家庭在风险类金融资产上配置较少，股票占比为 8.1%，基金占比为 3.2%，债券占比仅为 0.7%。

这说明，**大部分的家庭也缺少理财的观念**。

很多人遗憾学校里不教理财，这其实不能怪义务教育体系的设计者——

▷ 全球都一样，有能力教理财的老师明显不够用[3]。
▷ 无法通过标准化考试去衡量教学效果。
▷ 可能引发教育不公正，因为理财实践过于依赖家庭条件。
▷ 其实已经尽力教了，例如加、减、乘、除，还有利息、复利什么的。

还有很多说不清、道不明的理由。

细想想，关于"大多数人不会理财"这个事实，"学校里没教"并不是理由，因为学校里教的他们也没全学会。

先说说那块著名的棉花糖

1972 年，斯坦福大学的教授瓦尔特·米舍尔[4]进行了一个著名的心理学实验——棉花糖测试[5]。

屋子里只有一名学龄前的孩子和一名实验者。孩子坐在小桌前面，桌子上只有一个盘子和一个摇铃，盘子里有一块棉花糖和一个椒盐卷饼。实验者让孩子先选择自己最想吃的那一个，然后对孩子说，自己要到隔壁屋子"干活"。如果孩子忍不住想吃东西就摇铃，实验者马上就会回来，但孩子只能吃自己先前没选的那个食物；如果孩子能忍住不吃，一直等到实验者"自己回来"，就可以吃自己想要选择的那个食物。

多数孩子当然忍不住诱惑，不到 15 分钟就吃掉了食物。只有 30% 左右的孩子"拼命"忍住，最终吃到了自己想吃的食物——这些孩子的年龄只有 4 岁上下，就已经展现出惊人的**自控能力**。

实验并未就此结束。在之后的 20 多年里，除了瓦尔特·米舍尔，还有很多人做了跟进实验，最终的结果多少令人震惊：能抗拒诱惑、有足够自控力的孩子，长大后美国学术评估测试成绩相对更好，坚持时间长的孩子（前三名）比坚持时间短的孩子（后三名）总分高了 210 分——从整体看，坚持时间长的孩子生活质量相对高。

回来说说理财的事

对大多数人来说，理财的困难与矛盾来自这样一个窘境：**很难很早开始，等开始的时候已经太晚。**

所谓的理财，理论上不应该狭义地理解为去银行购买理财产品。存钱、做预算、控制开销、赚更多利息、赚利息差、正确使用信用卡、购置不动产、投资一些多少有风险的标的，这些都是理财活动。所谓理财，这个定义比较合理、准确：**如何有效管理现金流——其实与钱多钱少关系不大**。

在工作之前，大多数人没有收入来源，对很多人来说，这时攒钱和存钱是没有意义的，因为那些钱其实是"一直存在父母那里的"，也就是说，理财这事儿实际上是父母"包办"的——可实际上大多数父母并不理财。

在"棉花糖实验"的跟进实验中，研究者发现，贫穷与自制力差有很强的正相关性。这也很容易解释：**贫穷意味着诱惑显得更多、更大、更明显**。也就是说，即便在自制力实际上差不多的情况下，与富有的个体相比，贫穷的个体也会表现得更差。

年轻人相对是穷的，于是，相对来看需要更多的自制力才能抵制诱惑。其中的重要因素是：**不同年龄段的人对时间的感受不同**。对一个 5 岁的孩子来说，等待 1 年，相当于等待他已经感受过的"一生"的 20%；对一个 50 岁的人来说，等待 1 年，相当于等待他已经感受过的"一生"的 2%——难易程度的巨大差异可想而知。正如<u>华金·德波萨达</u>[6]在 <u>TED Talk</u>[7] 中提到的：告诉一个 4 岁的孩子要等 15 分钟才能享受他喜欢的东西，就如同告诉我们大人，"我们 2 小时后会给你送咖啡过来"。

顺带算一道很简单的数学题。根据以上信息，华金·德波萨达所说的"大人"应该是多少岁？

$$\therefore \frac{15 \text{分钟}}{4 \text{年}} = \frac{2 \text{小时}}{x \text{年}}$$
$$\therefore x = 4 \times 8 = 32$$

上面提到的"大人"的年龄（x）是 32 岁。

话说回来，基于以下几个常见的理由，大多数人并没有在年轻的时候就开始理财：

▷ 父母很可能没有足够的理财知识和理财活动；
▷ 基数太小，利息什么的看起来很没劲——即使上学的时候学习过复利计算；
▷ 需要很长时间才能体验结果——对年轻人来说，等待的时间显得更长；
▷ 诱惑就在眼前，且显得更大；
▷ 在更多情况下，大多数年轻人对"理财"的定义理解错误，以为理财是需要去银行排长队才能干的事情，而不是"有效管理现金流"，于是把一个原本很早就应该开始做的事情当作无所谓的事情处理了……

还有一个特别逗的现象：人们对自己不擅长的事情有特殊的处理手段——最终会通过包装进行自我保护。"谈钱不就俗了吗？""我才不想成为天天只会算计的人呢！"这其实是对自己的大脑实施**"永久性伤害"**——很难恢复。

为什么今天的人更应该重视理财

理由特别简单，最重要的是：**人们的平均寿命变得更长了**。

平均寿命增加了多少？全球范围内各地区不等，但总体上是两代人的时间，平均寿命增加了 15~30 年。

另一个与之相关的因素是：**人们可获得收入的工作时间随之变长了**。也就是说，从全球范围来看，人们理财的环境变得更"现实"了，有更多的钱需要管理，有更长的时间去管理钱，而最重要的是——**哪怕起点稍微低一点也无所谓了**。

如果你还没开始，那就从现在开始吧——还来得及。

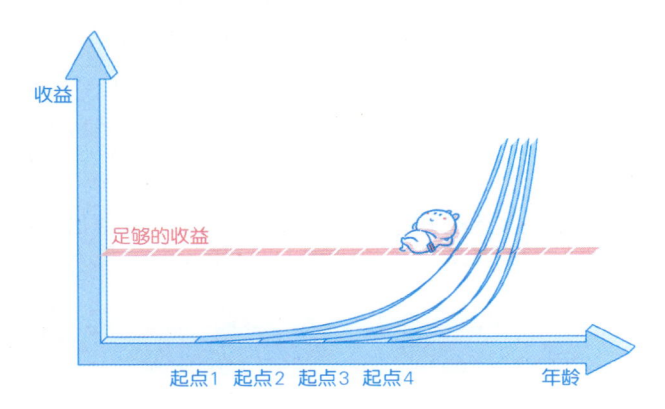

理财成功与否与聪明与否的统计关联很小

投资理财成功与否，从本质上看，与一个人是否聪明的关联是很小的，因为事实上理财需要的知识相对简单，会加、减、乘、除，会做简单的调查比较即可。

理财最难的地方有两个：

▷ 对自我的把控

▷ 对风险的把控

二者都是可习得的，且习得之后不可逆的技能。更重要的是，这两个都是必须通过**反复实践**才能习得的技能。

瓦尔特·米舍尔在他的书中提到，他通过训练使4岁的孩子瞬间提高了自制力："你把这张桌子想象成一个大画框，这个盘子和这块棉花糖都是画中的东西，其实吃不到的……"另一组孩子却没有得到这样的提醒。相对来看，把棉花糖想象成画中之物的孩子，自制力要比没有获得提醒的孩子强很多。仔细观察那些不通过提醒就能忍住的孩子，他们最常使用的方法就是"**转移注意力**"：站起来四处遛达，或者坐在桌子底下哼歌……而那些忍不住的孩子中的绝大多数，共同的特征就是死盯着那块棉花糖看，结果就是——诱惑显得越来越大。

转移注意力是抵御诱惑的一种常用的有效手段，这其实也是理财成功的人常用的手段。他们会尝试着骗自己，把那些定期存款或者股票投资当作"已经丢了"，尽量不去想，不去看。这跟聪明与否其实没有关系。有些时候，骗骗自己也挺好的，不是吗？

2012年，罗切斯特大学的研究人员做了一个跟进实验，其中有这样的设定：

▷ 第一组孩子在进行棉花糖测试之前经历过一次被承诺却未实现的情况，例如，有条件地答应给孩子一件礼物，后来条件满足了却没有给孩子礼物；

▷ 第二组孩子在进行棉花糖测试之前经历过一次承诺被实现的情况，例如，有条件地答应给孩子一件礼物，后来条件满足了，孩子就真的拿到了礼物。

结果怎样呢？第二组孩子表现出的自制力比第一组孩子高3倍！[8] 因为对第一组孩子来说，生活教育他们，"马上吃掉"才是最佳策略，至于承诺的第二块嘛，本来就不存在！

那些随便给孩子承诺却经常让孩子失望的家长们，面壁去吧，你们的下一代就那么轻易地被你们毁了，你们也完全不知道——说你们点啥好呢？！

对风险的把控，更是与智商或遗传没关系的事情。前面提到过，有研究表明，婴儿第一次见到蛇就害怕，见到枪却无所谓。为什么呢？因为对蛇的恐惧是根植在基因里的，对枪的恐惧嘛，离"可通过遗传获得"还差几万年的光景呢。于是，**在理财方面的风险意识，跟遗传没什么关系，跟智商关系也不大，它是必须通过自己的实践、通过自己的失败、通过自己的教训、通过自己的总结才能获得的东西——哪怕在书上看过、听别人说过也没用**。

所以说，**理财这件事肯定是越早开始越好**。年轻的时候理财虽然难，但即便发生风险，损失也不会太多——因为本来就没有太多。等可管理的财富多了才开始学习，一旦损失，就肯定惨重得多。在这种情况下，尤其可怕的是——**剩下的时间不多了**！

小结

2014 年，瓦尔特·米舍尔在哥伦比亚广播公司的采访中说，"我现在最感兴趣的是，在'棉花糖测试'中失败的那些孩子，有少数最终学会了自控，成年后也非常优秀，他们是怎么做到的。"

不管怎么说，这只能证明自控与自制是可以习得的，并且一旦习得就不会失去，这才是关键。而反过来，**开始学习理财，可能也是改善自制力、自控力的方法**，不是吗？

---

1 参见金融业监管局（the Financial Industry Regulatory Authority，FIRNA）基金会的报告 Financial Capability in the United States（2022 年第 5 版），参见链接 8-5。
2 参见广发银行和西南财经大学中国家庭金融调查与研究中心联合发布的《2018 中国城市家庭财富健康报告》，参见链接 8-6。
3 当年我的硕士教授里面有炒股专家、长江证券的顾问，其实是幸运的，可惜当时没有想过理财。
4 瓦尔特·米舍尔：德文 Walter Mischel，1930 年 2 月 22 日—2018 年 9 月 12 日，奥地利裔美国人格与社会心理学家。参见链接 8-7。
5 参见 Cognitive and attentional mechanisms in delay of gratification，以及 The Marshmallow Test: Why Self-Control is The Engine of Success。
6 华金·德波萨达：西班牙文 Joachim de Posada，1947 年 8 月 23 日—2015 年 6 月 11 日，古巴裔励志演说家，也是《先别急着吃棉花糖》（Don't Eat the Marshmallow...Yet）的合著者。参见链接 8-8。
7 TED Talk，即"技术 / 娱乐 / 设计"演讲。TED 是"Technology, Entertainment, Design"的缩写，其由 TED 大会（TED Conference LLC.）运维，召集众多科学、设计、文学、音乐等领域的杰出人物，通过演讲，分享他们关于技术、社会、人的思考和探索。
8 罗切斯特大学研究人员的跟进实验，参见链接 8-9。

3. 如何开始

理财越早开始越好，这在前面已经说过了。那如何开始呢？**从今天开始存钱**。

存钱究竟有多难？有统计表明，57% 的美国人手头只有不到 1000 美元的"应急钱"[1]。按说，中国的文化决定了历史上中国人的储蓄率全球最高，但随着全球化的推进，年轻一代的成长，以及信用卡的普及，估计过不了久，中国人也跟美国人差不多了。

从心理学的角度看，理财教育很难成功的原因在于传统理财教育总是很"笨"，总是用错词——这不是开玩笑，有时改改措辞就可能引发巨大的改变。

教育者常常很"土"、很"笨"，想的是如何把别人从火坑里拉出来，干的却总是上前踹一脚的事情，然后总是恨铁不成钢……

真的不要告诉自己，"我需要存钱，将来用来应急"。"应急"这个词会引发大多数人的心理抵触。这个词会令我们紧张、不悦——谁愿意真的相信自己将来一定会遇到倒霉事呢？虽然，我们都知道那其实是真的、必然的……

如果这样告诉自己，可能更容易成功：**我得存钱，我才不想跟那些笨蛋一样呢……**"我们推理一下：毫无疑问，不存钱的人，在理财这个人生最重要的技能上就是笨蛋；无论是谁，都不希望自己成为笨蛋，这也毫无疑问。于是，这是一个"**因为没有引发负面情绪而更容易被大脑采纳的建议**"。

也**不**要告诉自己："为了存下钱，就要**拼命省钱**。"靠省钱发财明显是不可能的——

如果你的赚钱速度低于平均水准的话。社会阶层的形成和固化，都与个体的赚钱速度有直接关系，而不与节俭程度有关系。在赚钱速度很快的人中也有非常节俭的，但这并不意味着他是靠节俭致富的。而且，这个建议不仅会引发负面情绪，还会直接给生活质量带来负面影响——无论是心理上还是生理上，都有负面影响。

尽管自制力很重要，但每个人的自制力是不一样的，过分自控只能带来不适。另外，要知道一个重要的事实：**一个人的自控能力是总量一定的，在某些方面的高度自控，会导致在其他方面的失控。**一个著名的例子是，公认自制力过人的美国总统奥巴马，竟然一直无法戒烟！所以，在一些事情上适当放宽对自己的要求，其实是健康的，反过来才是有害的。

该花就要花，有的时候就要活在当下——注意，只是"有的时候"。40岁之前不富有，爱吃麦当劳、肯德基的人，哪怕有一天真的中了彩票，也会痛苦地发现自己还是觉得垃圾食品更好吃。**人的年纪越大，赚到的钱对生活质量的改善就越小**，这是事实。年轻的时候，确实应该适当地享受人生，甚至应该有意培养一些高质量的生活习惯。

然而，问题在于能否清楚认识"什么应该""什么不应该"。

让我们再审视一个事实：**爱面子其实是绝大多数人存不下钱的根本原因。**年轻人更爱面子，为什么呢？说穿了，就是不成熟呗——过分地、没必要地在意他人的看法。从商业模式上，校园分期是很成功的；从风险投资的角度，那几个做校园分期的创始人也是非常优秀的，优秀到令人眼红。但从另一个角度看，那些肯支付年化30%甚至50%的利息购买iPhone的人，也挺吓人的……真的合适吗？分期没还完，新一代iPhone又上市了……

如何摆脱？我有经验——**海量阅读心理学书籍**。尼采认为"一切都是主观的"，其实也有一点道理。现代心理学告诉我们，我们都是受自己的主观意识影响的，或轻或重，只不过有些人可以通过对心理学常识的理解去调整自己。

还有一个办法非常有效：**给自己培养一个不那么费钱的兴趣爱好。**大多数人出去花钱，从根本上看就是"闲的"——女性读者该笑出声了，因为她们最清楚。在我看来，读书就是一个超级省钱的兴趣爱好，可竟然有很多人认为"书太贵了"！这也是没办法的事，因为"连希望对一些人而言都是极其危险的"。再如，弹琴是一个花钱比较少的兴趣爱好，弹吉他比弹钢琴花钱少。有一个兴趣爱好的好处是闲暇时间有寄托——没工夫乱花钱，这不挺好的吗？

换一个角度看，理财无非就是"开源节流"。相对来看，"节流"固然重要，**"开源"**

才是正途。对年轻人来说，**努力提高自己未来的营收能力才是当务之急**。微博、微信朋友圈固然得看，但更为重要的是要**花更多时间去系统地研读正式书籍**，多花时间去打磨自己的劳动技能。**不要只顾着升级手机系统，也要常常升级自己的大脑**，选择更好、更强的思维模式，进而有能力作出不同的选择。

最后，那些死活存不下钱的人，在某种意义上有共同的特征——常常"一厢情愿"。他们一开始"心里希望"，后来"认定"一切都会自动变好，甚至成功地欺骗自己："这才是正能量"……骨子里，这是拒绝成长，拒绝承担责任，乃至心理学上还有个专门的词——彼得潘综合症[2]。

现实是这样的：这个世界和这个社会整体上来看是会越来越好的，可每个个体的状况却不一定。很多人越来越糟，**没有人会自动变好，只有行动才会带来变化**，期望本身在没有行动支持的情况下只能变成自我欺骗。

好吧，现在没有借口了。开始存钱吧。

存多少好呢？"砖家"的建议是——对，他们就是"砖家"——50% 花在生活必需上；30% 花在生活质量上；20% 存起来。

这个建议哪里不对劲呢？不对劲的地方在于：它既不适合现状，也不适合当作未来的目标。对刚步入社会的年轻人来说，现状可能不那么乐观。弄不好"生活必需"占的比重会超过收入的 80%，甚至入不敷出。于是，这么个"砖家"建议，常常只能让人气馁。如果把这个建议当作目标呢？又太"俗"。社会在进步，"生活必需"越来越依赖精神上的富足。未来经济独立的你，物质生活占 10%～20% 才算理想，不是吗？可事实上，很多"物质"正在变得越来越便宜，将来会更便宜。

我特意仔细阅读了知乎上的一个帖子——<u>月薪 5000 元能在北京生活得怎样</u>——人和人的差别就是很大。

不过，有个事实也值得注意。在绝大多数情况下，如果你的收入被压缩了 20%，你终究还是会适应；如果压缩 20% 你非常不适应，那就压缩 10%；如果还不适应，那就压缩 5%——一般来说，压缩 5% 不会产生明显的不适。

选择一个自己觉得合适的比例吧。不选是不行的，因为你不想成为那样的人。**成年之后，生活中的一切几乎都是选择的结果**。然后，给自己设置一个机制，使自己无法动用存起来的钱。这时，欺骗自己其实是有用的——还记得那些 4 岁的孩子是怎么学会通过欺骗自己忍住不吃棉花糖的吗？**就当那些钱丢了**。丢了的钱，不是用来"应急"的，丢了就是丢了！"丢了"的意思是，没了，彻底没了！

如何制造这种效果呢？这个灵感来自《本能：为什么我们管不住自己》一书的作者。你可以这么干：到外地办一张储蓄卡，记下卡号之后把卡扔掉；以后每个月转一定金额的钱到那张卡上。其实，金额并不重要，是收入的 20% 还是 5% 也不是很重要，真正重要的是——**给自己一个机会，在 5 年之后体会一下突然可以动用一笔闲钱的机会**。如果你今年 25 岁，等待相当于自己已有生命的 1/5 的时间是惊人的成就，这段经历在未来很可能会"折现"成惊人的坚毅（Grit）——另一个提高收入的重要能力。而且，来自经验的坚毅更可靠——5 年后你可就赚大了。

给自己存下一个机会，这就试试吧。

---

1 参见 Bankrate's 2023 annual emergency savings report，链接 8-10。
2 此症发生在不愿意或认为自己无法长大的人身上，有些人虽然身体已成人，但心智仍然是孩子。该病症并不常被视为是精神疾病。但是，在西方社会，成年人在情绪上表现出不成熟行为有增长的趋势。参见 *Science Daily*，2007 年 5 月 1 日。

4. 躺着赚钱

赚钱的最正确姿势是躺着。

为什么今天的人更应该重视理财？理由特别简单：人们的平均寿命变得更长了，人们可获得收入的工作时间也随之变长了，于是，哪怕起步稍微晚一点也无所谓了。现在要补充的是更为重要的理由。

▷ 普遍来看，普通人的赚钱能力在越来越快地提高；
▷ 普遍来看，普通人在生活必需上的开销所占比例正在缩小。

虽然即便是今天，大多数人还是认为"只有通过干坏事才能赚到大钱"，但世界早就变了。赚钱难，站着赚钱更难，所以很多人就跪下了——这是姜文的电影影射的现象。跪有两种，一种是向权贵屈膝，另一种是向命运屈服。前一种可耻甚至可恨，而后一种呢？过去是无奈，将来是可悲。

不知道喜欢看电影的朋友是否注意到这样一个现象：黑帮片正在没落——全球都一样。为什么呢？本质的原因是黑帮本身已经不那么风光了。为什么呢？因为在现实中，暴力越来越不值钱了，智力的折现能力早就超越了暴力。

《怪诞经济学》的作者史蒂芬·列维特[1]多年前就在《洛杉矶时报》上发表过一篇文章，题目是《为什么那些毒贩还住在父母家里》[2]，引用了当时为芝加哥大学研究生的苏迪尔·文卡泰什[3]的调查（以下为摘要）：

在街头贩毒的喽啰大约 1 小时赚 3.3 美元，小头目大约 1 小时赚 7 美元。然后，这些可怜的家伙却要冒着高达 25% 的"随时被干掉"的风险——这还没算他们随时可能被抓坐牢的风险呢。他们为什么跟父母住在一起？租不起房子呗。其实，中高层也赚的不多，但开销不小，因为要租豪车、戴金链子、出入高档消费场所……节俭一点不行吗？答案是不行，因为招募"新兵"全靠这些看起来的风光去骗。

香港关于古惑仔的电影，票房已经没多少了，更逗的是，即便在电影里，古惑仔们卖的也不再是白粉，而是奶粉。这其实挺写实的。要知道，那些没多少文化的古惑仔想要转型，可真的是要多难就有多难啊。

作为这个时代的年轻人，要坚定地理解前面提到的两个事实：

▷ 普遍来看，普通人的赚钱能力在越来越快地提高；
▷ 普遍来看，普通人在生活必需上的开销所占比例正在缩小。

现在的"90 后""00 后"在大多数情况下是绝对不需要"铤而走险"的——社会的进步正在整体改善个体的生活状况。要相信第一条，所以才能坚定不移地想办法学习如何获得更强的赚钱能力；要相信第二条，所以大可不必刻意或过分降低自己的生活质量去换取未来的财富。这两条都笃信且实践，才能做到"别把自己的青春过得太穷"。

这是基础认知。

还有更重要的——个人理财，即管理自己的现金流。"开源"比"节流"更重要，这已经说过。那么如何开源呢？大多数人并不在意的是，收入其实分为两种：

▷ 主动收入
▷ 被动收入

所谓主动收入，就是你必须干点什么才能获得的那种收入；被动收入则相反，就是那种你不必干什么但竟然可以获得的收入。被动收入的最常见例子是利息。利息是需要本金才能获得的，没有本金怎么办？

先说说我自己。我个人第一次有真正意义上的被动收入，是因为我写了《TOEFL 核心词汇 21 天突破》。这本书写于 2005 年，那时我 33 岁。这本书迄今究竟印刷了多少册，我记不清了，反正，它到现在每年还给我带来不少的税后收入——我总是私下开玩笑，说这笔钱是"睡后收入"。这本书的版税，除了第一个半年的，我就压根儿没动过；后面的版税存在一张我已经故意丢掉的银行卡上，密码当时是胡乱输入的，出版社每年往那张卡里转两次账，每次都会给我发一封邮件，但我从来没看过。这本书我的版税率是 11%，也就是说，每卖出一本定价 29 元的书，我大概能收入 3 元。它长销了十几年，还在继续销售，且销量稳定。

后来，我给自己创造了更多的被动收入，也就是后面的两本长销书——《TOEFL iBT 高分作文》（2007 年）和《把时间当作朋友》（2009 年）。即便是现在，我个人的日常开支也基本上来自这两本书的稿费。

到了开始写《把时间当作朋友》的时候（2007 年春节），我已经不太在乎如何创造更多的收入了，于是，这本书的内容从一开始就是 100% 在网上公开的。出乎意料的是，它竟然因此更畅销，甚至被动销量巨大，很多读者买很多本送给朋友，甚至有公司（例如赛门铁克和盛大创新院）批量购买，出版社不得不为它们单独加印。

我个人的经历其实不太适合作为例子，因为不够典型，在这里提一下，只是为了说明被动收入对个人的财务自由而言有多么重要。在这里要提醒读者的是，更多的人，不仅没有"睡后收入"，还有很多"睡后支出"——**分期消费的负担其实挺重的**。

这是很认真也很重要的建议。不管你处在什么年龄，从现在开始刻意寻找那种可以一次性付出却能够长期获得收入的事情去做吧。这种事情不像看上去那么难，甚至有越来越简单的趋势。例如，过去只有靠写书并被正式出版才能拿到版税，现在很多人写写微信公众号文章就可能获得读者"打赏"，收入甚至比写书高一点，这就是趋势。

随着时间的推移，你会发现"刻意"的力量还是挺神奇的，最终那些听起来像是胡说八道的"念念不忘，必有回响"，其实是一种真实存在的现象。

如果你是在读的学生，看到这里，有所启发，就应该**拼命锻炼自己的创作技能**。可以是任何领域的创作，但必须是可以获得收入的创作。慨叹一句：所谓"创作"，从某个角度看简直是"无中生有"——一种成本长期趋近于零，收入长期趋近于无限的活动。

前两年我在老家遇到一个老朋友的孩子，跟我聊天时说自己铁了心去学纹身。我当时听着就晕了：这辈子一个一个地接待客户，纹一个赚一点钱，得纹到什么时候？！更可怕的是，就算干得好，名扬天下，可一天只有 24 小时，能纹多少个啊？我尝试说服他，但失败了。我没能说服他去做我觉得更有前途的事情——为什么呢？这涉及另一个需要长篇论述的问题，也是大多数人最终能否成功理财的关键——我们真的有选择吗？

1　史蒂芬·列维特：Steven David Levitt，1967 年 5 月 29 日——，美国经济学家。参见链接 8-11。
2　《为什么那些毒贩还住在父母家里》，参见链接 8-12。
3　苏迪尔·文卡泰什：Sudhir Alladi Venkatesh，1966 年——，美国社会学家和城市民族志学家，哥伦比亚大学社会学和非裔美国人研究的威廉·兰斯福德教授。参见链接 8-13。

5. 自由意志

在"躺着赚钱"一节的末尾，我提出了这样一个问题：**我们真的有选择吗？** 这其实是个很大的问题，因为这涉及一个对每个人来说都无比重要的概念——自由意志（Free Will）。上升到哲学高度，这依然是个终极问题：**自由意志真的存在吗？**

不可否认，在整个人类历史 99% 以上的时间里，人们活在暗黑中，没有足够的能力去清楚地理解自己所处的世界。在那种情况下，人们好像只能认命，只能信命；人们也想作些判断，但最终无能为力，感觉徒劳。

是什么正在改变我们和这个世界的关系呢？科学的进步。

爱因斯坦当年总是笑嘻嘻地说："上帝才不会跟这个世界扔骰子玩呢[1]……"那是因为爱因斯坦就是接受不了维尔纳·海森堡[2]提出的量子力学中的一个基本原理——**不确定性原理**[3]。量子力学后来的发展证明，这一次是爱因斯坦错了。有一本书和一篇文章推荐给好奇的读者阅读：

▷《你错了，爱因斯坦先生》，哈拉尔德·弗里奇著
▷《上帝掷骰子吗》，史蒂芬·霍金著

这真是个伟大的解脱。

"未来是不可知的"和"未来是不确定的"之间有看起来细微但实际上意义重大的差异。

▷ 未来是不可知的（The Future is unkownable），意味着我们对未来毫无办法，正如我们对过去无可奈何一样。[4]

▷ 未来是不确定的（The Future is uncertain/random），意味着我们对未来有一定的概率可以成功预测。

换句话讲，当我们抛出一个硬币，在它落稳之前，我们确实不知道究竟是哪一面朝上，但我们确实知道任何一面朝上的概率都是 ½——这是巨大的差异。

人们常常错误地把自由意志之争的根源归咎于宗教信仰。在我看来，这有很强的误导性，也很不利于社会和谐，更不利于自己的身心健康。人们常常被教科书弄得误以为科学和宗教是水火不相容的，可实际上，数数历史上有多少重大的科学贡献是由神职人员作出的，我们也许会得到一个不太一样的结论。

发现遗传原理的孟德尔[5]就是神职人员。可为什么孟德尔的科学结论没有受到普遍的猛烈抨击呢？在同一时期，为什么比他也就大十几岁的达尔文得出的科学结论却始终遭到顽强的抵制呢？因为某些科学结论会严重影响抗拒者的世界观、价值观。所以，从本质上看，**科学的敌人并不一定是宗教，科学的敌人一定是那些不愿意改变自己既定人生观、价值观的人**。（声明：我个人至今无宗教信仰。）

我们今天对于概率的知识，源自一个聪明人闲着没事琢磨的问题，这个问题后来被称作"点数分配问题"（The Problem of the Points）。

甲和乙两个人拿总金额相同的筹码开始玩一种公平的、½ 概率的赌博游戏。两个人约定，当其中某个人赢到第 6 次时，游戏结束。可是，在甲赢了 5 次、乙赢了 3 次时游戏不得不结束。问题来了：按照之前的约定，两个人应该如何分配手中的筹码才是公平合理的？

琢磨这件事的人有多聪明呢?

他的名字叫帕西奥利[6]，是达·芬奇[7]的数学老师。他发明了复式记账法，翻译了《几何原本》，还写了一本奇书《数字的力量》（De Viribus Quantitatis），这本书的英译版直到 2007 年才出现。

100 多年以后，有两个人合力找到了答案。帕斯卡[8]和费马[9]——就是那个提出费马大定理的费马——又是一个随便提个问题，其他人要努力 350 多年才能解决的家伙。

不过，最终帕斯卡的解决方案是优于费马的。帕斯卡给出了一个公式，用于计算如何分配才真正公平合理。

$$\sum_{k=0}^{s-1}\binom{r+s-1}{k} : \sum_{k=s}^{r+s-1}\binom{r+s-1}{k}$$

其中，r 和 s 分别代表两个人当前总计赢过的次数。

是否能看懂公式其实不重要，但要理解其意义。这是人类第一次拥有且正确使用了期待值（Expectation Values）这个概念。这是概率论的起点，而概率论就是风险控制的基础工具。

在我看来，450 年前的一次计算，已然结束了关于自由意志的争论，我们可以对未来有所期待，通过概率论（数学）这个工具，甚至可以计算出期待值究竟是多少——这还不够吗？显然不够，400 多年后被量子力学再一次证明，也依然不够。为什么呢？为什么呢？为什么呢？因为绝大多数人真的不认为科学与自己的生活有太大的关系。

还好，起码对一些人来说，科学结论很重要。想想吧：如果未来不是"不可知"的，如果未来虽然是"不确定"的但多少是可计算的，那这事实对我们中的一些人意味着什么？答案是——希望。

在这里又要提到"坚毅"。[10] 什么令人坚毅？很多人会说是"信念"。我个人不喜欢这个含混的说法。我觉得用另一个词更好、更准、更有指导意义——**学识使人坚毅**。

大学里认真学过统计概率的人是不大可能去买彩票的——从心理上就说不过去，因为这是对他们智商的侮辱。金融专业毕业的人通常会想办法全款买房买车，不仅因为他们可能赚的比较多，更因为他们对利率和理财的理解使他们无法作出分期消费的决定。可与此同时，不买彩票的人在其他方面一定聪明、一定坚毅吗？绝不分期买房、分期买车的人在其他方面一定如此聪明、如此坚毅吗？答案显然是——不。为什么呢？因为每个人在各方面的学识不同，于是，在各方面的坚毅程度也不同。

在今天这个时代，**求知就是求富**。因为知识变现不仅越来越容易，也越来越快，越来越多。

帕斯卡在 1642 年的时候设计了一个计算器——对，你没看错，就是计算器，只不过它是机械的。没有这种计算器，他也不可能有那么多成就，因为他的工作需要太多重复的、枯燥的计算。可即便聪明如帕斯卡，在他的那个年代努力了终生，也没能成功地把这个精巧的发明商业化——原因可能是成本过高、无法实现量产等。当然，帕斯卡这个设计的重要思想影响了后来的很多人：**重复的、枯燥的工作应该自动化完成。**

在不到 400 年的时间里，这世界发生了很多变化。其中之一就是，越来越多的人靠着将一点点的小发明商业化，赚到了很多的钱。这就是时代的不同。各种跨阶层"逆袭"的故事只有到了现代才开始批量出现，就是因为智力变现、知识变现可能了、容易了。但是，大量的明证并没有降低人们的普遍认知，所以，民间流传甚广的智慧大都是反智的，人们津津乐道的是彰显这样道理的故事——聪明反被聪明误。

再讲讲另外两个人的故事。

一个人叫卡尔达诺[11]。今天的智能设备里都有陀螺仪，陀螺仪里有个重要的组件叫万向接头——这个组件应用极其广泛，我们看到的每辆汽车里都必须有这东西。卡尔达诺是世界上第一个提出这种接头的设想的人，那是在 1545 年，也是第一个用大小不同的齿轮计算比例问题的人。没有这位先行者，帕斯卡不可能设计出计算器。

和历史上的很多著名科学家一样，卡尔达诺痴迷于赌博游戏。天天玩，天天赌，也没耽误他出版 131 本书（不算另外 170 多本被他自己烧掉的），死后还留下了 111 个抄本。我们今天看到的高产作家，例如斯蒂芬·金，比起卡尔达诺来说真是"弱爆了"——由此看来，我平日里写点小文章自娱，真是不值一提。卡尔达诺也是第一个注意到两个骰子点数之和的概率分布的人。出现"7"的概率是 $1/6$，出现"1"或者"12"的概率不是 $1/12$，而是 $1/36$。卡尔达诺天天赌，但最终没赢多少，也没输多少。对他来说，赌博游戏是天然的实验室——贪玩是一方面，更多的是满足了好奇心。

另一个人叫安托万·贡博[12]，也是个大赌徒。他很聪明，但是达不到数学家的高度。他很喜欢卡尔达诺的书，尤其对两个骰子的概率分布感兴趣。安托万·贡博是那种常见的读不懂原理但敢于应用结论的家伙——这也是一种聪明，中等聪明。很多人之所以渐渐笨起来，是因为如果读不懂原理他们是断然不敢应用结论的。

安托万·贡博还有一个重要的本领——组织沙龙。他相信开放的讨论是解决问题的唯一方法，他还坚信诚信是提高讨论效率的最根本手段之一。在一次沙龙中，他扯出 100 多年前的那个谜题——点数分配问题。帕斯卡和费马接受了挑战，最终在他们的通信往来中奠定了现代概率论的基础。

安托万·贡博相当聪明，他在直觉上判定，连续扔 4 次骰子至少出现 1 次"6"的概率可能略微高于 50%。他用这个方法赢了不少钱。"草根"出身的他也因此有底气给自己冠了个名头——骑士。后来，他得意忘形，又在直觉上判定连续扔 24 次骰子至少出现 1 次"12"（"双 6"）的概率也可能略高于 50%，结果输惨了。要不是后来遇到了帕斯卡，他可能都不知道自己是怎么输的。

帕斯卡帮他算了一下，连续扔 4 次骰子至少出现 1 次"6"的概率是

$$1 - \left(\frac{5}{6}\right)^4 \approx 0.5177$$

确实高于 50%。

但是，连续扔 24 次骰子至少出现 1 次"12"的概率是

$$1 - \left(\frac{35}{36}\right)^{24} \approx 0.4914$$

不输才怪呢！于心不忍，帕斯卡帮安托万·贡博多算了一步——要想赢，得至少连续扔 25 次骰子，而不是 24 次！

$$1 - \left(\frac{35}{36}\right)^{25} \approx 0.5055$$

可安托万·贡博没办法用这个结果赢到钱了，因为结果是在沙龙里讨论出来的——大家都知道了。

在这个故事中看不到半点"聪明反被聪明误"——**不够聪明才真的误人**，不是吗？

一个更重要的事实需要重新被审视：没错，我们是出身平凡，但我们真的需要，抑或真的必须打败谁吗？**在今天这个时代，我们可能并不需要打败谁才能过得更好，我们起码可以过得足够好**。仔细想想，**很多人其实是被自己打败的**。他们普遍的特点是一样的：在虽然很难但明明可以选择的情况下，误以为自己完全没有选择，于是，只能走进死胡同。放弃了选择，就是被打败了。

在一个普遍认为人们其实没有选择的世界里，**用以学识支持的坚毅认定其实选择是存在的，并且是可追求的**，是有很大相对优势的。就是这样。

知道收入分为两种——主动收入和被动收入——然后更重视被动收入，这也是选择，是一个很重要的选择，更是一个改变未来的选择，不是吗？

1 God doesn't play dice with the world.
2 维尔纳·海森堡：德文 Werner Karl Heisenberg，1901 年 12 月 5 日—1976 年 2 月 1 日，德国物理学家、量子力学创始人之一，"哥本哈根学派"代表性人物，诺贝尔物理学奖获得者。参见链接 8-14。
3 Uncertainty Principle，"测不准原理"多少是误译，或者干脆是"望文生义"。心理学上有个概念叫"观察者效应"（Observer Effect），翻译成"测不准"还多少有道理一点。
4 所以，有人得出结论说，要活在当下？
5 孟德尔：德文 Gregor Johann Mendel，1822 年 7 月 20 日—1884 年 1 月 6 日，奥地利科学家，天主教圣职人员，现代遗传学的创始人。其在 1856 年至 1863 年之间进行的豌豆植物实验建立了许多遗传规则，现称为孟德尔定律。参见链接 8-15。
6 帕西奥利：意大利文 Luca Bartolomeo de Pacioli，约 1447 年—1517 年 6 月 19 日，意大利数学家，方济各会修士。参见链接 8-16。
7 达·芬奇：意大利文 Leonardo da Vinci，1452 年 4 月 23 日—1519 年 5 月 2 日，意大利科学家、发明家、艺术家。与拉斐尔、米开朗琪罗并称"意大利文艺复兴三杰"。参见链接 8-17。
8 帕斯卡：法文 Blaise Pascal，1623 年 6 月 19 日—1662 年 8 月 19 日，法国神学家、哲学家、数学家、物理学家、化学家、音乐家、教育家、气象学家。参见链接 8-18。
9 费马：法文 Pierre de Fermat，1607 年 10 月 31 日至 12 月 6 日间—1665 年 1 月 12 日，法国数学家、律师。对解析几何、概率论、光学做出了显著贡献。参见链接 8-19。
10 TED 上有个很好的视频 The key to success? Grit。
11 卡尔达诺：意大利文 Girolamo Cardano，1501 年 9 月 24 日—1576 年 9 月 21 日，意大利数学家、医生、生物学家、物理学家、化学家、占星家、天文学家、哲学家、作家、赌徒。文艺复兴时期百科全书式的学者。参见链接 8-20。
12 安托万·贡博：法文 Antoine Gombaud，别名"德梅雷骑士"（Chevalier de Méré），1607 年—1684 年 12 月 29 日，法国作家。参见链接 8-21。

6. 生活目标

什么叫高品质生活？这不是一个笼统的问题，但是对很多人来说，没有答案，也没有仔细思考过。对大多数人来说，高品质生活是别人现在的生活，是自己偶尔期待的生活，是回头看看，自己并没有过的生活。

高品质生活与金钱肯定有一定的联系，可在自己没有足够金钱的前提下，说出或认为"金钱不一定带来高品质生活"，就算道理正确，也对自己的状态于事无补。**自欺欺人不仅于事无补，甚至有害**，尤其是对自己的大脑——人要珍爱自己的大脑。

追求高品质生活也是大多数人必须理财的重要原因，只有少数人能在足够早的时段做到财务自由。可什么是财务自由呢？30 岁前后，我一直在琢磨这个问题，也读了很多理财方面的书，但发现书里的答案并不能满足我的逻辑，于是自己下了个定义：**被动收入略高于支付足够高品质的生活必需支出所需要的金额。**

在我看来，对成年人来说，**高品质生活从停止自欺欺人开始**。例如，"金钱不一定带来高品质生活"，以及它的各种变体：

▷ 有钱不一定幸福。（但没钱更不容易幸福。）

▷ 那么拼有什么用？不还是得了乳腺癌？（不拼的人也有很多得了乳腺癌。）

▷ 我很穷，但我有骨气！（说得好像富人没有骨气似的。）

前面提到过，学识令人坚毅，可人们常常自欺欺人地说"聪明反被聪明误"。社会上也会不时流行一轮"读书无用论",而且各种变体随处可见。最近常见的一个变体是"如何打败勤奋的富二代",唉,说得好像富二代普遍不勤奋似的。读一点科学史就会知道,历史上著名的科学家大多是家境富有殷实的,例如发明万向接头的卡尔达诺,例如帕斯卡和费马,例如达尔文……如果达尔文家里不够富有,他怎么可能周游世界?如果他走不出自己出生的小镇,又如何观察同类生物的不同形态?他的聪明固然重要,而他的见识却必然需要经济基础来支撑。不够富有的怎么办?想办法去当神职人员,有了俸禄之后继续求学,例如发明了复式记账法的帕西奥利,例如发现了遗传原理的孟德尔。

即便在今天,求知的成本依然相当高。全球连年上涨的大学学费就是明证——真的不是所有人都有钱完成高等教育的,不是吗?

正因为富有,他们的勤奋才更容易达成目标,或者反过来,当他们的勤奋没有得到直接、快速的回报时,他们也更不容易着急,还显得更有耐心——时间久了,耐心就真的有了。

事实上,致富失败的人更容易放弃勤奋,而持续勤奋的人最终不可能太穷。很努力依然很穷的人,其实是选择出了问题,而不应该怪罪勤奋本身。"我太穷,是因为我太勤奋",这到哪里都说不过去吧?而对于选择失误,自欺欺人的说法是这样的:"唉,我们啊,太实在……"对他们来讲,也许只有这样说心里才舒服、踏实吧。

停止自欺欺人之后,我们就可以直面本质问题了——**是否能拥有高品质生活与一个人的审美能力有着至关重要的联系**。所谓审美,真的不只是在选美大赛中判断哪个姑娘最漂亮而已。**审美实际上是一切生活选择的基础。**

什么是美?审美教育不够普及,就算有也常常失败的重要原因在于,**人们误以为"美"与"不美"是一种主观判断,可事实上,美是一种客观存在。所谓"主观",实际上指的是对美的感受有多准确**。达·芬奇遇到帕西奥利之后,因为帕西奥利教给了他足够的数学知识,他专门为帕西奥利的书《神圣比例论》画了插图。在此之前,达·芬奇其实一直凭直觉创造美,但被教育之后,对美的创作就有了理论依据和指导,这就是黄金分割率的应用。

对美的认知是可以培养的。我们对美的基础认知来自"五感",即视觉、听觉、嗅觉、味觉和触觉。即便是小孩子,也有一些天然的审美意识:有些人的相貌是美的,有些风景是美的,有些音乐是美的,有些食物是美的,有些材料是美的……请你审视一下自己,在日常生活中是不是跟大多数没有被刻意训练的人一样,在大部分时间里忽略了触觉审美呢?

知乎上有个帖子，"如何布置独居小房间能惬意地生活"，在我写这部分内容时，有大约 70000 人关注，200 多个回答，其中最受欢迎的回答得到接近 40000 个"赞"。那些大获赞赏的答主有共同的特征：**有审美意识，有审美能力，有为自己创造美的意愿和动手能力**——这是长期培养之后习得的结果。

审美认知、审美能力在大多数情况下真的与金钱无关，**因为更多更重要的审美体系，需要的不只是某一个器官的感受，而是系统思考的能力。**例如，除了美食、美景、美人，还有很多事物都是美的。

▷ 有些语言文字很美

▷ 有些科学证明很美

进一步，有更多抽象的美。

▷ 简洁很美

▷ 效率很美

▷ 创新很美

举个例子，也许能让你真实且快速地体验新颖会带来怎样的感受。不妨按照下列步骤给自己做一顿新颖的蛋炒饭：

（1）打两个鸡蛋；

（2）放一点葱花；

（3）撒一点咸盐；

（4）把剩饭放进去拌匀；

（5）在平底锅里放一点油；

（6）点火；

（7）油开之后把拌好的米饭鸡蛋糊倒进平底锅；

（8）细火，像煎葱花饼一样煎透，使米饭鸡蛋糊呈金黄色；

（9）放到盘子里，用刀切成长条；

（10）用手抓着吃。

每次讲给朋友听，他们试了一下之后，必然会表示自己深刻地体会了新颖带来的满足感——哪怕是这种微乎其微的创新都很美。当然，下次你可以继续创新，例如随便放点葱花之外的你喜欢的食材。提高一点生活品质真的没有多难。

换个角度看，**教育的意义就是让我们拥有更高级、知觉更丰富的器官**。科学教育可以让一个人"打开眼睛"，看到不一样的却更真实的世界；音乐训练可以使我们分辨、创造更美的曲调……于是，长期的教育和自我教育会形成个体之间审美能力的巨大差异。**最终，审美意识会触及且影响一个人价值观的方方面面。**

一切的价值观选择，最终都是对"好"与"坏"、"美"与"丑"的判断和取舍。差异有多大？一些人会认为达尔文的证明过程和方式"美翻了""帅到没朋友"，而另一些人根本看不到这种美，直接体会到的是"你才是猴子变的呢"的愤怒和屈辱。

很少有人意识到且好像没什么人讨论的是，**审美意识的开化和审美能力的积累，自始至终都在影响人们的理财过程。**一些人认为外观的美更重要，另一些人认为实用的美更重要。这好像算不上什么严肃的差异，但不妨想象一下两种审美意识的差异会造成怎样的消费行为差异。这种差异时时刻刻存在，时时刻刻造成不同的选择，那是不是时时刻刻在影响理财的过程呢？

我的观察让我得出一个结论：金钱这个东西对于审美来说是"后相关[1]"的。什么叫作"后相关"呢？金钱本身通常对开启审美意识、提高审美能力没什么作用[2]，不过，在有了良好的审美意识和审美能力之后，金钱可以发挥的作用就很大了，这就是金钱对审美的"后相关"作用。

这里其实在传递一个信息：高品质生活不一定要等到未来，也不一定要有钱才可以拥有。但未来因为现在开始理财成功的你，一定会有更高品质的生活。从学校毕业步入社会的年轻人，没过多久就可能做了父母，自己觉醒晚，就希望孩子别重蹈覆辙。可是，等一下，下面的建议很重要。

千万不要从小刻意胡乱灌输理财观念，尤其是——大多数父母的观念是错的。要从更本质的地方开始：**开启孩子的审美意识，刻意培养他们的审美能力。**这是很难的，真的很难，因为自己要先花很长的时间耐心启动、学习、培养、纠正自己。

---

[1] 这是我自己造的一个词。
[2] 并非"前相关"。

7. 注重学识

理财也好、投资也罢，要抛弃勇气，注重学识。

勇气是历史上所有的社会、所有的时代普遍鼓励的品质。与之相反的懦弱，则是普遍被鄙视的。因为乍看起来，**历史上很多重大的进步都是冒险的结果。**

想象一下，你在远古时代，每天都营养不良。为什么？因为没有足够工具的你顶多摘摘果子吃，偶尔才有肉吃，就算吃上肉，也只能茹毛饮血。为什么？因为没有火。

火从来都是令人畏惧的，不是吗？突然有一天，森林燃起了大火——好几辈子才可能遇到的自然火灾——那时候的"一辈子"也不长。大家开始拼命跑。跑着跑着，一只老虎从你身边窜过——过去它见到你就追，可现在它顾不上你。又过了一会儿，一只狼从你身边掠过——过去它见到你就追，可现在它也顾不上你。它们过去和现在都比你跑得快，可现在却被更凶猛的东西追。跑着跑着，你闻到熟肉的味道，可你甚至不知道那是怎么回事。终于，你和部落中的一部分人逃离了灾难，可接下来还是要辛苦地寻找食物啊。然而，这次不一样，有些动物被烤熟了——大伙儿这才发现，原来熟了的肉是这样的味道！于是，有胆大的人回去找火种，把火"养"了起来。此后，尽管火不知道给人类带来过了少灾难，但不可否认的是，从那一刻起（虽然具体是什么时候我们无从得知），人类进入了另一个阶段——在危险中求进步（当然，没有火的时候更危险），起码开始有熟肉吃了。

今天，人们从北京乘飞机到纽约只需要大约 13 小时，这是在古道上顶着西风、骑着瘦马的古代人无法想象的。可飞机不也是亏得这世界上有足够多的冒险家才可能搞出来的东西吗？在航空技术走向民用的进程中，有一个人起了巨大的作用，他就是霍华德·休斯[1]。他是个疯狂的家伙，一生无数次出生入死，每个享受过航空旅行的人都应该感谢他至少一次。某种意义上，他那难以超越的疯狂恰恰是人们为其疯狂的原因。

从基因里，我们就对冒险痴迷。与人们普遍以为的相反，女性对危险的向往和痴迷普遍强于男性。生活中我们经常遇到的例子就是，在过山车、蹦极这类"模拟危险"但实际上几乎没什么危险的"运动"中，尽管女性比男性的尖叫声更猛烈，但实际上她们更享受这种刺激。

可是从另一个角度，**人们对勇气、勇敢的理解常常过于肤浅，从未认真审视，甚至干脆忽视。**支撑勇气、勇敢的究竟是什么？例如，小孩子打架，双方对峙，更多是靠先天条件——身强力壮的更容易"勇敢"，体质弱小的更容易"怯懦"。细想想，这跟勇气的关联并非 100%——甚至没有勇气什么事，只与体质的强弱有关。

俗话说，"狭路相逢，勇者胜"。这确实是一种实际存在的情况。在双方势均力敌的情况下，竟然有一方是更有勇气的，最终勇者胜出了。可问题在于，胜出的一方为什么更有勇气呢？更可能的解释是：想明白了——大家都害怕，你们害怕，我们也害怕，只不过我不让你们看出来我在害怕，那你们就更害怕了，于是我就有相对优势了。**这样的时候，所谓的勇气，已经不再是抽象的特质，而是一种相对精巧的计算（或者算计）了。**

普遍来看，男性其实是很"惨"的。因为长期以来，在几乎所有的文化里，都要求男人更为"阳刚"、更为"坚强"、更为"英勇"——遇到一点危险就害怕了，怎么可能成大事！于是，不得已，哪怕装也要装出有勇气的样子。时间久了，男性自己也就相信这些了。

不过，也不是所有的人都没有意识到"勇气"和"勇气"有很大的不同。苏轼在《留侯论》里说过："古之所谓豪杰之士，必有过人之节。人情有所不能忍者，匹夫见辱，拔剑而起，挺身而斗，此不足为勇也。天下有大勇者，卒然临之而不惊，无故加之而不怒。此其所挟持者甚大，而其志甚远也。"意思是说，"蛮勇"其实不算"勇"，只不过自以为不得了，实际上没什么用处。苏轼所说的"大勇"是指什么呢？换句话讲，其实是脑壮，而不是肉粗。

长期以来，我总觉得"智勇双全"是个奇怪的、甚至没必要的词汇。既然只依赖先天条件的勇敢，只不过是"蛮勇"，没什么意义，那么，这个词实际上的意思就跟"智愚双全"一样不知所云了吧。更何况，现代人早就知道，健身其实不难——尤其是在如今这个蛋白质很容易获得的时代——从孱弱的身材到刚猛的体格，有两三年的锻炼就够了。而格斗技能，也是一种学识。之前提到过"学识带来坚毅"，在我看来，所谓的勇敢、勇气，尤其是**脱离先天条件支撑的勇敢、勇气，其实也是、更是学识与思考的表现。**

在理财与投资的起点就要明白：**成功与所谓的勇气无关，靠的是足够的衡量风险与收益的能力**——这才是成功的智慧。智慧的特征是——可习得，可积累。

风险永远无所不在，真正的问题在于你如何识别它们，如何衡量它们，当有收益可能的时候，如何计算风险是否可以接受，以及自己是否有足够的实力承受。这些都是可以通过学习获得并进一步提高的思考能力。

万无一失又有收益的事情，没理由不做——其实，学习就是这种事情。可惜，绝大多数人并不如此觉得。迫不得已的事情哪怕有风险也得做——对一些人来说，结婚、生子是迫不得已的事情。**如果有风险，同时可能有收益，而且没有人逼迫你，那么选择就是一种赌博。**不要觉得"赌博"是贬义，事实上，与"美"一样，**风险也是一个客观存在**——你爱与不爱，它就在那里，不卑不亢，不离不弃。

应对风险的能力是必须花时间学习的，只因为它确实可以习得，但不容易习得。大多数人在生活的方方面面都缺乏风险意识。例如，刚学会开车的人上路之后就常常后怕——看着不怕车辆的行人才反应过来，原来过去那么多年里，自己很多次都是在"九死一生"的状态下过马路的。再如，我个人是在自己开车之后才明白晚上穿着深色的衣服沿着马路走其实是非常危险的。对没有开过车的人来说，有一些风险"不存在"——他们未曾意识到那些很大的风险竟然存在。同样的道理，未曾做过理财和投资的人，往往不知道很多风险的存在，原因仅仅是他们从来没见过、从来没想过。

仅仅是能够感知风险的存在，清楚地知道风险有多大、大到什么程度，也是需要大量观察、大量思考才能真正习得的能力。我问过很多专家，他们其实都一样，除了反复说"注意风险"，拿不出更好的建议。我的自我训练是这样完成的——在一段时间里，只要有空就用搜索引擎搜索以下若干关键词的组合：

理财　纠纷　投资　失败　自杀　跳楼

然后，像做剪报一样，把那些新闻、评论等收集起来，反复读、反复看。前后攒了几个月，看了几个月，风险意识就有了很大的改观。这是我个人的经历，也许对读者有一定的参考意义。

其实，不仅仅是理财，生活中的任何方面其实都一样：**安全，要靠避险，而不是冒**

险；要靠小心，而不是勇气。

我的一篇微信公众号文章下面有一条比较有趣的留言："如果你不炒股，那么你就已经赢了——因为炒股的都赔了……"虽然这不过是一条抖机灵的留言，却值得拿来说道说道。

历史上，股市（所谓的二级市场）上的分布大都是这样的：

▷ $1/10000$ 总是赢，且赚大钱；
▷ $1/1000$ 赢多输少，也赚了不少；
▷ $1/100$ 经常输，也赚一些，但没有想象的那么多；
▷ $1/10$ 到目前为止还是赚的，多少不一；
▷ 剩下的嘛……前仆后继地"被赚"。

从本质上看，大多数人想着去赚钱，最终却"被赚"了的本质原因在于他们根本就没学习过、没研究过他们所参与的游戏究竟是怎么回事。他们甚至连赌徒都算不上，因为赌徒起码知道应该怎样结合胜率计算收益、怎样决定下注的筹码数量、怎样计算多次下注后的概率变化……所以，实际观察一下就能知道，**很多人进了股市，连赌都没有赌，钱就没了**。他们只不过是人肉印钞机，为股市"定向增发"。钱没了，他们都不知道是怎么没的，甚至不知道应该怪谁、该怪什么，只能怨自己运气不好。**他们有的其实不是勇气，也不是勇敢，只不过是天然的贪婪**。

也许人们会奇怪，"投资有风险，入市需谨慎"这种建议天天在耳边飘荡，怎么那么多人就是听不进去呢？

第一个解释是：**无知者无畏**。就好像前面提到过的，没开过车的人，不知道夜里穿着深色的衣服沿着马路走有多危险一样——不知道危险的存在，当然没什么可怕的。

第二个解释是：**安全保护会使人放松警惕**。在股市全面上扬的时候，专家们知道，这可能已经意味着危险了——所谓"卖茶叶蛋的都开始讨论股票了"。可对于不懂股票投资这个行业的人来说，"眼见着别人都赚钱了"相当于一层意识上的"安全保护"，他们想着——别人都可以，我不会那么倒霉吧！

正如驾驶员系上安全带之后会不由自主地、下意识放心地提高车速一样，安全保护常常会刺激人们放松安全意识。所以，对安全带的争议在于：<u>安全带也许保护了驾车的司机，却可能给路上的其他人、其他车带来更大的危险</u>。[2]

在中国，股市里总是"被赚"的那些人，多少也会因"安全保护"而放松警惕。中国的股市是有"涨停""跌停"限制的，于是很多人下意识觉得，"最多赔 10% 嘛，还受得了"，结果，很多时候，第二天开盘又"跌停"——根本跑不出去。

风险与**收益**一直共存，并且，风险的大小是可以通过对它的了解和学习而被控制的——这是人类进步的基础，也是人类进步的表现。但显然，它不会自动消失，或者自动配合人们的行动。**只有通过学习，才能与它共舞。**

1　霍华德·休斯：Howard Robard Hughes, Jr.，1905 年 12 月 24 日—1976 年 4 月 5 日，美国著名商业大亨、创纪录的飞行员、航空工程师、电影制片人、慈善家，是当时世界上最富有的人之一。参见链接 8-22。
2　《时代》杂志网站有一篇文章值得一读，*The Hidden Danger of Seet Belts*，参见链接 8-23。

8. 节省与否

有些钱真不能省，否则注定"草根"一生……

时代在变。仅仅在几十年前，连"全家吃得饱"都是一种奢望。

阿城[1]有部小说《棋王》，后来被徐克[2]改编，拍成了电影，影帝梁家辉[3]除了主演，还充当了编剧，在剧中更是演技爆发。在影片的第 20 分钟左右，有一个"棋呆子"一生如何超级认真地吃饭，最后连一个落在桌板缝隙里的饭粒都不放过的桥段。其实这并不夸张，那个年代的人就是这样的。

这一代的年轻人和上一代人有很多不一样的地方，最不同的应该是他们所面临的几乎是另一个世界。他们的平均寿命更长了，他们可以掌握的技能更多了，他们的技能变现机会更多了，他们能赚钱的时间更长了……与此同时，他们的生活必需开销比例更低了……还有更重要的：**科技的进步正在某个层面抹平由贫富差异造成的生活质量差异**。

iPhone 是我经常用来举例的一个物件。iPhone 属于当前年轻人的生活必需品，人们能买到的屏幕尺寸就那么两种，能买到的最大内存就是 128GB——你是阿拉伯酋长，富得流油又怎样？想用，就那么几种。想要 256GB？在我写这部分内容的 2015 年 10 月——对不起，暂时没有。

在这个时代，要求年轻人过分节俭，甚至过分降低生活水准，在我看来简直是"不人道"的。而且，有一些钱是绝对不能省的，因为这种"节省"可能会伴随着很高的隐性成本，或者在将来造成很大的负担——现在看起来是省了，将来却要因此付出极大的代价。

买书的钱不能省

正式出版物并没有因为互联网的发展而贬值，尤其是"非小说类"（Non-Fiction）。互联网上虽然也有很多高质量的、符合时代发展的零散文章，但体系完整的知识，通常还是，也越来越是，只有少数人才有能力创作的。感谢他们，让我们有可能终生自我教育，无穷无尽。在追求学识的过程中，免费常常是陷阱。因为，我们的时间并不是免费的，同时会随着我们自己的学识变得越来越贵。

舍不得花钱买好书是最"草根"的行为，也是最高效地制造"草根"的方式。不仅不能在好书上省钱，还要为了淘到真正的好书，付出"总是得前后买过很多烂书才能提高甄别能力"的代价。再往大里说，一切有助于自己成长的开销都不能省，对年轻人来说更是如此——你的前途取决于此。

买工具的钱不能省

一切工具，其发明与使用的目的都是一样的——提高效率。花一点钱提高效率，赚大了；为了省一点钱，却要忍受长期的低效率甚至无效率——只有"草根"才会觉得没问题。

好的工具必须买，并且要在可承受范围内买最好的。有个例子，可能很多人不会喜欢：iMac 真的不便宜，哪怕是对那些已经有些积蓄的人来说都是如此，但只有那些用过、比较过的人才知道，27 寸的高清屏幕对效率和效用的改善真的很大——究竟有多大，取决于使用者已有的和正在积累、改善的技能集合。

事关安全的钱不能省

家里的电源插座之类的东西，绝对不能图便宜，因为这涉及安全。在这样的事情上，没有"万一"，因为天天都在用，所以最终结果是"一定会出事"。

要不是认识了一个消防员朋友，我自己在这方面的意识也很薄弱。例如，我家里之前就没有救难绳。这些器具都要买好的，而究竟多好，就看你对自己的重视程度了。

买车的时候也一样，要不要加后视影像，要不要配置全景雷达——这些其实完全不是应该省钱的地方，因为它涉及安全。在这样的地方省钱，将来一定会付出更高的代价。

事关终极体验的钱不能省

什么叫"终极体验"？和"睡后收入""后相关"一样，这又是我自己造的词。

终极体验的特点是，当前的享受不可能用未来的享受替代。

恋爱就是这样一种终极体验。16 岁的时候，有人追你，你说"我们还小，不应该谈恋爱"，转眼三五年过去，你不是不可能再恋爱，但问题在于，后面的体验不可能替代 16 岁的感受。

吃，也是一种终极体验，每一次的享受不可能用未来的享受替代。在吃上要善待自己。我曾经提到过这样一个尴尬：40 岁之后中了彩票，才发现自己其实还是更喜欢吃垃圾食品。用不着浪费，但不要亏待了自己。在吃这个问题上，我绝对认同"活在当下"的论调。

在过去的一年里，我经常送朋友一件礼物，是一种每盒 5 只的避孕套。这个东西在国内的售价大约是每只 25 元——很贵是不是？可这是地球上体验最好的避孕套，而性爱又是终极体验，花 25 元就可以获得，哪有这么便宜的好事儿？！

知识产权的钱不能省

大约在 2012 年，我受邀到一家国内最早一批互联网上市公司做讲座，中间提起程序员使用盗版软件的问题，顺口说了一句："在座正在用至少一款盗版软件的人请举手。"没想到，几乎没有人不举手！我没好意思发作，硬着头皮讲完，马上逃离了那个地方。

我总觉得程序员用盗版软件是个特别"草根"的行为——你自己指望用技能、产品赚钱，却坚决不让别人用技能、产品赚钱，这种逻辑让人无语。

为什么在这里单独提到知识产权呢？理由很清楚：对知识产权的尊重，对知识产权的保护，是让那些有能力创作的人获得"被动收入"、获得财务自由的基础。没有知识产权保护，有能力创作的人就只能"无产"了——还有什么是比这更阴暗的未来展望呢？

小结

节省肯定没错，但**节省肯定不是创造未来的主要方式**。铺张浪费肯定不对，但在一些地方对自己好一点，对今天的年轻人来说，肯定没错。

---

1 阿城：1949 年 4 月 5 日—，原名锺阿城，中国当代作家。参见链接 8-24。
2 徐克：1951 年 2 月 1 日—，原名徐文光，香港著名电影导演、编剧、监制、演员。参见链接 8-25。
3 梁家辉：1958 年 2 月 1 日—，香港男演员，是香港电影金像奖历史上最年轻的影帝（26 岁），在 1984 年—2013 年四获香港电影金像奖最佳男主角奖。参见链接 8-26。

9. 人丑就要多读书

人丑就要多读书——人不丑就可以不多读书吗？人们总是有很多幻觉，或者一厢情愿。例如，长得不够帅的男生认为（其实是希望）长得帅的男生不可能聪明，长得不够漂亮的女生认为（甚至是盼望）长得漂亮的女生根本不会做家务。再如，自己不够富就指望富二代都是败家子。有幻觉的人真心不知道自己有幻觉，一厢情愿的人真心不知道自己正在忽视司空见惯的事实——因为现实真的常常令人绝望。

我还在新东方工作时，有位同事去耶鲁大学读工商管理硕士，回国之后跟朋友喝酒，喝着喝着哭了起来："有些人会让你绝望的。我那个室友……那是真的帅；关键吧，人家还那么聪明；气人的是吧，人家还那么勤奋；无奈的是吧，人家本来就贵族出身……你知道什么让人绝望吗？一路结交下来，最终发现人家甚至人品都比你好，这能不绝望吗？！"其实，在这世界上这样的人很多，只不过平日里见不到，他们就像活在另一个世界里一样。大家开玩笑说的那个"被美国政府前后动用 9000 亿美元拯救"的马特·达蒙[1]就是这样的人——虽然哈佛辍学，但有高达 160 的智商，还多才多艺，第一次当编剧就得了奥斯卡奖，至于他帅不帅、有没有钱，就不用说了吧。人比人，气死人啊！

不过，话说回来，这句话可能没错：人丑就更应该读更多的书。**所谓的聪明，虽然也可能受先天条件限制，但聪明确实是可积累、可锻炼的。**在茫茫人海中，总是有这样的人。所以，相貌真的从来都不是是否性感的唯一决定因素。历史反复证明，身高也不是——彼特·丁拉基[2]，电视剧《权力的游戏》里最受欢迎的演员之一，很熟悉吧。如此看来，黄月英的老公估计是个智性恋者（Sapiosexual）——他复姓"诸葛"，单名"亮"。

法国生物学家拉马克[3]认为，"用进废退"这种后天获得的性状是可以遗传的，因此，生物可以把后天锻炼的成果遗传给下一代。我们上学的时候，教科书里说，这种观点经不起古典遗传学的推敲，也被现代分子遗传学否定，相对来看，还是达尔文的"天择说"更靠谱，可最新的研究表明，拉马克可能是对的。

有一项研究[4]表明，**人们的生活状态发生变化时，基因也会发生变化**。研究者跟踪了30位患有前列腺癌的男性在3个月内的生活状态变化，包括建立更健康的饮食习惯（多吃水果、蔬菜、全麦食品、豆制品）、适度运动（例如每天走0.5小时）、舒缓压力（例如每天冥想1小时），这些行为不仅使他们体重下降、血压降低，甚至引发了基因的变化——有约500个基因发生了变化，包括48个启动，453个关闭。

在另外一项研究[5]里，研究者们用遗传工程方式"制造"出一批记忆力天生有缺陷的老鼠，然后在它们的"青春期"里给它们更丰富的玩具，更多的锻炼方式，更好的社交环境……这些老鼠的记忆力得到了改善，最终甚至比正常老鼠都高。后来，这些老鼠被放回普通的环境与其他老鼠一起生活，并有了后代——令人惊讶的是，它们的后代同样拥有相对更高的记忆力！

还有一个广为人知的例子是阿诺德·施瓦辛格[6]。他并非生来就像现在一样强壮，是后天练出来的，可他的儿子却相对于其他孩子"天生强壮"。

丑，好像是个硬伤——好像也没办法通过练习改善。整容当然没问题，但好像不能遗传。不过，智商却是可以习得的、可以积累的，而这种通过锻炼习得的特性[7]竟然是可以遗传的——这是多性感的一件事啊！并且，这世界上有很多人是智性恋者，只要够聪明，不怕无配偶！所以，多读书吧，让自己更聪明，也为了下一代。

---

1 马特·达蒙：Matthew Paige "Matt" Damon，1970年10月8日—，美国演员、电影制片人、编剧。参见链接8-27。
2 彼特·丁拉基：Peter Hayden Dinklage，1969年6月11日—，美国演员。由于罹患软骨发育不全症，身高只有1.35米。因出演剧集《权力的游戏》多次获得艾美奖。参见链接8-28。
3 拉马克：法文Jean-Baptiste Pierre Antoine de Monet, chevalier de La Marck，1744年8月1日—1829年12月18日，法国博物学家。最先提出生物演化的学说，是演化论的倡导者和先驱。参见链接8-29。
4 生活状态变化对基因的影响研究，参见链接8-30。
5 不同生活环境对老鼠记忆力影响的研究，参见链接8-31。
6 阿诺德·施瓦辛格：德文Arnold Alois Schwarzenegger，1947年7月30日—，奥地利裔美国籍健美运动员、演员、电影制片人、政治家，生于奥地利，曾任美国加利福尼亚州第38任州长。参见链接8-32。
7 Acquired Characteristics。

10. 被动支出

前面提到过，增加收入最靠谱的方法是增加被动收入——或称"睡后收入"。在这里，我们讨论一下生活中无法回避的东西——被动支出[1]。所谓的被动支出，通俗地讲就是"你还没做什么，但你的钱已经被花掉了"。嗯？还有这种事情？！

通货膨胀是最可怕的被动支出

你手中的货币在你毫无防备的情况下贬值了，购买力下降了，相当于你的钱有一部分"还没来得及花就已经不见了"。

也许你听说了，2015年10月央行释放7万亿元，导致人民币瞬间贬值2%，也就是说，你兜里揣着的100元钱只相当于之前的98元了，只不过那张纸币上印着的数字不会自动改变，所以，看起来还是100元。

虽然通货膨胀会对每个人产生相同比例的影响，好像谁都逃不掉，但是，它最终对不同个体造成的影响，差异还是很大的。越有钱的人当时的损失越大，因为他们的资金基数大，所以，相同的比例，他们损失的金额要比资金基数小的人多很多。这很容易理解。但反过来，很多人没有意识到的是，**越有钱的人，"恢复能力"越强**，就好像受了同样的伤，身体强壮的人相对更容易复原一样。

尽管不同的时期有不同的理财方式，但道理是相通的。我们假设，在 2015 年，货币贬值了 2%，即购买力大约下降了 2%。一个月收入 5000 元的人，他的月花销本来就是 5000 元，也就是说，本来每月刚刚好，如果他现在的月收入依然是 5000 元，月花销就需要大约 5102 元（5000÷0.98）——还得去借点钱才够用。而一个月收入 15000 元的人，如果月花销也是 5000 元，那么，虽然他现在需要 5102 元才能满足生活需求，但他依然有 9898 元可以去储蓄，如果是定存的话，那么当时有可能获得 3% 甚至更高的利息，于是没多久，那损失的 2% 就补回来了。如果一个人有几百万元的存款，那么他通常可以在银行买到利率更高的理财产品，例如当时信托之类的利率可能高达 12%～15%——虽然有一定的风险——于是，他们的恢复能力更强。

利息对借款者来说也是很可怕的被动支出

借来的钱，之所以要支付利息，是因为在很多情况下，钱本身就是一种生产资料，可以用来购买其他生产资料，而生产出来的商品是可以以更高的价格卖掉的——能赚到钱。所以，利息这东西，本来就是天经地义的。只是古今中外，在很多文化里，很多人总是下意识觉得赚取利息的人是不劳而获的，但到了不得已的时候又不惜去拿利息很高的贷款——错上加错。

一旦你借了钱，你就许下了一个承诺，在未来的某个时间节点之前，或一次性，或分期，你要连本带息还上这笔钱。于是，你就创造了一个周期。在这个周期里，你会时刻面临更多的利息负担。

生活必需品开支其实是一种被动支出

生活必需品开支之所以存在，是因为你还活着，勤奋也罢，懒惰也好，你总是得花那些钱——房租、水电费、宽带费、电话费、交通费用、餐饮费用，还有各式各样的日用品，男人的袜子、女人的指甲油，等等。还没干什么有意义的事情呢，钱就花出去了。

对大多数年轻人来说，生活必需品开支才是最可怕的被动支出。通货膨胀虽然可怕，但自己反正没多少钱，所以感觉不到损失。利息虽然也可怕，但自己反正还没借过多少钱，所以无所谓。然而，生活必需品开支是时刻需要负担的东西。所以，有些人（其实是少数人）常常说："赚钱很辛苦的，要跑赢利率、要跑赢通货膨胀，否则就亏了……"

这其实是一种难得的洞见——尽管看起来显而易见。

关于第一项通货膨胀，因为普通人暂时无能为力，所以就不要在它的身上浪费时间和精力了，连烦心都没必要。对民众来说，它完全是不可控因素——这种风险甚至无法通过保险机制来防御[2]。我们能做什么呢？什么都不能，做什么也都没用，它发生了就是发生了，谁都无能为力。

关于第二项利息，对绝大多数年轻人来说需要注意的只有一条：**尽量只为生产借钱，尽量不要为消费借钱**。也就是说，如果你借来钱，用它可以赚到钱，赚到的钱比利息多，你就有利润，这本质上就是生产。如果借钱仅仅是为了消费，钱花出去了，获得的只是享受（即便有些确实是"终极体验"），那就有点亏了，甚至亏大了——别人赚1分钱，你花1分钱，这加起来就差了2分钱呢。

用借来的钱去支付教育费用，这也是生产，因为这相当于提高了自己将来获得更高收入的可能，算是一种投资，其实是很划算的投资。用借来的钱去买房子，虽然复杂一点，也算是投资，但还要看整个经济周期的状况。可用借来的钱去买部 iPhone，然后支付 30% 以上的利息，就不太划算了，因为有更便宜的替代方案存在，例如用坚果手机之类，代价就是——没那么酷呗。但是，如果买来 iPhone，不仅用了，还把它作为开发机、测试机，那就不一样了！

最后看第三项生活必需品支出。对于生活必需品支出，对策如果是不吃不喝，显然不怎么明智。在今天这个世界里，竟然连上网费都要省，那跟原始人有什么区别？过分约束自己，其实不是一个优势策略，尤其是考虑到终极体验的不可替代性时。

甄别"必需"和"必虚"

有些"必需"实际上是"必虚"而已。所谓的"必虚"，意思是虚荣心使那个东西看起来"必需"。韩国人在这方面有个有趣的专用词汇——面子保护费。很多的"必虚"之所以显得是"必需"，其实是爱面子的心理作祟。上网是"必需"，智能手机是"必需"，但 iPhone 对有些人来说真的是"必需"吗？很可能只是"必虚"，实际上完全可以替代。

有一个特别有趣的现象：在进入社会的起点，女性往往比男性需要消费更多的必需品，例如衣服、化妆品；男性一般是用不着化妆品的，男性对衣着的要求也没那么高，但男性往往比女性更为窘迫。为什么呢？因为男性总是在"必虚"（而不是"必需"）上开销过大。

尽量剔除瘾性消费

一天一杯星巴克的拿铁，其实是很高的消费。按照北京的星巴克价格，平均一杯大约是 30 元人民币，每天一杯，一个月就要 900 元上下。某种意义上，尽管绝大多数女性坚决不同意，但实际上，很多美容消费（例如面膜）其实也是一种瘾性消费——只不过是上瘾了，并不是因为那有什么实际效果。

道理虽简单明了，做到却极不容易。

我自己就是咖啡的重度瘾用者，也是香烟的重度瘾用者，这些年的累积消费金额真的早就够买一辆豪车了。这些东西一旦上瘾，就很难戒掉。后来我想开了，知道这是自己的弱点，于是决心用另外的方式弥补——想办法提高自己的被动收入，用以抵消这方面的支出……生活不易啊。

向父母求助

这可能是很少有人会给出的建议：向父母借钱，购买恰当的理财产品，用利息分担一些生活必需支出，其实是个很好的策略——这其实是在赚利息差。刚刚步入社会的年轻人，刚开始有收入，怎么可能有积蓄？在我看来，父母借钱给孩子实践理财要比借钱给孩子去借更多的钱慢慢还（买房子）强太多了！

例如，在 2015 年前后，向父母借 10 万元，如果可以买到年化收益率 8% 的理财产品，那么一年下来就有 8000 元"额外"收入去抵消一部分生活必需开支。不要小瞧这 8000 元，它真的会让生活从容很多——男生的游戏机，女生的指甲油和口红，其实根本用不了多少钱，现在又可以被抵消。曾经，年化收益率 8% 的理财产品以 10 万元的金额投资，几乎是不可能的，高收益的理财产品门槛比较高，通常在 100 万元以上。后来稍微不同了，因为国内互联网金融的蓬勃发展，网上有很多相对靠谱的理财平台，所以可以用一定的资金获得相对稳定、靠谱的收益。

当然，在投资之前，需要自己去研究风险的高低，不同的时期，投资目标也不尽相同。一般规律倒也简单：**收益越高，风险越大**——虽然同时也有很多收益并不高的风险也很大。别指望从别人那里找到答案，**只能自己判断**。我身边有一些朋友，孩子开始懂事了，需要零花钱了。我通常会建议他们带着孩子去银行买个理财产品。然后，告诉孩子：我把这样赚到的钱全都给你——够意思吧？所以，我们算一下，从现在开始，你每个月有×××元零花钱，就这么多，花光了就没有了。没有了就是没有了，哭啊闹啊都没用，所以，你自己看着办……这比各种司空见惯的理财教育强多了，几分钟、几句话，就把该教的都教完了。

更进一步

人一辈子基本上要靠三种力量：
▷ 体力
▷ 智力
▷ 财力

它们之间的关系，基本上是"相辅相成"的。在远古时代，体力差几乎等于活不下去——虽然智力差也很危险，但一个体力强大的傻子可能更容易生存。不过，即便是在远古时代，体力超群或者智力超群，直接的结果通常也是财力的增加，而财力的增加常常会进一步导致体力和智力的改善。

有两个自然规律在人类史上从来都没有变过：
▷ 只有第一被重赏
▷ 财力积累无上限

前面用过一个词——超群，意思是说，无论是体力还是智力，比别人强一点点其实没多大用，必须是第一，否则不可能被重赏。而自然规律就是"老大通吃"，发展到今天，这个趋势更夸张了。创投圈里流行一个朴素的认知，其是古老的自然规律：**这个世界，只有老大，没有老二。**

一个人的体力是有上限的，再强壮也有衰老的必然；一个人的智力是有上限的，再好学、再勤奋，时间总是有限的。但是，财力却有着优于体力和智力的属性。

▷ 可无限积累
▷ 可直接继承

后天获得的体力可能遗传，也可能不遗传，也就是说，有可能，但不一定。后天提高的智力，很难遗传，更多的是通过对下一代的教育引导大致达到"遗传"的效果。**可财力不一样，除了可积累、无上限，还可以直接让子女继承**，若他们拥有足够的体力和智力，就可以继续积累，而且是站在更高的起点继续积累。

从历史上看，只有一种靠谱的途径——长期积累。"一夜暴富"其实很常见，但由于不是通过积累获得的，所以，所谓"暴发户"在财富方面的智力（所谓"财商"）跟不上，于是，无论有多少财富，都可能很快败光。这种例子非常多，学者们曾经跟踪观察那些中了彩票的人，他们几乎有一个算一个，都最终回到了穷困潦倒的状态。

　　长期积累本来就是很少有人能做到的事情。积累是难得的习惯，且要长期，这就难上加难。即便有人做到，历史上也有观察——富不过三代，穷不过五服。为什么呢？只因为积累教育实在太难了！但这确实是唯一靠谱的途径。

　　所以，细想想就会发现，**只有养成积累的习惯——无论在哪方面——才是抵消被动支出的最有效手段**。

1　Passive Expenses。
2　保险产品能够防御的只能是那种小概率、大损失的风险。

11. 认识周期

周期是理财投资活动中最为关键的考量因素，是开始实践之前必须学习、研究、掌握、遵循的理念和现实，可惜总是被忽略。周期也是市场上大多数理财书籍干脆不提，或者放在最后一笔带过，而实际上最为基础、最为关键的知识点。

不深入了解周期，就无法进行有效的判断，整个理财投资活动就基本上是没有判断的行为，甚至比不过两个人抛硬币赌博。而在这样的时候，墨菲定律一定会显灵：如果一件事可能变坏，那么它一定会变坏。

周期这个概念，在很多投资者、理财者口中，通常以"趋势"替代。他们会说：

▷ "现在是上升趋势"
▷ "现在是下降趋势"

这种描述尽管在有些时候还算管用，但在更多的时候是肤浅的、危险的，因为一个上升趋势要加上一个下降趋势才能构成一个完整的周期。而实际上，**真正的趋势常常需要在多个周期（至少 2 个）之后才能真实展现**。

如果我们探究的是真正的趋势，就会发现上升与下降只不过是一个真理的表象——**现实的经济里没有直线，只有波（动）。**

在一个很长的波段中，我们从任何一个点向前后望，看起来都像身处在一条直线上而不是曲线上，就好像我们站在地球上却很难感知我们自己其实是站在球面上而不是平面上一样。

一个上升和一个下降构成一个周期。2个或多个周期之后，如果我们发现曲线就像数学课本里的正弦曲线，那么，所谓的"趋势"实际上就是一条水平线，而我们常常说的且在寻找的所谓"趋势"应该是个要么上升、要么下降的线条才对，因为"水平"等于"无变化"，无变化就无趋势。

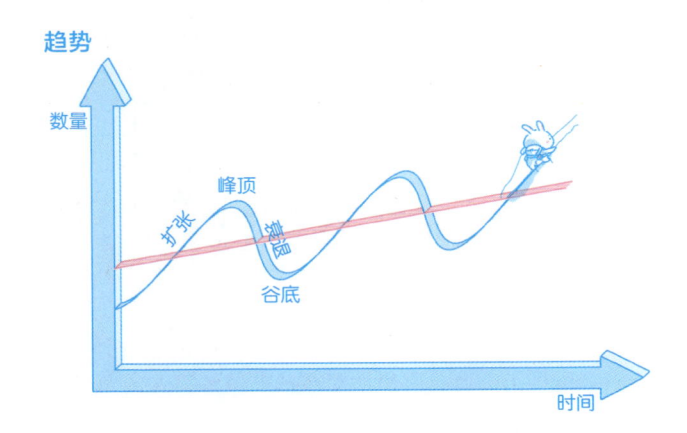

这就解释了为什么一些人认定的所谓的趋势在另一些人眼里根本谈不上是趋势，因为后者重视的是1个以上周期之后显现的真正的趋势。这也解释了为什么"跟涨杀跌"

的人必然会吃亏，因为他们看到的并不是实际的趋势——他们看到的和把握的只是幻象而已。

比较一下 1800 年至 2010 年的股票和债券收益的收益，红色是股票指数（SPXTRD），蓝色是债券指数（TRUSG 10M）。

股票总收益指数与债券总收益指数（1800—2010）

—— 标准普尔500总收益指数（股票指数）
—— 美国10年期政府债券总收益指数（债券指数）

起起落落这么多年，股权投资和债权投资的趋势其实是一样的——都在上升。只不过，虽然债权投资"看起来更稳定"，即波动相对比较小，但涨幅落后于股权投资。

10000 美元本金投资的实际总收益（1802—2005）

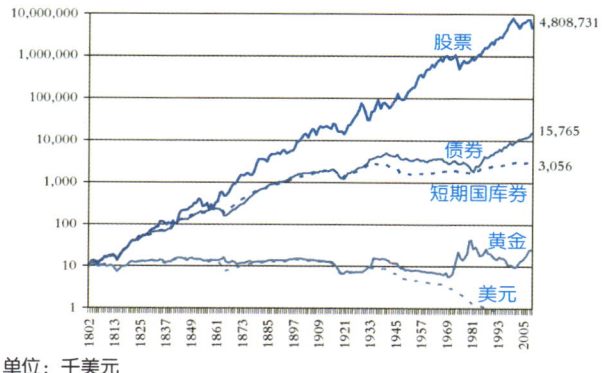

股票 4,808,731
债券 15,765
短期国库券 3,056
黄金
美元

单位：千美元

不过，从上面这张图中我们会发现，从长期看，投资黄金、美元比起投资股票简直是"弱爆了"——不管你是否同意。这也是现在越来越多的人认为"股权收益时代来了"的重要原因——其实早就存在了。

所以，**关注周期，以及多个周期背后显现出来的真正趋势，会给你全新且更为可靠的世界和视界。**

进而，几乎一切事物，无论是抽象的还是具体的，都有自己的周期，但它们的周期不大可能一致。于是，几乎一切的机会和陷阱都隐藏在周期与周期之间的差异上。据说国内生产总值（GDP）和股市的周期轮换如下图所示。

GDP 周期和股市周期

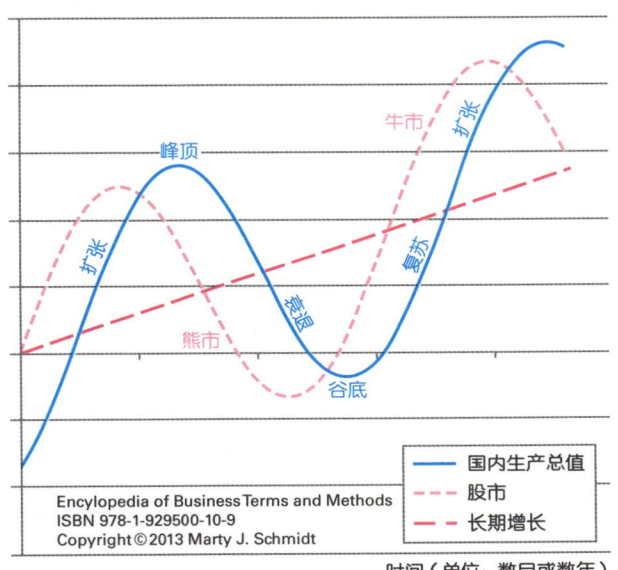

还有个"库伯勒-罗丝改变曲线[1]"特别好玩，它看起来是这样的。

库伯勒-罗丝改变曲线

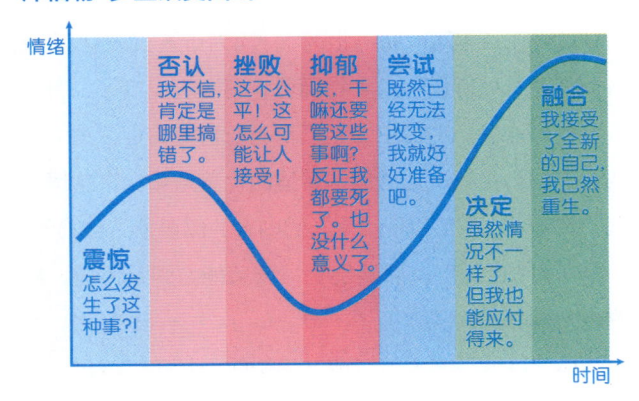

更进一步，人们发现，任何新生事物的发展过程也是差不多的[2]。

于是，我们可以反思这样的现象了：**每次巨大技术变革出现的时候，都有一批投资者死在路上**。为什么呢？因为他们看到了所谓的"趋势"，却忘记了或者不知道真正的趋势需要 1 个以上周期才会真正显现——回顾一下，互联网、NetPC（无盘工作站，也就是后来所谓的"云"）等都是如此。

对周期的深入理解，甚至可能影响一个人的性格。在我看来，所谓的不屈不挠，所谓的坚持不懈，在更多的时候，只是因为对自己所在的某个周期的某个位置非常了解才更容易作出的决定。

事实上，如果你需要理财顾问或者保险顾问[3]，你就会发现，真正专业的理财师、保险师最终都会从你的情况出发，即从你所在的生命周期与经济周期的具体节点出发，制定你的理财计划。

对于理财，我没打算在这里写"实操指南"，因为这其实没有多大意义。理财的人、投资的人，各有各的特点。就好像一个动物园里，有老虎、狮子、有鹦鹉、孔雀，有鳄鱼和蛇，还有很多不知道在哪里的昆虫，它们都有自己的生存之道，都有自己的优势和劣势，没有太多实际上有意义的、通用的、普适的优势策略。在这里，我尽量写出关键节点，即属于"道"的内容，至于属于"术"的内容，需要读者自己学习、研究与磨炼。

如果非要讲一个"实操指南"，那就是——**繁殖能力强是王道**。放到理财与投资的语境里，就是**存的越多越好**。

太简单了吧？简单到好像没必要教育或学习似的。其实，这也是我们在学习重要知识时面临的困惑与困难——**越是重要的东西越是看起来并不相关**。例如，尽管品质生活其实与审美能力更加正相关，与钱的关系不大，但是，钱是看起来最重要的、也被认为是最重要的因素。再如，当年我教英语的时候发现，背单词的方法、找外教之类的学习环境其实都不如一个简单的字重要——用，可越是重要的东西，说出来之后越是简单到让人不由自主地轻视。还有，性高潮其实与大脑关系最大。

---

1 Kübler-Ross change curve。
2 Transition Curve。
3 保险其实也是理财的一个重要领域。

12. 性格养成

有人说：性格决定命运。性格¹ 究竟是如何形成的？它由什么决定？它是遗传的还是养成的？反正，性格不应该是由血型决定的，不应该是由星座决定的，也不应该是由生辰八字决定的。

在我看来，**一个人的性格是由他的价值观决定的**。所谓的价值观，其实就是一个人**分辨好坏的思维体系**。审美能力让我们分辨美丑，价值观让我们分辨好坏。于是，正如审美能力能够影响生活品质一样，价值观决定了一个人的性格。

每个人都有自己的价值观，于是，每个人都会形成自己的一套体系去判别好坏，进而，好坏的判别影响每一次选择——**价值观影响选择，选择影响行动，行动构成命运**。所以，"一个人的命运是由他的性格决定的"，这话我没办法不同意。

性格貌似能遗传，但更多的时候，是因为父母的性格是孩子成长环境中的重要组成部分，于是，性格应该是养成的，而非遗传的。**虽然环境对于性格养成的影响很大，但实际上一个人的性格可以脱离环境的影响，或者至少部分脱离。**

我自己就出生在一个父母脾气格外暴躁的家庭——都是急性子，但最终，我的脾气并不暴躁。我很晚才买车，大概是在 2010 年。我经常给朋友当司机，他们过一段时间就会慨叹："没想到你开车的时候脾气这么好！"我常常因此哭笑不得——难道我平时脾气不好吗？他们通常会解释："细想想，这么多年还真没见过你发脾气呢……不过，看你工作的样子应该是个急性子，所以才有这样的惊讶。"

我没有路怒症，被超车，被别一下，我都没什么脾气。偶尔遇到后面有车不断按喇叭的情况，我的反应就是踩刹车，靠边，让那个在后面一直骂骂咧咧的人换道超车，我自己再继续行使。有一次停在一个路口等绿灯，突然一辆摩托车从边上撞过来，"咣"的一下，我和坐在副驾的朋友都吓了一跳。骑摩托车的小伙子很紧张，连声说："对不起，对不起……"我降下车窗："你没事儿吧？"小伙子说："我没事儿，可是你的车……"我说："没事儿你还不走？我有保险，你有吗？"那小伙子想了想，扭头开走了。我的朋友再次惊讶："你怎么可以这么淡定？"我乐喷了："不淡定有用吗？"

不做没用的事，也是一种价值观导致的选择——因为无用功是一种浪费，是不好的。不淡定没用，淡定却好处多多——起码不影响自己的心情，也不影响身边人的心情，不是吗？

但是，如果我在20多岁的时候，同样开车，遇到同样的事，就很可能是另一个样子，因为那时我的性格根本不是现在这样的。

这些年发生了什么？我的血型没有变，星座没有变，生辰八字还是原来的那个。合理的解释只能是：这些年我的学习和思考渐渐让我形成了与过去不同的价值观。

我常常自我审视。现在回头看，对我性格影响最大的一个时期是我从2007年开始写《把时间当作朋友》的两年。就我的个人体验来说，那个长达两年的写作过程——其间还有一次书稿尽失，只好凭记忆重新来过——是我对自己价值观的一次细心梳理。虽然很多价值观之前就定型了，但那一次的梳理将更多的细节确定下来——直接的结果就是，对自己可能做出的选择毫无疑问、毫不犹豫。

由于我是个不太容易生气的人，所以我常常有心思去研究别人为什么会生气。每次愤怒的背后，都有价值观的操纵，对错、好坏、是非的混淆——最终就这么点事。而这样的观察和思考进一步使我没办法乱生气——有什么值得生气的呢？都是想不开造成的。平时人们说的"想不开"，无非就是"价值观混乱"。

正因为我有这样的看法[2]，所以，从大约20年前开始，我放弃阅读所有研究性格的心理学书籍。我觉得，他们乱研究，最终鼓捣出来的理论也没有用，根本原因是他们的方向错了。我不喜欢含混的词或者含混的描述。例如，我觉得说"一个人的性格靠修养"是很没意思的，这种描述因为含混而不值得当回事。有些时候，看到很多父母一本正经却不加解释地呵斥孩子吃饭声音太大，我就觉得好笑。一个常常吃面条的民族，何必不明就里地学习吃牛排的民族的所谓"修养"（的表象）？再如，偶尔说说脏话，就真的会因为修养差而性格差吗？绝不说脏话但价值观混乱不堪的人难道不常见吗？

是什么在影响价值观呢？我觉得与影响审美能力的因素是一样的——还是学识。**这个时代的好处是，学识相对容易获得，而且越来越容易获得**。读书其实越来越便宜，早已不像过去，只有贵族才有资格读书；正规教育体系固然有很多问题，但毕竟义务教育真的普及了；人们讨论的问题越来越开放，拥有健康好奇心的人刨根问底也越来越方便——若能读懂英文，再加上优质的搜索引擎，那简直没有边界。

明白了什么是"双盲测试"（这是学识），就无法成为"中医粉"（这是结果），也不愿意参与各种有关中医的争吵（这是价值观，知道选择是自己的，不是别人的），就算被骂也知道原因，所以无法生气（这是性格），所以更懒得浪费时间，于是得空去做其他有意义的事情（这是进一步的结果）。

我觉得这才是关键：最终，**一个人的性格是长期自我选择积累的结果**。想明白这件事，就又在一个方面彻底放心了。

1　Personality。
2　或称"洞见"。

13. 别做"险盲"

假设有两个人玩公平的抛硬币赌输赢的游戏，规则是：
▷ 赌注大小恒定
▷ 直至一方输光游戏才能结束

请问，最终决定输赢的是什么（单选）？

A. 手气

B. 谁先抛硬币

C. 抛硬币次数

D. 总游戏时长

E. 以上皆是

F. 以上皆不是

"险盲"是我借用"文盲"这个词的结构杜撰出来的一个词，是指那些不了解风险，不知道如何回避风险，更不懂如何控制风险的人。文盲的一生其实很吃亏，险盲的一生更是如此。文盲可以通过（自我）教育得到解放，险盲也一样。

风险教育应该是理财教育，甚至应该是整个教育中最重要的组成部分，但不知为什么，它竟然一直被忽略——顶多在学校里搞个消防模拟演习。火灾只是风险的一种，有个术语是"不可抗力造成的系统风险"。这也是我们必须不断自我教育的原因。

仅靠别人教永远是不够的，要靠自己学才行。至于"活到老，学到老"，只不过是一种生活方式。

如果你在做前面的选择题时多少犹豫了一下，或者你的答案竟然不是"F"，那你还真的或多或少就是一个险盲。不过，读一篇文章的光景，你就基本上可以"扫盲"了——这本身不是一件困难的事情。

首先，要平静地接受第一个事实：**风险是一种客观存在。**

风险就在那里，不离不弃，并不会因为你怕或者不怕它就有所变动。甚至，从广义上看，即便你什么都不做，也时刻有风险的陪伴。

为什么风险几乎永远存在呢？因为第二个事实：**一旦未知存在，就有风险存在。**

为了了解风险、研究风险、回避风险，甚至控制风险，人们鼓捣出一个数学分支——概率统计。这几乎是所有的人都应该认真学习的学科，只可惜，好像绝大多数人只是应付一下考试就把如此重要的知识"还给老师"了。在学过一点概率知识的人中，有一个普遍的误解就是认为"风险的概率决定风险的大小"，可实际上，**衡量风险的首要因素并不是风险的概率**——这就是我们要提到的第三个事实，也几乎是摆脱险盲的最重要的事实。

第三个事实：**衡量风险大小的决定性因素是赌注的大小。**

关于前面那道选择题，**最终决定输赢的是谁的赌本更多**。由于赌注是大小恒定的，又由于抛硬币是概率为 ½ 的游戏，所以，如果双方赌本一样多，那么最终双方输赢的概率都是 ½。可是，如果一方的赌本比另一方多，那么前者最终获胜的概率更大。由于玩的是概率为 ½ 的游戏，所以，如果一方的赌本是另一方的 2 倍以上，那么前者几乎必胜。也就是说，在这个游戏里，赌本相对越多，输的概率越趋近于零。如果你参与这个游戏，一上来发现那个"恒定大小的赌注"比你的总赌本还多，就要赶快退出了。如果你的赌本只够下 1 注，虽然赢的概率依然是 ½，但从长期看，你没有任何胜算。

很多人看起来一辈子倒霉，可实际上，那所谓的"倒霉"是有来历的。他们对风险的认识是错误的。**他们倒霉的原因只有一个：动不动就把自己的全部赌进去。**赌注太大，则意味着结果无法承受。为什么赌本少的人更倾向于下大赌注呢？据说**越差的人梦想越大**。在高速公路上开得很快还不愿意系安全带的人——险盲，因为这些人不知不觉就把自己的性命当成了赌注。经常做铤而走险之事的人——险盲。在股市里因为怕自己赚得少而拿出全部身家（甚至借钱，更甚至借钱做杠杆）的人——险盲。

以上讨论其实涉及第四个重要的事实。

第四个事实：**抗风险能力的高低本质上是总赌本的大小**，尤其是在面临同样概率的风险时。反过来看，在赌注恒定，赌本相对无限大的时候，即便遇到 99.99% 的风险概率，玩家也全然无所谓，因为赌注相对太小，输了就输了吧。

还有一个现象需要注意：**当赌注相对大的时候，智力会急剧下降**。为什么高考的时候总有一些人考砸？就是因为赌注（未来一辈子）太大，以致压力太大，进而无法正常发挥。同样的事情也发生在国际台球大赛上。那些天天刻苦训练的选手，每一个在训练的时候都能经常打出"满贯"，但在整个赛季都没有几个选手能在赛场上做到。为什么呢？就是因为赌注太大了。平时训练的时候没什么赌注，也就没什么压力。这也可以反过来解释一个常见的现象：历史上所有成功的庞氏骗局都有一个重要特征——加入费用惊人地高，因为只有这样，进来的人才能普遍不冷静。

所以，人真的不能穷，不能没有积蓄，否则真的会在某一瞬间变傻。另外，永远不要"全押"（All in）——这在很多时候不是空话，真的需要放在心上。

第五个事实：**冒险没问题，但尽量不要被抽水**。

"抽水"是赌场里的术语，是指赢家要支付盈利中的一定比例给庄家。不要以为赌场太阴险，实际上，开赌场、保证公平就是需要开销的，所以，玩家支付抽水是合理的。也不要以为股票交易所太贪婪，它们收手续费也是合理的。这些就是无所不在、不可消灭的"成本"。

公平是有成本的。有抽水机制的赌局，本质是倾斜的。即便是抛硬币的游戏，在加上抽水机制之后，从长期看，所有的玩家都会输光，所有的赌注最终都会转化成抽水者的利润——就像正弦函数被改造成阻尼正弦函数一样。

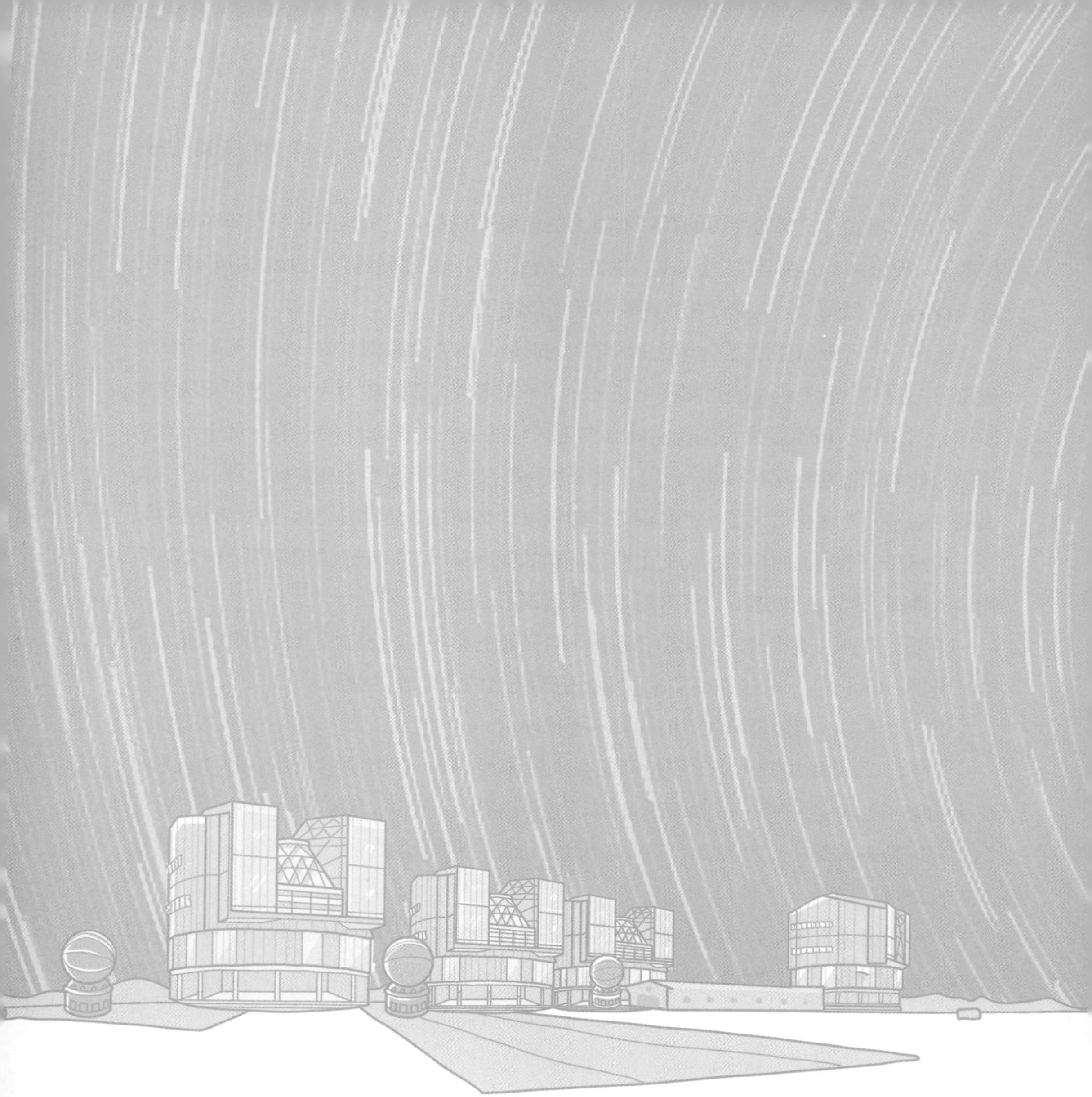

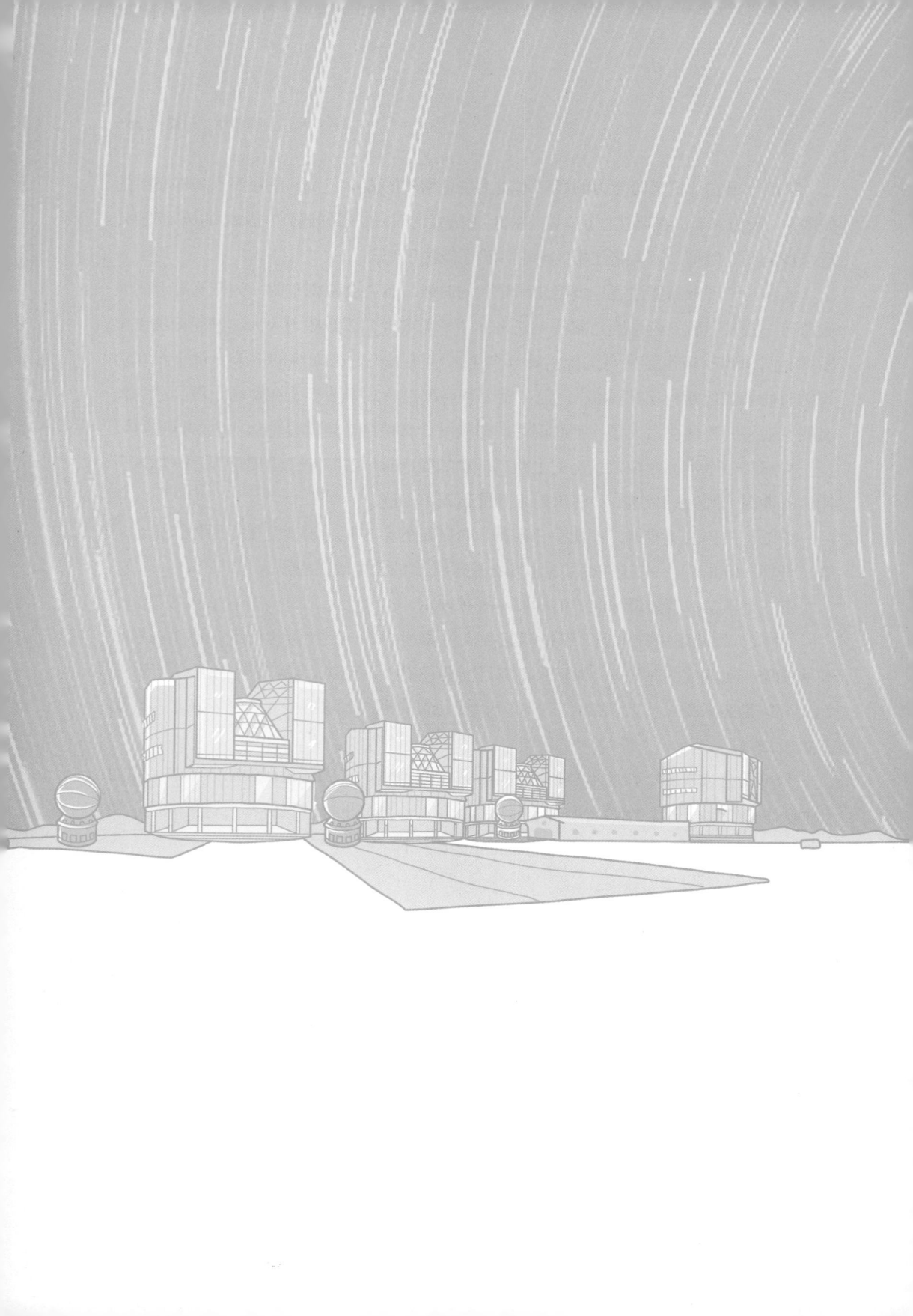

附录

> 可惜这个页边空白的地方太小,写不下。
> ——皮埃尔·德·费马

第 1 版推荐序

人生是马拉松，胜者不一定是跑得最快的

人们常说"要与时间赛跑"，我却觉得自己一直被时间追着跑，被追得死去活来。1977年国内恢复高考，当时的我俨然而立之年，时时刻刻都恨不得把一分钟掰成两份。要做的事儿太多，要学的东西汪洋一片，不舍得浪费哪怕一秒钟时间，因为被迫浪费的已无法追回，用现在的话来说就是"沉没成本"早已无法承受。回想当年，那滋味总令我百感交集，那时候连洗衣服或者哼首歌的时间之于我都是莫大的奢侈。有电的时间是用来学习的，只有等到熄灯之后，在黑暗中边洗边唱，就算是享受了生活。

为了追求出国求知的梦，就要从零开始学英语。当时的英语学习环境不比现在，没有五花八门的教材，没有录音机，词典也只有一种。背词典不是因为理想远大，而是因为实在别无他法。每天手抄一叠卡片，随身携带，但有片刻闲暇就要摸出来背诵。我的发音有多差是出国之后才知道的，因为我说出来的英文要反复多遍才能使教授听懂个大概，而出国前根本顾不上脸面，走路都在大声地"自言自语"，读错了也没有人知道。然而，就是这样"摸着石头"渐行渐远，最终竟然也"过了河"。

总算是有幸，我最终于 20 世纪 80 年代前往美国斯坦福大学攻读博士，转瞬间结识了来自全球各地见多识广、基础扎实的同学们。那时的我已经 36 岁，又感觉时间在

后面紧紧追赶，令我无法有片刻停歇。硅谷是创新的沃土，也是全世界精英的汇集地。刚刚从中国走出来的土里土气的我，只能靠专心做事去搏出自己的一番天地。越是勤奋的人越输不起，越是输不起的人越勤奋。好像不知不觉穿上了水晶鞋的灰姑娘，我与那个氛围里的其他人一样，赤手空拳地努力，靠勤奋与勇气希望自己能够打拼出一番天地。

从1990年开始我的创业生涯（Future Lab[1]），直到后来 WebEx[2]（网迅）公司在2007年成功以32亿美元出售给思科公司[3]，其间转瞬已经17个年头。春秋轮换之间，无数风风雨雨，实际上未有片刻一帆风顺。其中的甘苦滋味，并非不愿讲述，而是因太多太杂无从说起。我不是最聪明的人。想当年，先后进入网络会议系统领域的公司有几百家，可想而知有多少绝顶聪明的人投身于该创意。然而，人生就好像是马拉松长跑，最后的胜者是那个最能坚持的人。17年间，无数的公司进进出出，无数的人来来往往，现在回头一看，掉队的竟然都是聪明人，留下我一个当初土里土气、傻头傻脑的人跑到最后。

读过笑来的《把时间当作朋友》，我这个已步入耳顺之年的老家伙豁然开朗——原来我一直以为我被时间追着跑，其实竟然是不知不觉之间有了时间这个朋友作保镖。喜欢笑来深入浅出的文字，更喜欢与他交谈，话语之中他总是可以好像不经意却又精准异常地说透根本。有一次，笑来提起，"人们知道朱敏是从思科花了32亿美元收购WebEx那一刻开始的，而全然不知之前的种种困境"。这个我有深刻的体会。用他的话描述就是"人们倾向于只看到贼吃肉看不到贼挨打……"

以我个人的体会，我非常鼓励每个年轻人能花上几年时间到国外走一走，学一学。教育的根本其实不过是"见多识广"。然后，用五到十年时间定义一个属于自己的人生方向，为之奋斗，为之坚持，不知停歇地努力上十年二十年。虽然有些成功靠运气，可是，持续的成功与运气无关。希望每位读到此书的年轻人，能够重塑自己的心智，洗尽这个时代在你们身上烙下的浮夸、急躁的印记，在人生这场马拉松中跟我一样坚持到底，永不放弃，获得最后的成功。希望我在耳顺之年，能在科技世界与国际教育事业上与君共勉。

朱敏

赛伯乐（中国）投资公司　董事长
2009年4月于杭州

1　Future Labs：美国未来实验室公司。1991 年创立，其主要产品是一个基于互联网网络的"会议演示沟通系统"。1996 年，Quarterdeck 以 1300 万美元的价格收购了 Future Labs。

2　WebEx：美国网讯公司。1996 年创立，后成为全球实力最强的网络互动服务和网络会议中心系统服务供应商，也是中国留学生在美国创立并成功上市的第一家企业。

3　思科公司：Cisco Systems, Inc.，全称"思科系统公司"。1984 年创立，是互联网解决方案的领先提供者，其设备和软件产品主要用于连接计算机网络系统。

第 1 版推荐序

希望时间也是我的朋友

记得上次给笑来的《TOEFL 核心词汇 21 天突破》写序，转瞬间已经是 6 年之前。我于 1993 年创建新东方，至今已有 16 年。时间过得太快，真应了那句话——人生犹如白驹过隙，瞬间而已。

人生苦短，去日苦多。每个人都想掌控时间这个最重要的资源，可实际上总是无能为力。有很多媒体记者在采访我的时候会问一些相同的问题：新东方的未来是什么？新东方打算走向何方？坦率地说，都是不好回答的问题，我也从来没有明确的答案。很多人以为我雄才大略，胸有成竹，而实际上我常常捉襟见肘，十分狼狈。新东方从过去走到现在，一直是顺其自然发展而已，我从来没有设计过她的未来，更没有"五年计划"之类的东西。商业世界瞬息万变，我觉得制定了计划也不一定管用。新东方只懂得风雨兼程，勇往直前。至于最后会有一个什么样的结局，已经不在我们应该担心的范围之内。我相信：只要方向是对的，哪怕道路再曲折，也终将走到我们心中的目的地。

再往前追溯一点。当初我以为自己考上江苏师范学校就不错了，结果却考上了北大。当初我只是为了出国去考托福，结果美国人一下子就看出我是准备出去混日子的，虽然肯录取我却不肯给我一分钱奖学金。没钱去留学，只好留在国内教别人考托福，竟然靠着这个出了名，创了业。动机是一回事，预期是一回事，而结果往往是另外一回事。

尽管人生充满了不确定性和戏剧性，但有一件事是确定的——时间只与那些努力的人做朋友。笑来肯定不是我见过的最聪明的人，但他一定是很努力的人。他在新东方执教期间，除了桃李无数，还写过两本非常畅销的书，除了前面提到的那本，还有《TOEFL iBT 高分作文》。这些都可以证明他的努力，他的勤奋。读过笑来的新书《把时间当作朋友》，感慨他是个用心的人，也为他肯把自己用心积累的感受写出来与学生、朋友分享而感动。

能够登上金字塔顶端的只有两种动物，一种是雄鹰，一种是蜗牛。雄鹰拥有矫健的翅膀，所以能够飞到金字塔的顶端，而蜗牛只能从底下一点一点爬上去。雄鹰飞到顶端只要一瞬间，而蜗牛可能需要爬很久很久，也许需要坚持一辈子才能爬到顶端，也许爬到一半滚下来不得不从头爬起。但只要蜗牛爬到顶端，它所到达的高度和看到的世界就和雄鹰是一样的。我们大部分人也许不是雄鹰，但是，我们每一个人都可以拥有蜗牛的精神。我们可以不断地攀登自己生命的高峰，终有一天，我们可以在无限风光的险峰俯视和欣赏这个美丽的世界。无论是雄鹰，还是蜗牛，因为勤奋和努力，它们就有了时间作为自己的朋友，每一分、每一秒，它们的生命都因此有了它们自己确定的意义，而非虚度。

做人要勤奋，做人要执着，但做事不一定要图快。马跑起来比骆驼快，但骆驼一生走过的路是马的两倍。没有人见过在沙漠里狂奔的骆驼——除非那头骆驼疯了。我喜欢笑来的观点：一切都靠积累，一切都可提前准备，越早醒悟越好。人的一生是奋斗的一生，但有的人一生过得很伟大，有的人一生过得很琐碎。如果我们有一个伟大的理想，一颗善良的心，我们就一定能把很多琐碎的日子堆砌起来，变成一个伟大的生命。但是，如果我们每天庸庸碌碌，没有理想，从此停止进步，那么我们未来的日子堆积起来将永远是一堆琐碎。所以，我希望这本书的所有读者都能把自己每天平凡的日子堆砌成伟大的人生。

俞敏洪

新东方教育科技集团 董事长

2009年3月于北京

第 3 版致谢

　　这本书的出版发行，得益于众多朋友、读者的帮助。感谢我的学生，他们给了我最初的动力；感谢苏文，几年来一直作为第一读者及时提供各种反馈；感谢霍炬和车东，他们启动了最初的口碑传播；感谢周筠带领博文视点原武汉团队出版发行本书的第 1 版；感谢梁晶、夏青、杨小勤、刘唯一、彭启敏等编辑对本书第 1 版做出的辛苦努力；感谢粥粥为本书第 2 版和第 3 版提供全新的插图；感谢热心读者沈璜为本书第 3 版全面审稿，提出数千修正建议；感谢博文视点的编辑刘皎、潘昕对本书第 3 版的长期督促；感谢黄集伟先生为本书第 2 版题字；感谢俞敏洪先生与朱敏先生为本书第 1 版作序；感谢广大读者对本书的大力传播；感谢我个人网志的读者来自各个角度的反馈；当然，还要感谢互联网，使得信息传递今非昔比。

李笑来
2013 年 8 月于北京

主要参考文献

（按著者字顺和出版年排序）

[1] 大仲马. 基督山伯爵 [M]. 韩沪麟, 周克希, 译. 上海：上海译文出版社, 2001.

[2] 格拉宁. 奇特的一生 [M]. 侯焕闳, 唐其慈, 译. 北京：外国文学出版社, 1983.

[3] 荷马. 奥德赛 [M]. 陈中梅, 译. 南京：译林出版社, 2003.

[4] 侯世达. 哥德尔、艾舍尔、巴赫：集异璧之大成 [M]. 郭维德, 等译. 北京：商务印书馆, 1996.

[5] 昆德拉. 生命中不能承受之轻 [M]. 韩少功, 韩刚, 译. 北京：作家出版社, 1987.

[6] 李笑来. TOEFL 核心词汇 21 天突破 [M]. 北京：外文出版社, 2012.

[7] 李笑来. 新托福 iBT 词汇分类突破 [M]. 北京：外文出版社, 2012.

[8] 鲁迅. 鲁迅全集 [M]. 北京：人民文学出版社, 2005.

[9] BEECHER H K. The Powerful Placebo [J]. Journal of the American Medical Association, 1955, 159(17):1602—1606.

[10] BERKUN S. Confessions of a Public Speaker [M]. California: O'Reilly Media, Inc., 2009.

[11] BURNHAM T, PHELAN J. Mean Genes: From Sex to Money to Food, Taming Our Primal Instincts [M]. New York: Penguin Books, 2001.

[12] GLADWELL M. The Tipping Point: How Little Things Can Make a Big Difference [M]. New York: Little, Brown and Company, 2000.

[13] GLADWELL M. Blink: The Power of Thinking without Thinking [M]. New York: Little, Brown and Company, 2005.

[14] GLADWELL M. Outliers: The Story of Success [M]. New York: Little, Brown and Company, 2008.

[15] KRUMBOLTZ J D, LEVIN A S. Luck Is No Accident: Making the Most of Happenstance in Your Life and Career [M]. California: Impact Publishers, 2004.

[16] NORVIG P. Teach Yourself Programming in Ten Years [EB/OL]. Peter Norvig, 2001 [2013-03-06]. http://www.norvig.com/21-days.html

[17] SOWELL T. Knowledge and Decisions [M]. New York: Basic Books, 1980.